臺灣歷史與文化 研究輯刊

二四編

第 3 冊

日治時期臺灣戀愛結婚與國家論的接點
——以小說和報刊論述為觀察中心（1937～1945）

陳瑞益 著

花木蘭文化事業有限公司

國家圖書館出版品預行編目資料

日治時期臺灣戀愛結婚與國家論的接點———以小說和報刊論
述為觀察中心（1937～1945）／陳瑞益 著 -- 初版 -- 新北市：
花木蘭文化事業有限公司，2023〔民 112〕
目 2+244 面；19×26 公分
（臺灣歷史與文化研究輯刊二四編；第 3 冊）
ISBN 978-626-344-360-0（精裝）
1.CST：戀愛 2.CST：結婚 3.CST：民族同化 4.CST：日據時期
733.08   112010197

ISBN-978-626-344-360-0

9 786263 443600

臺灣歷史與文化研究輯刊
二四編　第三冊　　　　　　　　　ISBN：978-626-344-360-0

日治時期臺灣戀愛結婚與國家論的接點
———以小說和報刊論述為觀察中心（1937～1945）

作　　者　陳瑞益
總 編 輯　杜潔祥
副總編輯　楊嘉樂
編輯主任　許郁翎
編　　輯　張雅淋、潘玟靜　美術編輯　陳逸婷
出　　版　花木蘭文化事業有限公司
發 行 人　高小娟
聯絡地址　235　新北市中和區中安街七二號十三樓
　　　　　電話：02-2923-1455／傳真：02-2923-1452
網　　址　http://www.huamulan.tw 信箱 service@huamulans.com
印　　刷　普羅文化出版廣告事業
初　　版　2023 年 9 月
定　　價　二四編 9 冊（精裝）新台幣 26,000 元

日治時期臺灣戀愛結婚與國家論的接點
——以小說和報刊論述為觀察中心（1937～1945）

陳瑞益　著

作者簡介

陳瑞益，1995 年生，國立臺北教育大學台灣文化研究所文學組碩士，出於對文史的熱誠，持續鑽研戰前情感構造論說、性別的文化思想史、文學史，在文獻、論文與日常生活之間，思考未曾想像的世界，以及文學之於世界為何物。研究興趣為戀愛結婚論、國家論、性別研究，日治時期文學研究、日治時期文化思想史研究等。論著《日治時期臺灣戀愛結婚與國家論的接點——以小說和報刊論述為觀察中心（1937～1945）》榮獲國立臺灣文學館 2022 年臺灣文學傑出博碩士論文獎，以及國立臺灣圖書館 111 年度臺灣學博碩士論文研究獎優等。

提　　要

　　本書主要鎖定 1937 年至 1945 年的戰爭時期，以小說與報刊論述為觀察中心，去檢視日治時期臺灣戀愛結婚與國家論的接點，在論述上主要二分為「報國的戀愛結婚敘述」和「同化的戀愛結婚敘述」。

　　在報國的部分，首要點出兩個面向，第一，作家書寫了從苦悶的情感糾葛，獲得國家號召，進而邁向報效國家的道路；第二，在日本以漢文化統合東亞文藝場的側面，在愛人之前必先愛國的文本中，生產了「中國式愛國」切換為「日本式愛國」的邏輯。即便如此，作家也並非完全服膺國策，同時也書寫了文明啟蒙、幸福日常與女性視野的戀愛結婚主題。

　　在同化的部分，首要爬梳日臺共婚中，對同化於民族的批判和同化於文明的接收。隨著民族同化的增強，日臺之間的戀愛結婚，在在描繪了臺人融入日人的精神血液。但在虛應國策之下，作家一方面打造日臺血液的共同體，一方面刻劃血液之間難以跨越的境界線。隨著統合加劇，日臺血液的境界線終被超越，但卻是超越障礙成為日本帝國動員的人力資源。

　　藉由上述的分析，發現戀愛結婚與國家論之間，既高度密合又試圖遠離，既企盼民族同化卻又製造差異的時刻，通過剖析戰爭期的戀愛結婚，越過前行研究止步於文明啟蒙的結論，也超越殖民現代性的歷史詮釋作為唯一解答。

本著作獲國立臺灣文學館「臺灣文學傑出博碩士論文獎」。

本著作榮獲國立臺灣圖書館博碩士論文研究獎助，特此致謝。

致謝詞

這本論文能完成，首要感謝我的指導老師翁聖峰老師，收留我這個非本科系出身且不才的學生，在老師的史料課堂上，老師不斷提醒我們回歸史料本身的重要性，避免以現在的眼光評判過去的史料，這對我在重建整本論文的歷史脈絡時，發揮極大的幫助。也要感謝兩位口試委員，分別是臺灣大學臺灣文學研究所的黃美娥教授，以及清華大學台灣文學研究所的王惠珍教授，從論文大綱口試，到論文全文口試，兩位教授都細讀了拙作的每一個字，並對我在論文上的盲點，給予提綱契領的指教，讓我發現自己的不足之處，以及能夠加強的地方。若沒有兩位資深教授的細心閱讀，以及給予一針見血的評論與指點，恐怕也無法順利完成這部論文，真的非常感謝兩位教授的論文提點。

在碩士班的求學過程，要感謝我的班導師謝欣芩老師，教導我們如何開始寫作正規的學術論文，老師在這方面的用心，讓我得以在論文寫作上，開始拾起拙劣的筆。同時，也要感謝陳允元老師，在他的日治時期專題課程，讓我能更認識日治時期，並時常回答我的提問，使我能鑽研更困難的議題。另外，也要感謝蘇瑞鏘老師開的思想史課程，畢竟我的研究對象，是一種抽象的情感，其中牽涉思想的流動，因此如何在史料之中把握思想的歷史，通過老師的課程，讓我受益匪淺。

在外校方面，我也要感謝台大的張文薰老師，讓我修習她所開設的臺日文學比較研究專題，讓我可以在台日之間的跨文化交流上，獲得不少關鍵的思想流動，至今銘記在心。另外，也要感謝政大的吳佩珍老師，讓我修習她所開設的近代東亞文學與戀愛論述專題課程，因為我的研究關切戀愛問題，所以上這

堂課，真的讓我對近代東亞的戀愛論題，不僅有更進一步的認識，也在論文寫作上有醍醐灌頂的效用，這本論文裡許多談論的課題，如果沒有修習吳老師的專題課程，恐怕無法展開。

在工作與研究方面，我要特別感謝陳淑容老師，我在大學時期便修過老師的兩門課程，但礙於資質駑鈍，我也不是什麼突出的學生，但因為老師看我認真治學，所以在碩士班求學時間，為我介紹中研院陳培豐老師的相關研究工作，使我在生活上不至於有後顧之憂。更感謝她不吝提供中研院的數位化資源，讓我得以一覽呂赫若曾在《臺灣新民報》連載的傳奇性小說——〈季節圖鑑〉，補足了我對於日臺共婚的思考脈絡。在協助陳培豐老師的研究工作期間，也感謝陳老師不吝賜教，讓我了解什麼才是一流的學術論文，矯正了我在論文寫作的惡習，能往更高的知識層次邁進。

同時，我也要特別感謝我的學友冠穎、建成和怡安，與冠穎第一次參與全國性研討會的記憶仍歷歷在目，與建成和怡安飛去日本，第一次用英語做國際交流的感覺未曾或忘，他們不僅在學術上給予我刺激，更在失落時給予我安慰，沒有他們，我難以走到現在。另外也要感謝大學以來一直幫助我的沛齊和仲杰，雖然我們三人在大學畢業後，進入到不同的研究領域，但謝謝他們願意不計勞苦，幫我取得許多珍貴的研究書目與文獻，讓我的論文更加扎實，同時他們也是我心靈上的摯友，沒有他們，這本論文也難以完成。

也很感謝我的父母，雖然他們的立場，是反對我進修這個學位，但他們仍以身為父母寬大的愛，接納我並讓我攻讀這個學位，讓我在身心靈上保持健康，在學術之路上勇敢邁進。

我也很感謝帽子烤工作室與究穎國際娛樂工作室，讓我繼續擔任高中畢業以來，便一直在做的密室逃脫工作，使我在學術研究之餘，不僅能打工賺錢，還能望見不同的風景，讓我在孤獨的學術之路上，尋找到人生的樂趣。

也要感謝包子老師的日文班及同儕，還有一起唱日文歌的歌友，因為我研究的領域是日治時期，日文更是頻繁接觸的語言，沒有日文班和日文歌的夥伴加持，恐怕我的日文能力仍是停滯不前。

同時我要感謝童醫師，因為我本身的慢性疾病，所以寫作論文的狀態不是很好，幸虧有童醫師的診療，才能讓我用健全的思路繼續執筆。

最後，我想感謝西野七瀨、齋藤飛鳥、橋本奈奈未、深川麻衣、生田繪梨花、山崎怜奈、北野日奈子、阪口珠美、与田祐希、大園桃子、賀喜遙香、早

川聖來、田村真佑、弓木奈於、平手友梨奈、長濱禰留、菅井友香、渡邊梨加、森田光、小坂菜緒、丹生明里、金村美玖、齋藤京子、加藤史帆、岡田奈奈、田中美久、運上弘菜、蔡亞恩和佳那，雖然這些人我一個都沒見過，也沒互相交流過什麼，但她們在我寫論文最痛苦的時候，也是對人生感到鬱悶的時候，給予我心靈的滋潤，讓我能保持寫作的動力。另外也要感謝漫畫家迫稔雄，及其筆下的噬謊者斑目貘先生，還有漫畫家 ONE，及其筆下的最強英雄埼玉老師，都讓我在論文幾近放棄的邊緣時，重新獲得積極面對人生的意義，看到這邊的讀者，建議失落的時候可以看這兩部漫畫，但閱讀噬謊者這部漫畫需要極高智商，所以請斟酌自己的能力，適度閱讀。

第一章　緒　論

第一節　動機與目的

　　假使從現當代的視角回顧日治時期自由戀愛的思想構圖，恐怕在於追求日治時期個人在戀愛和結婚是否擁有自主空間，體現情感結構如何從傳統的「父母之命，媒妁之言」，通過現代思潮的接受，逐步發現自由戀愛與自由結婚的可能性，尋回日治時期有關戀愛的啟蒙面向，肯定日治時期自由戀愛的光明面，間接肯定臺人在日治時期的情感層面，所具有的殖民現代性成分。

　　在這個議題上，我認為目前可被區分為兩個層次，第一層次的提問，便是詢問自由戀愛在日治時期是否存在？如果答案是肯定的，那麼就進入第二層次的提問，便是詢問自由戀愛的轉折、變貌與想像？進而透過這兩套層次的問題，進行思辨、回應與補充，似乎都能找出日治時期「自由戀愛＝文明」這一套公式般的存在，肯定日治時期有過一段現代化的情感結構，肯定自由戀愛與自由結婚的風潮，成為日治時期不可或缺的歷史過程。

　　然而，如果我們叛離這條固定等式，從問題本身就加以批判性的檢討，將戀愛與結婚議題，放回「日本帝國」與「殖民地台灣」等民族國家的語境下，尤其是 1937 年前後以至 1945 年之間，也就是說，將「戀愛結婚」放回戰爭情勢加劇的外在現實重新解讀，又會呈現什麼樣的風貌？尤其戀愛與結婚屬於人類的抽象情感，透過小說與報刊論述的蒐集、整理與分析，應能逐步解析日治時期台灣知識份子，有關戀愛結婚的現象與思考邏輯，尋回纏繞在國家與民族之中，戀愛結婚與日本帝國的政治關係。

　　另一方面，本文之所以透過小說和報刊論述為觀察中心，有以下幾點原因：第一點是官方文書與統計資料的不足，眾所周知的事，的確在 1898 年至 1906 年之間，兒玉源太郎與後藤新平，本於生物學原則進行殖民地治理，動員諸多專家學者，對台灣的舊慣進行學術性調查。其成果為《臺灣私法》及臨時臺灣舊慣調查會的報告書，這個深具官方權威的調查成果，從最早 1905 年出版的報告書，到最晚有 1936 年出版的清國行政法相關報告。然而其中研究成果出版的時間跨度，僅有限縮在 1905 年至 1936 年之間，對於台人的戀愛與結婚研究，也僅限於 1903 年臨時台灣舊慣調查會的《臨時台湾旧慣調查会第一部調查報告書・第 1 回下卷》，以及 1911 年《臨時台湾舊慣調查会第一部第三回報告書・臺灣私法・第二卷・下》，調查了台灣的傳統情感構造，是以父母之命、媒妁之言為主，未能探求到 1920 年代以後，甚至 1937 年左右至 1945 年的戰爭時期。況且官方的研究成果，不免有從上而下的治理成份，缺乏殖民地人民的意見和言論。從總督府的統計資料來看，也有諸多問題與盲點，這邊以日臺共婚的統計資料為例，1919 年臺灣總督府公文類纂，統計合法且正當的日臺共婚僅有 13 組，但不具法律關係的內緣夫妻，[註1]卻高達 140 組。但在共婚法實施後，關於內緣夫妻的調查數據便消失無蹤，僅只針對合法的日臺共婚進行統計，可是現實中在 1919 年便有 140 組內緣夫妻，隨著留日的台灣學生增加，以及赴台的日本人增加，在日本帝國漸趨穩定的治理下，日本人與台灣人的接觸必定增加，勢必導致共婚夫妻的數量隨之增加。不過在官方的統計數字上，僅只紀錄合法登記的婚姻，因此透過官方的統計資料，有其無法涵蓋的侷限，特別是 1937 年至 1945 年之間，有關日臺共婚與同化的戀愛結婚敘述之問題，通過官方的統計資料，可能無法徹底剖析，遑論其中戀愛、結婚與民族國家的接點。

　　第二，若透過戰後台人的口述或回憶錄進行研究呢？事實上，洪郁如便曾利用游鑑明在 1991 至 1992 年對 7 名台人菁英女性的採訪調查，研究新女性的戀愛結婚變貌，並且得出「偷看—相親—交往」的形式，為普遍菁英家庭接受的模式，是未婚男女交往型態的最大改革。[註2]然而闕漏的地方在於，既

〔註1〕內緣夫妻，指的是不具法律承認的日臺共婚組合，但實際上卻有戀愛、結婚與組織家庭，甚至產下混血兒的夫妻組合，在不具法律承認的情況下，這些混血兒也往往被定義為私生子。

〔註2〕洪郁如著，吳佩珍、吳亦昕譯，《近代台灣女性史：日治時期新女性的誕生》（台北：臺大出版中心，2017.06），頁 251～254。

然問題被設定為日治時期女性是否有自由交往的空間，那麼回答自然僅能變成是與否的結論，最多如同洪郁如的研究，指出了女性偷看訂婚對象的主動性。換句話說，問題框架已經被採訪者與研究者設定完備，那麼回憶的當事人，自然難以跳脫此一問題框架，最終仍是回到自由戀愛與自由結婚是否能夠成立的問題點上。諸如 1995 年女權會策劃、江文瑜所編的《阿媽的故事》，以及 1998 年所編的《阿母的故事》，基本上都帶有同樣的盲點，希望詢問自由戀愛與自由結婚是否成立，探究女性在婚姻上是否得以自主，據以填補日治時期歷史中女性缺席及未能發聲的狀況。筆者肯定這些回憶錄和訪談，具有論證日治時期女性主體性的效用，努力為日治時期的女性進行發聲。然而，假使只是透過這些回憶錄和訪談資料進行研究，同樣無法超出戀愛與結婚是否自由的問題框架，而且也無法觸及 1937 年左右以至 1945 年之間，戀愛、結婚與國家意識相互糾纏的問題。因為自始自終，有關日治時期女性的訪問與回憶錄，並不會探究戰爭時期的戀愛結婚問題。另一方面，對於戰爭時期的訪問與回憶錄，則以台籍日本兵的徵集、遭遇、戰場狀況及受害補償為主，諸如 1997 年由蔡慧玉編、吳玲青整理的《走過兩個時代的人──台籍日本兵》，以及 1997 年由周婉窈主編的《台籍日本兵座談會記錄并相關資料》，雖然詳實紀錄了戰爭時期對於台人的動員狀況，彌補日本帝國在戰爭時期，對於徵調人力資源的當事者證言，但因為這些資料所要瞄準的議題，就在紀錄日本帝國動員殖民地人民的狀況，所以戀愛結婚的問題，基本上是付之闕如。所以若要透過目前出版的日治時期回憶錄或訪問資料進行研究，確實有上述談到的侷限，並無法回答本論所要切入的命題。

　　第三點，站在研究材料的面向上，若透過日治時期的歌仔冊或流行歌進行研究呢？在歌仔冊方面，有 1935 年著名的《婚姻制度改良歌》，在流行歌方面，則有 1933 年純純所演唱的《跳舞時代》，兩者均反映否定父母之命的婚姻，讚揚自由戀愛、社交公開的文明思想，同樣延續著從父母之命的否定，到發揚自由戀愛的思考脈絡。但是陳培豐的研究指出，相對於這類標榜自由戀愛與摩登生活的歌曲，事實上〈雙雁影〉與〈心酸酸〉等表達室內閨怨女的歌曲，在銷售上更勝一籌。〔註3〕陳培豐的研究也提到，因為太平洋戰爭的關係，所以曾在 1930 年代興盛的臺語流行歌深受打擊，臺語流行歌的作曲者、作詞者

〔註3〕陳培豐著，《歌唱臺灣：連續殖民下臺語歌曲的變遷》（新北市：衛城出版，2020.12），頁 40～43。

甚至演唱人員都紛紛從舞台上銷聲匿跡。〔註4〕同時，根據高于雯針對日治時期臺灣歌仔冊的自由戀愛敘述研究，目前出土的史料運用，涵蓋範圍也大量集中於 1920 年代至 1930 年代之間，在 1937 年中日戰爭爆發後便無從談起。〔註5〕所以從流行歌或歌仔冊，研究戰爭時期戀愛結婚與日本帝國的政治關係，有其史料上的不足和缺憾，在目前未有相關史料出土的情況而言，在研究上有一定的困難。

　　然而在 1937 年中日戰爭爆發以後，直至 1945 年之間，小說與報刊論述仍持續生產，所以通過小說與報刊論述為觀察中心，在上述三種研究侷限之下，的確是解明日治時期戀愛結婚與國家論接點的管道，也是捕捉臺日人在戰爭時期對戀愛結婚思考的重要材料。當然，筆者並未完全否定上述三個層面所做的研究成果，只是點出若要通過上述三個途徑，畢竟有侷限之處。雖然本文並非以上述三個途徑的研究材料為中心，但確實前人所做的研究成果，也能增添本文思考日治時期戀愛結婚議題時，所要具備的歷史脈絡與研究視野。

　　回到本論文的研究目的，在研究材料充足的狀況下，既然在日本帝國與殖民地台灣的政治脈絡下，思考戀愛結婚問題，那麼筆者便無法切離戀愛、民族與國家之間千絲萬縷的關係。尤其當 1936 年小林躋造總督上台，南進化與皇民化的政策成為指導方針，〔註6〕1937 年中日戰爭爆發後，台人及台灣文壇被整編至國民精神總動員的體系之中，〔註7〕戀愛敘述與報效國家的精神動員恰如其分地交織在一起。雖然強行連結國民動員的書寫看似扭曲，但從小說文本，的確體現了戀愛結婚連結報效國家，進而服務於國家的心靈寫照，也是作家不得不屈從於帝國動員的心路歷程。

　　在報國的戀愛結婚敘述之中，小說中的主角並沒有面臨民族與血液的動搖，至多是在戀愛結婚的敘述之延長線上，強行置入報國論述，但為了將臺人收編至日本人集團，更有效地動員殖民地台灣的人力資源，因此有同化的戀愛

〔註4〕陳培豐著，《歌唱臺灣：連續殖民下臺語歌曲的變遷》（新北市：衛城出版，2020.12），頁 114～116。

〔註5〕高于雯，〈日治時期台灣歌仔冊中的「自由戀愛」敘事研究〉（嘉義：國立中正大學台灣文學研究所碩士論文，2012）。

〔註6〕《南進日本之第一線に起つ・新臺灣之人物》（台北市：拓務評論社臺灣支社勤勞、富源社，1937.10），頁 4；臺灣總督府情報部，《時局下・臺灣の現在と其將來》（臺灣總督府情報部，1940.09），頁 7～8。

〔註7〕李文卿，《共榮的想像：帝國・殖民地與大東亞文學圈（1937～1945）》（台北縣：稻鄉，2010.06），頁 117～119。

結婚小說被創作出來。日治時期的台日知識份子，不僅描寫了作為同化的共婚敘說，更進一步描寫戀愛與結婚之間，所衍生的民族同化攻防戰。以日臺共婚書寫的小說文本，最終還表現了戀愛結婚所存在的血液政治學，為了「民族純血」和「民族混血」，在不斷劃分的民族境界線中，產生血液優劣的思想，並在此一思想中產生辯證性的鬥爭。

　　然而相當可惜的是，過去的研究多致力於 1920 年至 1930 年之間，闡釋自由戀愛與婚姻自主，作為改革傳統情感規範的論說，並將論說放在婦女解放以及殖民地新女性的脈絡下，描繪兩性關係發生轉變的歷史軌跡，說明知識份子希望改革傳統婚姻，邁向現代化的情感結構。例如楊翠談論戀愛結婚論時，便將論述放在婦女解放的訴求上，談論婚姻自主的問題，情感的自主性作為革新台灣傳統婚姻的文明欲求，在知識份子納入階級意識以後產生了左傾面向，以及時至 1931 年代之後，從戀愛自由的意識到破除聘金制度的轉向。〔註 8〕洪郁如也通過殖民地台灣新女性形成的視角，從女性婚姻模式的轉變，指出 1920 年代《台灣民報》的新知識份子，要求戀愛自由與新式婚姻，時至 1925 年之後，由留學中國的新知識份子發起，轉而強調打倒家族制度和封建傳統。〔註 9〕首先，兩者對戀愛結婚論的研究，均點出改革壓抑個體情感的枷鎖，朝向啟蒙的、自由的情感關係進行討論；第二，兩者使用的史料多為 1920 年至 1930 年的《台灣青年》、《台灣》和《台灣民報》，視野也均鎖定在革新性的情感結構，也就是從傳統走向文明的線性思維上。

　　但這樣的框架本身具有一定的排除性，在這樣的框架中，的確僅能將戀愛與結婚的論說，放入啟蒙與文明化的改革說法進行討論。原因在於，時代的設定便放在 1920 至 1930 年代之間，自然直接略去 1937 年之後，國家強行動員與急遽同化台灣人的歷史情境，使得戀愛結婚與帝國急速擴張的政治關係，自然便失去討論，這麼一來，日治時期的戀愛結婚觀念，僅能從啟蒙與文明的向度出發，並再次終結於啟蒙與文明的向度。

　　因此本論文希望討論 1937 年左右之後，在日本帝國進行國民精神總動員，以及開啟所謂的大東亞戰爭後，戀愛結婚與國家論述產生了什麼樣的接觸？在糾纏著國家與民族的意識下，展開怎樣的婚戀書寫？便是本文的問題意識

〔註 8〕楊翠，《日據時期臺灣婦女解放運動：以《台灣民報》為分析場域〈一九二○～一九三○〉》（台北：時報文化，1993.05），頁 181～202。

〔註 9〕洪郁如著，吳佩珍、吳亦昕譯，《近代台灣女性史：日治時期新女性的誕生》（台北：臺大出版中心，2017.06），頁 205～223。

之所在。

　　這本論文在上述的問題下，會再次討論 1910 年代以至 1930 年代戀愛結婚的根源與轉化，但會加強歷史脈絡的補充，釐清啟蒙與文明的邏輯如何被生產出來，換句話說，就是強化研究中的時代性，通過回到歷史脈絡之中解讀相關文本，理解戀愛此一知識，為何不自覺地帶有文明的向度，以至於是一種純潔的精神之愛。再者，1930 年代開始出現的族裔批判，也將是這本論文補充的要點之一。另一方面，本論文與過去研究不同的是，會更加著重 1930 年代之後的戀愛結婚論與相關小說文本，我將尋找活躍於 1937 年左右，以至戰爭爆發後執筆發表的文學作家，諸如黃氏寶桃、龍瑛宗、王昶雄、張文環、朱點人、吳漫沙、庄司總一等人，以這些文學家發表的戀愛結婚小說，旁及相關報刊論述，作為主要觀察與探討的文本，闡釋戀愛結婚的思想，如何微妙地與日本帝國的國家論述發生碰撞，形成報國的以及同化的戀愛結婚敘述。

　　然而這樣的討論，並不是單方面地，論說 1930 年代之後的戀愛結婚小說，僅有朝向國家收編的面向，事實上 1940 年代也有楊千鶴的〈花開時節〉，為臺人女性作家書寫女性情感構圖的力作，描述女學生介於友情與婚姻之間的感情，在婚戀小說的根本設定上，既超越男性知識份子啟蒙與革新的戀愛結婚敘述，也超越國家動員的收編框架。因此，這本論文不僅闡明戀愛結婚與國家論的密合面向，也將遠離國家收編的文本放入討論之中，希望描摹作家們在戰爭時期靈活多變的面向，書寫一部日治時期戀愛、結婚與國家論相互搏鬥的歷史時刻。

第二節　文獻探討

　　在文獻回顧方面，特別針對日治時期台灣戀愛結婚思想進行研究，探討經由報紙和雜誌傳播的論文，目前已有從日治時期台灣新文學、報刊的戀愛言論、漢文通俗文學，以及納入法律、民族和血液等先驅性觀點進行分析，具有可觀的研究成果值得參照，足以使本論文在當前的研究基礎上，繼續深化此一主題的研究。

（一）日治時期台灣新文學的戀愛主題論研究

　　關於日治時期台灣新文學，討論其中戀愛敘事的學位論文，溫若含曾以 1920 年至 1937 年為範疇，論述新知識份子視野下戀愛具有的啟蒙意涵，時

至 1930 年代則出現反思戀愛與社會規範、性別、自我存在辯證的多重向度。〔註10〕溫若含的論述為後繼研究者區分了 1920 年代及 1930 年代新文學報刊戀愛觀的轉折，但戀愛與婚姻的訴求形成單向指向啟蒙，繼而發生轉折的進程，討論範圍尚未觸及 1937 年中日戰爭之後的新文學文本，未曾探討密切吸納戀愛結婚的國家論敘說。

　　吳婉萍的學位論文也鎖定 1920 至 1930 年代的報刊與新文學，首先指出 1920 年代新知識份子提倡戀愛的自主意識，對於 1930 年代的文學文本，則更進一步指出制約在階級結構、性別秩序，進而點出抹去自主意志的鄉土環境，失落戀愛理想的都市，以及通俗小說反思自由戀愛在地化的落差。〔註11〕吳婉萍的論文基本上也點出 1920 年代與 1930 年代自由戀愛表述的差異，但將討論範圍設定在 1937 年止，並認為進入戰爭期之後，戀愛的思想或有深受戰爭局勢的影響，然而筆者懷疑究竟是什麼樣的影響？似乎不是一個不證自明的問題，因此筆者希望討論戰爭情勢加劇後，日本帝國介入戀愛結婚觀念的情況。

　　許俊雅的期刊論文〈日據時期臺灣小說中的愛情與婚姻〉，也以 1920 年代至 1930 年之間的新文學文本為分析對象，指出新知識份子透過新式的愛情與婚姻，發出啟蒙批判和情感文明化的議題。〔註12〕吳亦昕的〈吳天賞「蕾」からみる〈恋愛〉と〈植民地近代化〉〉，則通過吳天賞 1933 年發表的〈蕾〉為中心，探討戀愛與殖民地近代化，是在地傳統與近代文明思潮交涉下所誕生的產物。〔註13〕大西仁的論文，同樣延續前人的思考觀點，針對 1920 年代到 1930 年代中期的新文學文本，進行分析與討論，基本上只是再次印證自由戀愛從接收到傳播，以至於從殖民地台灣現實反省自由戀愛的可行性。〔註14〕然而以上的期刊論文，都將時代設定為 1920 至 1930 年代中期，論點也幾乎全部歸結於

〔註10〕溫若含，〈從意識啟蒙到創作轉折：日治時期新文學小說中的「戀愛」敘事研究（1920～1937）〉（台北：國立政治大學台灣文學研究所碩士論文，2010）。

〔註11〕吳婉萍，〈殖民地臺灣的戀愛論傳入與接受──以《臺灣民報》和新文學為中心（1920～1937）〉（台北：國立政治大學台灣文學研究所碩士論文，2012）。

〔註12〕許俊雅，〈日據時期臺灣小說中的愛情與婚姻〉，《文學臺灣》7 期（1993.07），頁 98～114。

〔註13〕吳亦昕，〈吳天賞「蕾」からみる〈恋愛〉と〈植民地近代化〉〉，《日本語と日本文学》47 卷（2008.08），頁 62～79。

〔註14〕大西仁，〈1920～30 年代台湾における結婚／恋愛小説について〉，《立命館言語文化研究》第 24 卷第 2 期（2013.02），頁 83～92。

戀愛結婚思潮的啟蒙性，以及在地化之後所做的辯證性討論，時代設定上並沒有超出 1930 年代中期以後，自然無法得知日治末期戀愛結婚呈現的樣態。

（二）日治時期台灣報刊的戀愛言論研究

對於報刊上戀愛結婚論的分析研究，在專書方面，誠如研究動機所提到的，楊翠以《臺灣民報》為中心，在婦女解放言論的視角上，論述 1920 年代至 1930 年代之間，新知識份子提出的婚姻自主觀念。〔註15〕洪郁如也以《臺灣青年》、《臺灣》和《臺灣民報》為中心，通過殖民地台灣新女性形成的視角，點出台人知識份子對於自由戀愛與新式婚姻的要求。〔註16〕然而分析報刊僅以《臺灣青年》、《臺灣》、《臺灣民報》和 1933 年以前的《臺灣新民報》為中心，未能超出 1920 至 1933 年之間的時間範疇，所以僅能在此一範圍內，針對新知識份子的言論進行分析，最終只能得到維新、啟蒙與文明的戀愛結婚論。

在學位論文方面，蔡依伶論文的第三章，描述了 1920 年代新知識份子提倡的自由戀愛話語，之後她援引後殖民女性主義學者 Spivak 的從屬者理論，通過 1926 年起，在《臺灣日日新報》和《臺灣民報》激烈爭辯的彰化戀愛事件為案例，指出在傳統文人和本土新知識份子的交鋒下，女性的聲音付之闕如，顯現女性被迫消音的困境。〔註17〕不同以往研究的是，蔡依伶為我們提供性別切入的視角，補足過去偏重男性新知識份子的言論分析，但遺憾的是，該篇研究仍聚焦在 1920 至 1930 年代之間的史料，所以未能超出此一時間範疇，釐清 1930 年代之後戀愛結婚展現了什麼樣的思想風貌。

江育敏的論文透過《臺灣日日新報》、《臺灣愛國婦人》與《臺法月報》的史料閱讀，將焦點放在 1920 年代之前台灣人婚姻觀念的變革，尤其首重女性獲得婚姻自主權利的歷時性分析，經由離婚權的接受，進而到自由婚姻觀念的接收，婚姻與戀愛由個人自主的觀念開始散播。〔註18〕江育敏將焦點放在權利與觀念變化的兩條軸線，論證台人對婚姻自主的觀念詮釋及其權利實踐，補足

〔註15〕楊翠，《日據時期臺灣婦女解放運動：以《台灣民報》為分析場域〈一九二〇～一九三〇〉》（台北：時報文化，1993.05），頁 181～202。
〔註16〕洪郁如著，吳佩珍、吳亦昕譯，《近代台灣女性史：日治時期新女性的誕生》（台北：臺大出版中心，2017.06），頁 205～223。
〔註17〕蔡依伶，〈從解纏足到自由戀愛：日治時期傳統文人與知識分子的性別話語〉，（台北：國立臺北教育大學台灣文學研究所碩士論文，2007），頁 49～72。
〔註18〕江育敏，〈日治初期臺灣婚姻觀念變革之議論〉，（台北：國立臺北教育大學台灣文化研究所碩士論文，2012）。

1920 年代之前，台灣人對婚戀觀念接收與詮釋的歷史空白。

廖靜雯的論文則聚焦於 1910 至 1930 年間的婚戀論述與實踐，首先從法律史的角度切入，探討日本殖民政府對於台灣婚姻的依用舊慣原則，使得台人面對舊慣圍繞的婚姻規範，仍籠罩在父母之命、媒妁之言、聘金結婚、招贅和童養媳的環境之中，使得 1920 年代的新知識份子，開始標舉打破舊慣，提倡個人自主的文明意識，在婚姻模式上逐步修改為西洋的新式結婚，以及在文明與落後的視野下，首重改革聘金制度的虛禮。〔註19〕該篇論文從殖民政府依用舊慣的原則，鋪展出台灣沿襲傳統婚姻的時空背景，論述了新知識份子希望從傳統走向文明的革新情感。緊接著，廖靜雯於 2018 年繼續發表〈日治時期臺灣文明結婚論述中的聘金問題〉期刊論文，延續著她碩士論文的觀點，首先從殖民政府的法律政策分析，指出殖民者將聘金為主的台人婚姻，視為一種陋習，提倡廢除聘金的文明結婚，而台人也在解放風潮的吸引力下，提倡廢除聘金的文明結婚，到了 1920 年代後期，因為日本政府的經濟緊縮政策，文明結婚論述從廢止聘金擴展為改革虛禮。〔註 20〕然而廢止聘金與廢止虛禮的論述雖然甚囂塵上，但廖靜雯指出臺人的婚姻改革基本上是「有口無心」，且女性在論述之中消音的狀況，也顯示女性發聲的闕如。〔註21〕

無論是江育敏和廖靜雯的論文，都試圖將研究視野往 1910 年代前推，並且納入殖民政府的觀點，補充官方在戀愛結婚的思考脈絡，兼論臺人的發言位置。在廖靜雯的期刊論文而言，也試著將性別的視角放入研究脈絡中，點出女性聲音的闕如。將性別納入思考範疇，足供本文在研究開展時，納入女性發聲的焦點、位置與歷史脈絡。不過很可惜的是，即便是廖靜雯的學位論文和期刊論文，都僅在 1930 年代便結束研究，對於 1930 年代之後官方的論述、知識份子的言論和女性的發聲情狀，都尚未進行分析與論述，是目前在戀愛結婚研究上，還能繼續拓展的領域。

中西美貴的期刊論文，同樣以《臺灣青年》、《臺灣》和《臺灣民報》為中心，分析新知識份子的言論，指出自由戀愛與自由結婚的思想傳播與接收，點

〔註19〕廖靜雯，〈「自由結婚」：日治時期臺灣的婚戀論述與實踐（1910～1930 年代）〉（新竹：國立清華大學歷史研究所碩士論文，2013）。

〔註20〕廖靜雯，〈日治時期臺灣文明結婚論述中的聘金問題〉，《近代中國婦女史研究》32 期（2018.12），頁 99～161。

〔註21〕廖靜雯，〈日治時期臺灣文明結婚論述中的聘金問題〉，《近代中國婦女史研究》32 期（2018.12），頁 99～161。

出台人對情感構造的文明想像。〔註22〕然而問題如同上述，基本上以《臺灣青年》、《臺灣》和《臺灣民報》為中心史料，就僅能得到情感構造的文明想像此一結論，而且探討的範圍依然在 1920 年代至 1930 年代初期，並沒有超出這個年代的設定之外。

　　上述的研究專書、期刊論文和學位論文，均對 1910 年代至 1930 年代初期，約莫至 1933 年之間，關於戀愛與結婚的言論有所探討，無論是從官方的法治層面、媒體傳播或是臺人繼受的解放觀念，均點出台人邁向自由解放的文明情感欲求，也探索了這些男性知識份子甚囂塵上的論述，缺乏女性的參與和發聲，致使女性言論的缺席，點出研究上納入的性別視角。但是日治時期 1930 年代中期至 1940 年代末期，與戰爭動員和民族同化密切結合的情感構造，因為上述諸多研究在時代的範圍設定，所以未能加以討論。

（三）日治時期台灣漢文通俗文學的戀愛主題論研究

　　關於日治時期台灣漢文通俗文學，側重於戀愛主題論研究的相關文獻，有陳莉雯聚焦都市空間與戀愛概念交相滲透的都會型戀愛敘述，該篇論文指出日治時期漢文通俗文學，因都市文化、市場機制與市民讀者品味，逐步形成《風月報》的都會通俗表述。〔註23〕陳莉雯的論文為後續研究漢文通俗文學的戀愛主題論研究，點出戀愛在台灣都市輻射出的現代化身體、家庭結構，以及戀愛作為精神性而非性慾的概念奠定立論，說明了外在環境興起戀愛情感的基礎。然而比起戀愛結婚思想，陳莉雯的論文更著重外在環境對《風月報》的影響，對於《風月報》內在的文本分析較為缺乏。另一方面，該篇論文在《風月報》的研究上，聚焦於 1930 年代，對於《風月報》在 1937 年之後強勢發刊，並且逐漸納入國防國家的一環，因為年代設定的問題，所以未能納入分析範疇。

　　徐孟芳則以報刊通俗小說為觀察場域，試圖歷時性地析論日治時期漢文人「自由戀愛」話語的生成及轉折，首先從「情緣」的鍾情觀體現儒家體制的鬆動，遞進到戀愛的通俗知識化、「摩登」與「戀愛」相互結合後的賦罪化，以及戀愛之於戰爭的動員論說與效力。〔註24〕透過歷時性的分析，該篇論文指

〔註22〕中西美貴，〈大正後期臺灣新知識分子的世界：「新民會」雜誌中戀愛結婚議題為主要分析場域〉，《臺灣風物》第 54 卷第 1 期（2004.03），頁 25～46。

〔註23〕陳莉雯，〈「島都」與「戀愛」：《風月報》相關書寫的再現與想像〉（新竹：國立清華大學中國文學系碩士論文，2008）。

〔註24〕徐孟芳，〈「談」情「說」愛的現代化進程：日治時期臺灣「自由戀愛」話語形成、轉折及其文化意義以報刊通俗小說為觀察場域〉（台北：國立臺灣大學臺

出言情系統與自由戀愛之間的轉折，也為《三六九小報》對於戀愛的通俗知識化，《風月報》改換為《南方》之後戰爭與戀愛的關係，提供可資拓展的參照架構。徐孟芳的論文基本上是站在為漢文人發聲的立場，希望點出漢文人對於自由戀愛的話語轉折更加豐富，且補足過去的研究僅只從新知識份子的立場，作為唯一分析對象的不足，更進一步拉長時代的跨度，通過《風月報》改換為《南方》為案例，析論漢文人的戀愛話語，在國策壟罩的情況下，如何進行應對進退。不過較為缺憾的是，徐孟芳的論文僅將《風月報》轉換為《南方》，放在臺灣的脈絡中思考，若是 1937 年中日戰爭爆發後，或許放入日本帝國企圖打造的東亞和平論述磁場，更能順利解析其中戀愛報國的論述生產環境。另一方面，徐孟芳在蒐羅到 1938 年蔡榮華發表於《風月報》的〈彈力〉時，自陳文本內容是以臺人男性與日人女性為主，在國籍身分上或許有值得研究的地方，但礙於研究焦點不同，所以並不著墨，有待日後研究者繼續發揮。〔註25〕因此，日治末期有關種族、血液與認同混淆的戀愛敘說，是徐孟芳在問題意識的設定時，便無法框列的論述範疇，所以也是本文值得發揮並且補充的研究地帶。

　　黃薇勳以 1906 年至 1930 年的《台灣日日新報》漢文短篇小說為中心，論述傳統女性的婚姻注重門當戶對的婚姻，看重傳宗接代的觀念，警戒男子蓄妾的訊息，女性形象則反映出賢妻良母、貞潔烈婦的身分概念，展現女性的婚姻與身體形象均由倫理教化規範，直到自由思想的滲透，職業婦女和女性團體的興起，自由戀愛與結婚開始衝擊傳統倫理，呈現反對自由與支持自由的新舊過渡時代。〔註26〕該篇論文點出台灣 1906 至 1930 年之間，在漢文小說中表達的女性情感與生命形象，由無所不在的倫理教化所塑造，描摹出日治時期婚戀思想傳統的面向，以及傳統思想遇上自由的衝擊後，如何在情感現代化的歷程中進行文化調解和反省。不過黃薇勳雖然以 1906 年至 1930 年的《台灣日日新報》漢文短篇小說為史料，但整體的論證，並沒有超出傳統走向現代的文明化歷程，仍是回歸到走向自由戀愛的過渡時代此一結論，且時代設定範圍也未能

灣文學研究所碩士論文，2010）。

〔註25〕徐孟芳，〈「談」情「說」愛的現代化進程：日治時期臺灣「自由戀愛」話語形成、轉折及其文化意義以報刊通俗小說為觀察場域〉（台北：國立臺灣大學臺灣文學研究所碩士論文，2010），頁 79。

〔註26〕黃薇勳，〈1906～1930《台灣日日新報》漢文短篇小說中家庭女性婚姻與愛情的敘寫〉（台北：國立臺北教育大學台灣文化研究所碩士論文，2010）。

超出 1930 年之後，所以有關 1930 年代之後戀愛結婚的樣態，在黃薇勳的論文裡是無法看見的。

　　三篇論文主要點出日治時期台灣 1910 年代至 1930 年代，台人的戀愛觀念逐步邁向自由文明的現代化情感，以及外在都市場域的影響。但對於 1937 年左右台灣走向戰爭動員以及 1941 年編入大東亞戰爭體制後，有關戀愛結婚結合國家論術的研究甚少。唯有徐孟芳的論文透過《南方》及《南方詩集》的閱讀，觸及 1940 年代戰爭動員戀愛的論說效力，然而從國家整體政策轉換，以至於逐步影響刊物場域，深層介入作家的小說文本內容，以致回收戀愛結婚作為國家動員和民族同化的論說，似乎仍有進一步討論的空間。

（四）日治末期民族與血液的戀愛主題論研究

　　針對此一主題論的研究，先驅性的論文為星名宏修所撰的〈「血液」的政治學：閱讀台灣「皇民化時期文學」〉，星名從坂口䙥子的〈破壞〉談起，導出日本戰爭期間交互攻防的純血論與混血論，不僅分析了坂口䙥子〈時計草〉裡，混血通婚中日本優越性的表現，也針對金關丈夫的人種論述進行分析，最後更提到小林井津志的〈蓖麻長了〉裡，存在著血統超越的可能，從這些官方政策、當事者言論與作品分析，星名宏修指出了皇民化論者與優生學者間，共同具有「內地人」較為優秀的血統思維。〔註27〕星名宏修的論文幾乎涵括了所有皇民化時期，有關民族與血液相關的文學作品進行分析，然而比較可惜的是，對於王昶雄〈奔流〉的分析，僅以男主角娶日本人妻子的設定一語帶過，未深入分析其中民族與血液的力學原理。

　　吳佩珍則爬梳日本現代優生學論述的形成脈絡，檢視明治、大正以至昭和以來，純血論和混血論的誕生，藉此分析 1940 年代「皇民文學」作品裡，同化政策與優生學思想的攻防戰。〔註28〕吳佩珍的論文檢證了庄司總一《陳夫人》和坂口䙥子〈時計草〉中，由優生學望向混血通婚時，引發的血液優劣位階。尤其細讀庄司總一《陳夫人》中瑞文這名角色，指出他在愛上蕃人女性陳陣時的自我嫌惡，但又從荷蘭人與平地蕃人混血的懷疑中，間接連結到白種人

〔註27〕星名宏修著，莫素微譯，〈「血液」的政治學：閱讀台灣「皇民化時期文學」〉，收錄於黃美娥主編，《世界中的台灣文學》（臺北市：國立臺灣大學出版中心，2020），頁 153～193。

〔註28〕吳佩珍，〈臺灣皇民化文學中「血」的象徵與日本現代優生學論述〉，收錄於彭小妍主編，《跨文化情境：差異與動態融合——臺灣現當代文學文化研究》（臺北市：中央研究院中國文哲研究所，2013），頁 15～38。

的血液關係，使得瑞文解放了與蕃女發生關係的屈辱感，引導出荷蘭白種人優於漢人和原住民，甚至優於黃種人的迷思。〔註29〕從這個觀點，也提示了筆者，在討論異民族通婚的作品時，其中血液的境界線不僅只是一成不變的日台距離，而是充滿動態、差異與重層的間距。另一方面，吳佩珍也以陳火泉的〈道〉和王昶雄的〈奔流〉為例，討論箇中對於日本純血的執著，與日本浪漫派的主張不謀而合，那便是回歸古典便是回歸日本精神的思潮，文內通過青楠鍾情的俳聖芭蕉，以及伊東春生對於日本國語的忠誠，論證其中受到日本浪漫派的影響，以日本傳統企及純粹的日本人血液。〔註30〕通過這一點，該篇論文也提示了筆者1940年代日本浪漫派的影響痕跡，不過吳佩珍據以論證的文本內容，是以文學和語言為例，但事實上日本浪漫派也有從性別展開的說詞，是吳的論文尚未討論的地方，也是本文可以切入，並加以填補的研究縫隙。

朱惠足的專書《帝國下的權力與親密：殖民地台灣小說中的種族關係》，則先回顧英語學界對歐洲殖民地種族關係的相關理論，進而探討非西方的日本帝國，在戰爭期間如何通過一連串的種族、性別與階級差異，建構日本或台灣的民族主體。〔註31〕其中關於種族間親密關係的建構，集中於第四章的〈國族與性別的邊界協商　殖民地台灣小說中的台日通婚〉，以及第五章的〈性別化的國族「血統」想像　殖民地台灣小說中的台日混血兒〉。

在第四章的部分，朱惠足以朱點人的〈脫穎〉、真杉靜枝的〈南方的語言〉、庄司總一的〈陳夫人〉和川崎傳二的〈十二月九日〉為討論對象，指出親密關係的跨越，是在國族、民族、語言和性別等多種層次中，不斷進行切換與協商的過程，以形構日本帝國建立自我時的差異與內在矛盾。〔註32〕從該章節的分析，提醒筆者在分析有關「民族」與「血液」的戀愛敘說時，並非單向度地區分殖民者與被殖民者間的情慾跨界，而需要分析小說文本中，不斷進行差異建

〔註29〕吳佩珍，〈臺灣皇民化文學中「血」的象徵與日本現代優生學論述〉，收錄於彭小妍主編，《跨文化情境：差異與動態融合——臺灣現當代文學文化研究》（臺北市：中央研究院中國文哲研究所，2013），頁28。

〔註30〕吳佩珍，〈臺灣皇民化文學中「血」的象徵與日本現代優生學論述〉，收錄於彭小妍主編，《跨文化情境：差異與動態融合——臺灣現當代文學文化研究》（臺北市：中央研究院中國文哲研究所，2013），頁33～36。

〔註31〕朱惠足，《帝國下的權力與親密：殖民地台灣小說中的種族關係》（台北市：麥田，2017），頁6～21。

〔註32〕朱惠足，《帝國下的權力與親密：殖民地台灣小說中的種族關係》（台北市：麥田，2017），頁166～212。

構和動態轉換的慾望表現。然而文內對朱點人的〈脫穎〉，似乎只是重述男主角通過擬似血緣的共婚契機，在日本帝國與殖民地台灣之間，進行民族界線的協商過程，未有更進一步的分析，尤其是小說前面描述的三貴家族背景，一直以來是諸多研究者忽略的地方，是筆者能夠深化並且加以補強的部分；針對庄司總一的〈陳夫人〉，也對流貫整部小說的血液論說缺乏分析，也是本論能夠深論的地方。

第五章的部分，朱惠足以黃氏寶桃的〈感情〉、庄司總一的〈陳夫人〉與〈月來香〉、小林井津志的〈蓖麻的成長〉和坂口䄂子的〈時計草〉為案例，探討台日混血兒如何在國族構造的不純粹性中，展演其中血統的混雜性和認同分裂，進而建構種族、國族與性別建構的本質化過程。〔註33〕該章節凸顯出，相較於歐洲殖民地的混血兒，在外觀上會有明顯的差異，但日本帝國與台灣人之間，卻因為膚色、髮型與體型的相似性，可藉由各種後天改造，形構自身的民族性質與認同機制，因此，日台混血所造就的民族異質性，可通過諸如黃氏寶桃〈感情〉裡的和服，庄司總一〈陳夫人〉的鄭成功歷史敘述，〈月來香〉內部主角的精神鍛鍊等等方式，調動連接日本精神血液的動作與論說，在戰爭時期以後天的人為改造，作為混血邁向純粹日本人的本質化過程。因此，該篇文論再次提示筆者，若要對戀愛結婚的民族血液論述進行分析，必須時刻注意小說文本內部的變動與協商機制。

整理上述的前行研究，無論是從官方的調查報告和法律政策、媒體的言論傳播、台灣新文學和漢文通俗文學等研究成果，都尚未細緻討論1937年左右以至1945年之間，戀愛結婚的思想，在漢文通俗文學方面，雖然討論了「非常時」國家動員的戀愛敘述，但尚未放回日本帝國在戰時體制的擴張脈絡之中，也因為問題意識的焦點和研究論述的統合問題，未能將民族之間的越界問題納入討論。另一方面，關於1937年左右至1945年之間的戀愛結婚研究，均從民族與血液政治學的觀點，進行分析與論述，雖然給予筆者不少啟發性的觀點，然而這方面的研究，因為研究焦點本身就在民族與血液給予戀愛結婚的影響，以至討論日本帝國的統合與排除問題，所以並未能討論戀愛結婚與國家論之間，仍存在著報國的戀愛敘述此一視角。雖然戀愛、結婚與報效國家的結合看似扭曲，但也反映了戰時體制下，國策強行介入戀愛結婚的心靈史，因此也

〔註33〕朱惠足，《帝國下的權力與親密：殖民地台灣小說中的種族關係》（台北市：麥田，2017），頁214～258。

是本文能夠補充前行研究尚未討論的地帶。

第三節　概念定義與研究方法

（一）「戀愛結婚」的概念界定

　　如果從當代的視角回看「戀愛結婚」這個詞句，或許有些疑慮，這個疑慮便是「戀愛」並不需要與「結婚」相互接合，直白來說，戀愛不一定需要結婚，結婚也不見得需要戀愛，這兩者之間並不存在著密合的關係。然而如果重回日治時期的歷史時空，那麼戀愛結婚卻是相輔相成的。例如 1910 年代南瀛雪漁的〈陣中奇緣〉，男女主角通過偶然的要素，擁有近似戀愛的契機，但最終仍回歸到結婚之上，1920 年代的〈她將往何處去？（煩惱的年輕姊妹）〉，更是探討戀愛結婚問題的著作，1930 年代賴慶的〈美人局〉，雖然是一場桃色騙局，但其中表現了戀慕的慾望後，小說還是談到男主角買戒指，論及婚嫁的事情，1940 年代著名的《陳夫人》，無論是清文和安子、瑞文和陳陣又或者是第三代陳家的陳明與陳清子，他們之間圍繞著戀愛的問題，同時也思辨著結婚的問題。換句話說，若回返日治時期長達 50 年的歷史時空，在當時知識份子的思考中，「戀愛」與「結婚」幾乎是密不可分的，這是與當代視角不同的地方，因此本文的命題，採取戀愛結婚，作為研究切入時的思考概念。

（二）「國家論」的概念界定

　　本文的研究重心放在 1937 年左右至 1945 年之間，戀愛結婚思想所呈現的樣貌，在這時期，日本不僅發動了中日戰爭，緊接著在 1941 年又發動了太平洋戰爭。事實上，對於戰前日本發起的一連串侵略行動，在學界幾乎是眾說紛紜，或有主張從九一八事變開始算起，日本就已經展開對中國的軍事行動，因此應該稱之為十五年戰爭，或有從 1937 年開始，才算全面性的中日戰爭衝突。在 1941 年日本對英美宣戰方面，也有太平洋戰爭或大東亞戰爭，從不同政治立場出發，界定日本的宣戰行動。即使回到日治時期的歷史現場，其實也非常難以區辨 1937 年左右之後，戰爭動員的機制，究竟是文化壓抑還是精神動員，又或是皇民化與近代化之間難以割捨的界線，都在在使得戰爭時期，研究戀愛結婚相關的小說文本與報刊論述相形困難，不論是戰後學界的定義，又或是歷史現場的說詞，經常是反覆無常且捉摸不定。因此，我認為既然要研究戀愛結婚與日本帝國擴張之間千絲萬縷的關係，國家的論述本身就無法定義

什麼，國家論述自身就是應該被蒐羅、分析與討論的對象，在爬梳 1937 年左右至 1945 年之間，有關戀愛結婚相關的史料時，從史料上大致能區分為「報國的戀愛結婚敘述」和「同化的戀愛結婚敘述」，前者在於，作者會在文本中強行置入報效國家的光明論述，但其中並沒有明顯的民族界線，以及血液界線的混淆，基本上是單一民族的報國敘說；然而後者偏重於同化的概念，在情感結構上，逐漸產生民族和血液界線的衝擊、混雜、矛盾甚至攻防。以上兩個概念，均是日本帝國開始思考統合殖民地台灣時，所用來介入台日人情感構造的方法，因此在該本論文的命題上，以「國家論」這樣的概念，闡述國家觸碰戀愛結婚時，所生產的差異化、動態化卻又本質化的各式說詞。

（三）歷史文獻法

本文採用一般的歷史文獻法，正如研究動機所言，筆者將會歷時性地蒐羅 1910 年代到 1940 年代之間，有關「戀愛結婚」的小說與報刊論述，作為筆者觀察與分析的中心。另一方面，為還原每個年代的歷史時空，理解每位作者及論者的發言背景，也盡可能地將當時的官方文書、法律文獻、種族與性別關係、流通書籍和社會思潮等等，納入筆者的討論範疇，架構整體的時代背景。簡而言之，將會盡可能整理各種外部資料，勾畫日本帝國與殖民地台灣之間，雙向擾動的時代性，將作品與報刊論述，放入各自所處的時代脈絡加以解讀。通過這樣的方法，理解 1910 年代到 1930 年代之間，戀愛結婚的觀念如何被各式各樣的論者定義，並根據自身所處的位置加以詮釋與轉化。同時，這樣的歷史文獻法，將有助於筆者勾勒 1937 年左右至 1945 年之間，日本帝國發動的一系列戰爭行動，了解日本帝國統合東亞場域及殖民地台灣的說詞與方法，釐清「國家論」的構造，如何介入、包容甚至排斥「戀愛結婚」的思考邏輯，解明戀愛結婚與國家論之間，既密合又遠離，既同化又分化的動態軌跡。

第四節　章節架構

第一章　緒論
第一節　動機與目的
第二節　文獻探討
第三節　概念定義與研究方法
第四節　章節架構

　　緒論首先陳述本文的研究動機與目的，說明日治時期台灣戀愛結婚的觀念，與國家體制之間，交相連結的問題意識，指出以小說和報刊論述為觀察中心的要因。第二節回顧日治時期台灣研究當中，以戀愛結婚為主題的研究，釐清先行研究的基礎與可供著力的研究方向，並在第三節的部分，說明論文採用的概念，對概念本身加以闡明與界定，提出可資參照的研究方法。在第四節的部分，則指出各章節的名稱，說明整部論文的組織架構，簡介其中的內容大要。

第二章　戀愛結婚的根源與轉化
第一節　文明與傳統的矛盾
第二節　一夫一妻的文明慾望
第三節　純潔之愛的期盼
小結

　　本章首要論述 1910 至 1930 年代之間，戀愛思潮的發展脈絡與背景，在第一節首先透過官方的統計資料、法律的論述、慣習調查的報告書，釐清 1910 年代的台灣，自有一套依照「禮法」與「人倫」的情感秩序，主要體現在父母之命與媒妁之言的系統之上。然而通過閱讀 1905 年南瀛雪漁的〈陣中奇緣〉和 1909 年逸濤散士的〈恨海〉，指出台灣對婚姻自主的能動性，表現出既超越禮法又回歸禮法的循環秩序。直到 1920 年至 1923 年，《臺灣青年》、《臺灣》和《臺灣民報》發刊，新知識份子通過追求文明的意志，發展出個人／父母、個人／媒人之間的矛盾力學，進一步理解自由戀愛的起源。1922 年發表於《台灣》雜誌，追風的〈她將往何處去？（煩惱的年輕姊妹）〉，批判的便是桂花及其母親遭受媒妁之言的欺瞞，在論述上，傳達了個體、媒妁與社會制度的針鋒相對，發現自由戀愛作為 1920 年代革新與進步的情感倫理。再者，爬梳此一時期知識份子的戀愛論述，多半受到進化論的影響，論述的內涵在於，戀愛從古代的肉慾之愛，逐步線性進化，成為崇尚精神性的愛情，或是具備相互調和的「靈肉合一」之愛。

　　第二節通過閱讀 1906 年至 1931 年之間，發表於《台灣日日新報》、《台灣青年》、《台灣民報》的婚姻進化論說。通過這些論說，我將描述知識份子透過人類線性進化的史觀，詮釋婚姻的起源來自男女雜交，男女雜交之後，婚姻開始轉換為一夫多妻與一妻多夫制度，最終朝向一夫一妻制度進化，作為文明的婚姻理想。同時，對於此一思潮，我從台灣知識份子的接受談起，並說明知識份子對此理論的演繹，隨著立場不同，也逐漸分化出啟蒙的一夫一妻文明論，

以及左翼的一夫一妻文明論。

時至 1930 年代，戀愛與結婚的思考體系開始發生質變，分離出性慾批判的觀點。我將從兩個層面來看待性慾批判，從 1920 年代末期引爆的彰化戀愛事件，論述這不僅是保守與革新勢力對於自由戀愛的爭辯，更從爭辯指出，台人將性慾批判納入戀愛思考體系之中。第二個層面，隨著 1930 年代資本主義發達，批判性慾與批判摩登的想法，也逐漸浮上檯面。我主要閱讀 1933 年賴慶發表於《臺灣新民報》的〈美人局〉，徐坤泉在 1936 年著作的《可愛的仇人》，1942 年發行 1943 年再版的《靈肉之道》，以及 1936 年陳垂映發表的《暖流寒流》，印證台人的情感構造，逐漸浮現性慾的批判與反摩登視角。此外，更從賴慶的〈美人局〉和徐坤泉的《可愛的仇人》，發現性慾、摩登化與日本化的族裔批判關係。

第三章　報國的戀愛結婚敘述
第一節　從戀愛到報國的精神飛越
第二節　尋求大東亞共榮的戀愛結婚話語
第三節　走出報國之外的戀愛結婚小說
小結

本章首要解明的問題是，1937 年中日戰爭後，戰爭急遽影響臺灣文壇，戀愛、結婚、戰爭與國策之間存在著什麼樣的關係？究竟是婚戀小說如實反映了國策干涉的痕跡？又或是戀愛與結婚，能遠離報國至上的環境之外？

在第一節，首先從國家政策著手，談到整個戰時體制成立的背景，日本為了因應逐漸擴大的戰事，發起國民精神總動員，企圖培養人民忠誠的愛國精神；在臺灣，於 1937 年之後，也成立了臨時情報部，透過情報蒐集與宣傳，達到台人的精神鍛鍊，以報國作為涵養方針。1940 年日本第二次近衛內閣成立，推動新體制運動，建立高度國防國家，企圖整併東亞政治、經濟與文化的共同體。隨著新體制運動，衍伸了大政翼贊運動，該運動不同於 1937 年以後極度壓抑文化運動的政治方針，而是積極活用文化活動作為宣傳，1941 年臺灣成立皇民奉公會，1943 年成立臺灣文學奉公會，均是通過文化的政治效用，促使文學成為報國運動的一環。因此透過大政翼贊運動，作為殖民地的臺灣文壇得到復甦，產生了將戀愛、結婚與報國志願相互結合的小說。

在小說方面，我列舉王昶雄 1939 年的連載小說〈淡水河的漣漪〉、龍瑛宗 1941 年〈午前的懸崖〉和 1945 年的〈結婚綺談〉，以及張文環 1942 年的〈頓

悟〉為觀察案例。通過這些小說的文本分析，能觀察到故事的情節裡，無論是悲戀、失戀、相親結婚或進退失據的苦戀，最終都會得到精神上飛躍性的翻轉，獲得崇高、明朗的人生意志，並擁有一具足夠報效國家的身體，朝奉公報國的道路前進。

在第二節方面，我將視野擴展到大東亞共榮的戀愛結婚話語，首先檢討《風月報》、《南方》與《南方詩集》，即便在政府宣布廢止漢文欄時，仍強勢發刊的原因。本文通過《華文大阪每日》和《風月報》作家流動的現象，以及1941 年《風月報》改題為《南方》後，刊物發行範圍擴展到日本、中國和滿州的狀況，舉出日本帝國透過漢文／白話文／華文／文言文，作為東亞提攜的工具性語言，製造「同文同種」和「東亞和平」的論述主張，企圖合理化自身在中國的政治性進出。

在這樣的環境下，吳漫沙創作了〈黎明了東亞〉這部長篇小說。透過這部長篇小說為觀察案例，其中展現了愛人之前必先愛國的邏輯。不過因為吳漫沙特殊的華僑身份，角色們奮鬥的國家論，起初是改造中國的「中國式愛國」，然後小說越到後半，卻轉向到豎立東亞和平的「日本式愛國」。不過在吳漫沙的分析上，透過〈心的創痕〉這篇小說進行解讀，其實也表現了批判中日戰爭的部分，因此無法輕易將吳漫沙歸類為服膺國策的作家，而是在戰爭局勢下，擺盪於超越國策與服膺國策的兩面性之間。

延續著吳漫沙的分析邏輯，在第三節我要指出漫長的戰爭時期，作家們也存在著走出報國之外的一面，因此分別用「走入啟蒙之中」、「走入幸福之中」和「走入女性視野之中」三個面向，指出報國敘述之外，作家所創作的戀愛結婚命題。在「走入啟蒙之中」，分別以張文環的〈藝妲之家〉，分析小說裡自由戀愛觀念與台灣封建性的扞格，在女性無法自主情感的哀愁中，發出文明啟蒙的訊息，又以徐坤泉的〈新孟母〉為案例，指出徐坤泉首先為小說情節披上國家動員的外衣，實質上到小說後半，卻極盡所能地，書寫新式女性與傳統家庭的衝突，從這些衝突中窺見台灣社會的封建性，並從角色的內心發出批判的感覺結構，正是拋去國策的外衣，又再走入啟蒙批判之中。

在「走入幸福之中」，則以龍瑛宗 1942 年 9 月發表的〈不為人知的幸福〉為案例，在 1941 年 4 月至 1942 年 1 月左右，因龍瑛宗被調往台灣銀行花蓮分行，所以遠離帝國權力的喧囂，遠眺太平洋，書寫了中下階層人們的戀愛與結婚，從悲苦的身世與素樸的心緒中找到微小的幸福，正反映了龍瑛宗一方面

書寫報國的婚戀小說，一方面又思索底層人民，抓住微小幸福的戀愛結婚，展現了戰爭時期作家的兩面性。

在「走入女性視野之中」，我通過解讀坂口䙾子的〈燈〉，提出日人女性視角中，在國策的介入下，產生撕裂夫妻之愛的力學。最終遙拜天皇的心，既是虛應國策的彌合措施，也是對統合日本民族的國體，發出批判的聲音。另一方面，也將日治末期台人女性作家，楊千鶴的作品〈花開時節〉，放回大東亞戰爭的歷史脈絡，提出這部作品既走出婚戀報國的敘述之外，走出男性作家的視野，也走入當時台灣女學生，處理戀愛結婚問題時的微妙情感，其中展現了台人女性的主體意識、少女共同體的情感，以及少女面臨婚姻問題的煩惱。

第四章　同化的戀愛結婚敘述
第一節　作為同化的日臺共婚
第二節　融入日／台的精神血液
第三節　日台血液的境界線
小結

第四章首先回顧「同化」此一複雜的概念，簡要分為：第一、「包容」與「排除」；第二、同化的兩種層次：「同化於文明」與「同化於民族」；第三、反映在官方文書上的合法共婚案例不多，使得日臺共婚的同化研究一直被排除在外，但實際上共婚議題一直處在非法的界線游動，小說文本因而得到發揮，所以若要解析同化的戀愛結婚敘述，需要將小說與相關評論文本納入其中，才能有效剖析當時日台人的共婚現象。

第一節為探討作為同化的日臺共婚，首先爬梳日臺共婚議題的背景，在日治時期，到了 1933 年共婚法實施後，才暫且可由總督府承認合法通婚。根據 1934 年共婚座談會與會者的現身說法，對共婚提出幾項要點，首先是共婚成為勢不可擋的浪潮，才促使共婚法被實施，接著日臺共婚不一定使台灣人同化於日本民族，反而也有日本人同化於台灣民族的案例，最後為避免混血孩童遭遇不平等的教育及民族歧視，多半採取內地式教育，使混血孩童接近日本的文明同化，以及日本的民族同化。

接著筆者比對官方的統計資料與史料中共婚者的言說，分析出多半的共婚組合，不願走過不確定的共婚法，組織合法的共婚家庭，大多形成具有婚戀關係，但不被法律承認的內緣夫妻。

因此在 1934 年共婚座談會後，可供分析的言論不多，又官方僅只統計合

法的通婚組合，所以小說便成為筆者了解戰爭時期，有關同化的戀愛結婚敘事之管道。

首先筆者以黃氏寶桃的〈感情〉為例，分析日臺共婚下的混血兒，在身體形質的缺陷，顯露異民族通婚的批判之一；第二、周遭孩童以劣等人種的話語，嘲笑日臺共婚的混血兒，形成異民族通婚的批判線索之二，從這兩道線索，使得混血兒希望通過後天改造，追溯日本父系的血統，因此造就自己與臺灣母親的感情撕裂。第三、法律層次上並無保障合法的共婚家庭，所以日本男性可以輕易拋家棄子，而且合乎法律，但卻造成台灣女性的傷痛，混血孩童的血統混淆，以及母子之間的家庭失和，這是對異民族通婚批判的線索之三。從這三道線索，對同化於日本民族的感情，發出批判的聲音。

接著我也透過朱點人的〈脫穎〉為案例，分析台灣男性陳三貴，在擬似家族的收編制度中，成為日本人，與日本女性犬養敏子共婚，完成自身對於日本女性的征服慾求，並抹消了自己的台灣人認同。雖然小說最後以數典忘祖的台灣人，批判這場同化於日本民族的共婚，不過事實上，在小說裡比較三貴舊家與共婚後遷入日本人宿舍後，展現了台灣封建傳統與日本文明的對立風景，使得陳三貴泯滅自身台灣認同的悲哀，不僅需要放在同化於日本民族的軌道上來看，更需要放在同化於日本文明的軌道加以看待。

在同化於文明的論述，我以 1939 年 10 月 16 日至 11 月 15 日期間，呂赫若在《臺灣新民報》連載的〈季節圖鑑〉為例，分析其中內台共婚的問題。在小說的描寫中，內台共婚的問題不在法律制度，而被描寫為台灣人傳統的封建固陋，使得內地人女性與台灣人男性，無法自由戀愛。這樣的描寫，間接形成內台共婚若要成立，必須使台灣人的情感觀念同化於文明。從《臺灣保甲皇民化讀本》也可得知，皇民化運動對台灣人情感關係的變革，不在於灌輸日本精神，而是驅使台灣人的戀愛結婚邁向近代化，因此自由戀愛與結婚便與文明化、皇民化和日本化相互掛勾。所以在長達 30 回連載的〈季節圖鑑〉中，無論是上一代的內台共婚，或是下一代的內台共婚，均在描寫台人家庭的封建性，壓抑內台之間的自由戀愛與結婚，也就間接形成「內台通婚＝自由戀愛＝文明」與「台人封建家庭＝破壞自由戀愛」的對峙，進而帶給讀者內台通婚，是使內台關係在自由戀愛的層次上，通往文明化與皇民化的道路。

第二節的部分，不同於上一節展現的民族同化批判，以及同化於文明的企盼，而是談論到同化的戀愛結婚敘述中，企望融入日本人與台灣人的精神血

液。在第一小標中，我以龍瑛宗的〈植有木瓜樹的小鎮〉、蔡榮華的〈彈力〉和王昶雄的〈奔流〉為例，對比於 1930 年代後半至 1940 年代日本浪漫派的性別思考，指出小說裡被殖民者男性，都表現了戀慕殖民宗主國女性的慾望。然而這些女性造像，不同於 1937 年以前，台人小說筆下的摩登化日本女性，而是充滿日本古典美學的女性形象，這種形象，正是日本浪漫派以回歸古典的日本女性，強化日本文化認同的思考。作為被殖民者的臺灣男性，就在傾注於日本古典美的慾望下，企盼融入日本女性的精神血液。

相對於此，真杉靜枝的〈南方的語言〉，則以非古典的日本女性，描述同化於台灣民族的木村花子，但這反向融入台灣人精神血液的舉動，卻掩藏著吸納台灣民族，進入日本人集團的企圖，展現日臺共婚下同化的攻防戰。坂口𥱋子的〈時計草〉，同樣描寫通過日臺共婚，走入台灣原住民之中的山川玄太郎，但其中的共婚卻掩藏著理番政策的意圖，企圖通過自身日本人的血液，提升台灣原住民族的文化，顯現了血液之間的政治攻防。在玄太郎的混血兒山川純，對於他的婚姻安排上，讓他與名為錦子的日本女性相親結婚，錦子之所以願意嫁給山川純，並走入台灣原住民族之中，也是企圖將原住民的血緣，一點一滴吸入日本傳統。因此，從這兩部作品的閱讀，發現日人女性作家的筆下，書寫積極融入台人精神血液的情節，但此一「融入」卻別有目的，那便是反向吸納台灣民族到日本人集團。

在融入日本人的精神血液，和融入台灣人的精神血液之中，也存在著將日本人與台灣人血液，作為混和共同體的思考，通過閱讀庄司總一的代表作《陳夫人》，其中鮮明的案例之一，便是以形而上的血液共同體，化解清文和安子日臺共婚的齟齬，另一段描述，則是作者調動鄭成功日中混血的象徵，表述《陳夫人》裡，清文與安子的日台混血兒清子，具有超越民族障礙，創造日本與台灣、日本與中國成為血液共同體的潛能。

在第三節中，我首先延續庄司總一《陳夫人》的閱讀，指出安子跟清文說明的血液共同體，存在著純血論的想法，接著分析《陳夫人》裡，安子對自身的日本人純血，變得越加淡薄的問題，從這問題表現出純血強勢論的想法，劃分日人與台人之間難以跨越的血液境界線。同樣地，我也以吳濁流的《胡志明》第一篇為案例，點出小說裡男主角對血液的檢討，形成台人血液為劣等和日人血液為優等的差別構造，形成胡志明敗北的戀情，也正是胡志明認同問題的起點。

　　接著我再以庄司總一的《陳夫人》為案例，說明血液優劣的劃分，並非單一的日台之差，而是複數、重層且動態的境界線。我將分析小說中瑞文這名角色，從他面對不同種族時，所產生的戀愛結婚觀念來看，構成了白種人血液優於黃種人，黃種人血液裡，又區分了日本人與台灣人的血液優劣，台灣人內部再細分了漢人與原住民的血液位階。再者，透過清文與安子的混血女兒清子為例，對其進行分析，試圖論述庄司總一的純血強勢論思維，銘刻於清子身上的混血，既將清子排除於純血台灣人之外，又難以包容於日本帝國設想的優良人力資源，展現了重層的血液境界線。

　　在第三段落，則試圖解析血液境界線超越的可能性，我以小林井津志的〈蓖麻長了〉為例，分析主角我，與日台混血兒表弟育夫的話語。一方面在主角我的敘述下，表弟育夫的日本母親，被形容擁有較為強勢的日本人血液，具有包容進入日本人集團的效力；另一方面，在主角我帶育夫到南方，談到志願兵、徵兵制等國家動員制度後，育夫的混血苦惱終究能被超越，不過是超越境界線成為日本人。因此即便血液的境界線能被超越，但戰爭末期發表的這篇小說，在日人血液的包攝力及國家動員的相輔相成中，依然是將混血的苦惱加以回收，成為純血的日本人，作為國家動員的人力資源。

　　第五章　結論

　　總結以上分析論點，說明 1937 年左右至 1945 年之間，戀愛結婚與國家論接觸以後的歷史面貌，補足前行研究的空白，並為定型的情感現代化說法，提出修正的論點。

第二章　戀愛結婚的根源與轉化

　　有關日治時期台灣戀愛思潮的生成背景，在 1910 至 1930 年代之間，無論是通俗小說、新文學文本、報刊言論等等，均有豐沛的研究成果，如文獻回顧所言，不再贅述。我希望重新討論的目的，在於將文本及作者，重新放回相應的時代脈絡與發言位置，解明戀愛的觀念，是如何被複數生產，並擁有各自生成的時代性。在日本帝國急遽發動戰爭之前，如何構築戀愛的觀念？是本章需要解明的問題。

　　如果從過往研究的出發點追溯戀愛觀念的發端，不外乎對於傳統情感倫理的挑戰，對於新舊文化的調和，據以描繪情感現代化的軌跡。這一方面印證了日治時期台灣情感現代化的光明面，卻也造就「文明化」與「現代化」的敘事成為最終定論。

　　然而如果將文本與作者放回特定的歷史背景下思考，臺灣的戀愛觀念有其特殊的思考面向，對照 1910 年代至 1930 年代不同知識份子的立場，也凸顯了戀愛觀念的複數生成，實際上是在不同的作者位置進行評判與協商。

　　因而本章點出三個面向，希望概述 1910 年至 1930 年之間，戀愛結婚的根源與轉化，分別為文明與傳統的矛盾、一夫一妻的文明慾望與純潔之愛的期盼。

　　在第一節的部分，筆者採用官方的調查資料，首要論述 1910 年代的台灣傳統文人，處身在什麼樣的情感倫理之中？對於情感倫理的挑戰為何？直到 1920 年代至 1930 年代，新知識份子如何在啟蒙和反傳統的立場上，追索情感文明化的意志？

在第二節，我追尋一夫一妻的理論系譜，理解世界性思潮，如何闡述一夫一妻的發展及其價值？接著說明島內知識份子如何通過閱讀，接受一夫一妻作為模範的情感構圖？接下來分析知識份子的一夫一妻論述，如何從此一論述中追求社會維新，進而探索社會革命的可能。

在第三節，討論轉進 1930 年代的戀愛觀念，如何分離出淫靡、肉慾、性誘惑的批判？而這樣的批判又如何劃分為「性慾的批判」和「摩登的批判」？又如何在「摩登化」的景觀中，掩藏作者對於族裔批判的觀點？從這兩種批判的視野中，實際展現了台灣知識份子對純潔之愛的欲求。

第一節　文明與傳統的矛盾

一、挑戰與遵循倫理的循環秩序

在日治時期台灣若談到戀愛，必定無法略去婚姻不談，在自由戀愛尚未成為習以為常的情感模式前，結婚可說是主導情感關係的基準。在清代期間，傳統上台人婦女一旦到達適婚年齡，便會由父母及其他尊長為婦女主婚。〔註1〕

另一方面，婚姻作為家庭秩序的基礎，在宗族觀念濃厚的漢人社會中，並不輕易離婚。〔註2〕所以在自由戀愛的觀念導入以前，台灣自有一套應對情感關係的結婚制度，相當堅固地安排個人的情感秩序。

實際上，到了日治時期臺灣，同樣也存在著安排兩性情感的婚姻制度，有女性嫁入男性家庭的普通婚姻，有以男性入贅女方家庭的婚姻形式，這些婚姻制度均被台灣總督府下轄的單位定義與統計。根據 1908 年 7 月臺灣總督官房統計課的統計報文，指出四種臺灣人的婚姻模式，分別為普通結婚、婿養子緣組、入夫結婚及招夫結婚，其中以女性嫁到男性家庭的普通結婚為最多，結婚總數的比例佔 78.31%。〔註3〕其他三種婚姻相對較少，在結婚數據的比例上佔 21.69%。〔註4〕可以說臺灣人以女性進入夫家的婚姻，為普遍的結婚形式，這樣的比例到了 1930 年，普通結婚的數量為 39194 戶，入夫結婚為 118 戶，婿

〔註1〕卓意雯，《清代台灣婦女的生活》（臺北市：自立晚報，1993.5），頁 11～12。
〔註2〕卓意雯，《清代台灣婦女的生活》（臺北市：自立晚報，1993.5），頁 56。
〔註3〕臺灣總督官房統計課，《臺灣總督官房統計課‧臺灣人口動態統計記述報文》（臺灣總督官房統計課，1908 年），頁 70。
〔註4〕臺灣總督官房統計課，《臺灣總督官房統計課‧臺灣人口動態統計記述報文》（臺灣總督官房統計課，1908 年），頁 70。

養子 704 戶，招夫為 6348 戶，〔註5〕以普通結婚的數量為最多，直到 1940 年，依然維持著普通結婚為最多，比例上高達 92.29%。〔註6〕因此橫貫日治時期，臺灣在婚姻制度上，多數為女性嫁入男方家庭的普通婚姻。

　　結婚作為臺人普遍的情感秩序，在結婚後便難以離婚，夫妻雙方結婚後離婚的比例較低。日治時期殖民政府確實建立了妻子裁判離婚請求權，女性得以訴諸公權力解消婚姻關係。〔註7〕離婚權利的意義，不同於清代以父權掌有者決定女性的婚姻，而是女性作為當事人，尋求國家的支援，使得女性擁有挑戰家族父權的權利。〔註8〕不過台灣社會的婚姻觀念一直難以撼動，在日治時期台灣的離婚率，反而呈現逐步下降的趨勢，展現家族壓抑的成分居多。〔註9〕根據 1907 年臺灣總督府第九統計書，台人的配偶數據，多數地區在結婚的數量遠超離婚的數量。〔註10〕1911 年臺灣總督府第十五統計書也指出，從人口數較多的台北以至人口數較少的花蓮港廳與澎湖廳，結婚的數量都大於離婚的數量。〔註11〕可以推測台人在日治時期的確擁有離婚的權利，但兩性關係並非呈現自由離婚的狀態，換句話說，情感自主的空間仍然有限，離婚僅是有限度的改革，家庭對個人情感的壓抑層面仍然顯著。

　　這種女性嫁入男性家庭的婚姻，在日治時期台灣，慣習上需由媒人，或是相識的朋友作為媒介人，取得女方家庭及男方家庭的尊長意見，才能為當事人安排結婚。這種慣習，從當時殖民政府的舊慣調查資料，可以發現相關的紀載。在 1898 至 1906 年之間，兒玉源總督與後藤新平民政局長，本於生物學原則進行殖民地治理。兩人為推動殖民地法律改革與經濟轉型，建立殖民地的治理知

〔註 5〕臺灣總督官房調查課，《臺灣總督府第三十四統計書》（臺灣總督官房調查課，1932 年），頁 40。

〔註 6〕臺灣總督官房企畫部，《臺灣人口動態統計》（臺灣總督官房企畫部，1940 年），頁 24。

〔註 7〕王泰升，《台灣日治時期的法律改革》修訂二版（台北市：聯經出版，2014.9），頁 367～368。

〔註 8〕陳昭如，〈離婚的權利史——台灣女性離婚權的建立及其意義〉（台北：國立台灣大學法律學研究所碩士論文，1997），頁 175～176。

〔註 9〕陳昭如，〈離婚的權利史——台灣女性離婚權的建立及其意義〉（台北：國立台灣大學法律學研究所碩士論文，1997），頁 194；陳昭如，〈日本時代臺灣女性離婚權的形成——權利、性別與殖民主義〉，收錄於若林正丈、吳密察主編，《臺灣重層近代化論文集》（台北市：播種者文化，2000.8），頁 227～229。

〔註 10〕《臺灣總督府第九統計書》，（臺灣總督府總督官房文書課，1907 年），頁 262～265。

〔註 11〕《臺灣總督府第十五統計書》，（臺灣總督官房統計課，1913 年），頁 66。

識，動員專家學者，對台灣的舊慣進行學術性調查。〔註12〕調查的結果以《臺灣私法》及調查報告書，作為臺灣和中國華南地區慣習紀錄的重要成果，當中也包含傳統婚姻制度的紀載。〔註13〕根據臨時臺灣舊慣調查會第一部調查報告書所言，關於婚姻的締結，為古來支那的習俗，必由父母及其他尊長主婚，若隨意結婚，便有違孝道，背棄禮法。〔註14〕需要注意的是，婚姻制度並沒有個人自由與否的問題，在婚姻前擁有個人交往的自由，是存在於文明化的觀念中才得以發現，是位處文明化的位置，才得以將情感放入個人與父母尊長的權力矛盾當中。在日治時期繼受近代西方自由平等觀念的法院，點出婚姻應本於當事人的意思，顯示出舊慣與法律承認人格觀念的近代化思想之間，有相當大的差距。〔註15〕個人自由選擇愛慕對象，由當事人決定婚姻，正是在重層的舊慣習與新知識之衝擊中，逐步發現的情感內涵，因而在新知識生成的同時，其實也存在著台人的婚姻舊慣制度。

　　這麼一來，情感結構並非僅以近代化的自由人格思想，作為唯一的參照基礎，愛的情感結構並不始終處在自由與否的批判當中，舊慣習中情感結構的參照點是「孝道」與「禮法」，從「孝」與「禮」的倫理出發，男女婚姻必有父母尊長的主婚者。如同李海燕指出情感結構在收編到現代化的敘述以前，正是處在孝順父母與遵照禮教的階層性當中。〔註16〕這樣的倫理內涵，使人們的情感參照父母的意見，安置個體遵照父母之命，並順服社會慣習的等級秩序。

　　在1911年發行的臨時台灣舊慣調查會第一部調查第三回報告書，也指出支那古來遵照禮法、重視人倫，因此婚姻需以父母承諾，媒人為當事者雙方進行媒妁，作為婚姻成立的要件。〔註17〕若放任當事者雙方決定，少男少女一時

〔註12〕張隆志，〈從「舊慣」到「民俗」：日本近代知識生產與殖民地臺灣的文化政治〉，《臺灣文學研究集刊》2期（2006.11），頁40～42；鄭政誠，《臺灣大調查：臨時臺灣舊慣調查會之研究》（臺北縣：博揚文化，2005年），頁84～96。

〔註13〕鄭政誠，《臺灣大調查：臨時臺灣舊慣調查會之研究》（臺北縣：博揚文化，2005年），頁229～233。

〔註14〕臨時台湾旧慣調査会，《臨時台湾旧慣調査会第一部調査報告書・第1回下卷》（臨時台湾旧慣調査会，1903年），頁117～118。

〔註15〕王泰升，《台灣日治時期的法律改革》修訂二版（台北市：聯經出版，2014.9），頁363～364。

〔註16〕Lee, Haiyan. *Revolution of the Heart: A Genealogy of Love in China, 1900~1950*. Redwood City: Stanford University Press, 2010, pp. 26~29.

〔註17〕臨時台湾舊慣調査会，《臨時台湾舊慣調査会第一部第三回報告書・臺灣私法・第二卷・下》（臨時台湾舊慣調査会，1911年），頁239～240。

血氣未定，結果可能因為一時的情緒纏綿，導致粗枝濫造的結婚，又產生隨意離婚的弊害。〔註18〕臺灣婚姻在慣習上，參照的是父母意願與媒人作媒，作為中介階層的禮法。為防止個人波瀾未定的情感，需要穩定男女情感的秩序，使情感導入從一而終的永恆價值。然而這裡的「禮法」與「人倫」，並非自由主義視點下，壓縮個體意志的「封建禮教」，這裡不存在著個人與父母之命、個人與媒妁之言的矛盾，這樣的矛盾是在自由主義的視點中，被徹底發揚的意識。在傳統慣習裡，更多的是編排情感關係的秩序，也就是現代化情感之外的「禮法」與「人倫」。

如果從台人的小說來看，《漢文臺灣日日新報》連載的長篇漢文小說，或許最具有先驅性的意義，解讀其中的小說文本，反映出當時部分台人對戀愛情感的觀念。1905 年獨立創刊的《漢文臺灣日日新報》，直到 1911 年，都以平均超越 4 千份的發行數量，佔據台人獲取傳播文明的通道，〔註19〕上面發表的婚戀作品，某種程度上反映了當時作者與讀者共有的情感觀念。雖然從結果上，1910 年代戀愛與婚姻的觀念未必完全反映禮法，更進一步說，未必僵化地服膺父母尊長主婚，由媒人撮合婚姻的法則，但另一方面，卻並非完全切離父母之命媒妁之言的無形秩序。南瀛雪漁於 1905 年譯介的〈陣中奇緣〉，恰恰表現了超越禮法的偶然性，又再次回返禮法的規則秩序。〈陣中奇緣〉主要敘述松如龍為主的勤王師，與熊大猛為守將的共和政府，兩方陣營發生的戰爭。松如龍為攻破勤王師陣營的要害蘭屏山，使義妹鐵花前去蘭屏山刺探敵情，不料卻巧遇守將熊大猛，熊大猛一見鐵花，便一見鍾情，欲與鐵花定諾終身，兩者的情感透過相遇的緣分，因而有結合的機會。〔註20〕在此兩者是因戰爭牽引的因緣巧合，產生脫離父母之命媒妁之言的偶然遭遇，恰巧締造了兩人的情緣。小說中裡通過緣分的偶然性，賦予角色在情感上的主動性。

即便第一次見面，鐵花並沒有允諾大猛要求的婚事之約，偶然的機緣依然創造再次相見的可能，〈陣中奇緣〉第十一回裡，鐵花與熊大猛均被關入懸崖

〔註18〕臨時台湾舊慣調查会，《臨時台湾舊慣調查会第一部第三回報告書・臺灣私法・第二卷・下》（臨時台湾舊慣調查会，1911 年），頁 240。

〔註19〕李承機，〈從清治到日治時期的〈紙虎〉變邊史——將緊張關係訴諸「輿論大眾」的社會文化史〉，收錄於柳書琴、邱貴芬主編，《後殖民的東亞在地化思考：臺灣文學場域》（台南市：國家臺灣文學館籌備處，2006.4），頁 25。

〔註20〕南瀛雪漁，〈最新小說・陣中奇緣・第三回（續）〉，《漢文台灣日日新報》第 2156 號第 5 版（1905.7）。

之上的監獄中，兩人在逃獄時又再度相遇，此次相遇使得大猛獲得再一次展現真情的機緣，兩人也因為逃獄的同步巧合，得以拉近身心靈的距離。〔註21〕藉此，鐵花與熊大猛又以偶然性的機緣，消解了男女之間，需以父母之命媒妁之言才能接近彼此的中介階層，以偶然的通道，拉近彼此情定終身的感情基礎。值得注意的是，訴諸偶然相遇的情緣，並不存在與父母之命媒妁之言對立的張力，並非切離人倫禮法對於男女之情的編排秩序，而是在這一套秩序之中命中注定的因緣巧合。在倫理之防的規則下，描寫了男女相識的偶然與必然。那不是採革新意識的作者，所能描繪的情感心境，採革新意識的作者，是處在充分發揮個人與婚姻中介階層的矛盾力量，具體而言，是在「傳統」與「文明」對抗的意識下，而不自覺地產生的「革新」意識，也是所謂情感自主的發端位置。

雖然該篇小說為謝雪漁的譯作，以報紙此一印刷媒介，創造台人新穎的想像世界，鎔鑄全新的小說文體，可說為新一代文學家塑造嶄新的創作與閱讀體驗。〔註22〕而且此一時期，正是謝雪漁擔任《臺灣日日新報》記者，企圖以新聞傳播文明思想的時代。〔註23〕但在最新小說的骨架下，顯而易見的是內在的情感邏輯，鐵花與熊大猛因緣際會的奇緣，再次回返如龍與長者保赤公的主婚之命，而這樣的主婚之命恰巧符合當事人的心緒。〔註24〕通過〈陣中奇緣〉，描繪了異國世界裡，人事的偶然性之中，小說角色不被禮法制定的主動成分。但男女從一而終的永恆價值，最終回返親人主婚的倫理秩序，正是再次消解超越禮法時產生的不安定，重新組織男女婚姻的傳統價值。流貫在小說中的天命與情緣，正是表現人事情感的偶然性，又在天倫循環的必然性之中，形成循環且穩定的敘事結構。〔註25〕這也恰恰表現了謝雪漁發表小說的時代性，以及其人書寫作品時構思的情感模式，正是在新文明的主動性與舊傳統的倫理秩序之間，處在難分難捨的時期。

〔註21〕南瀛雪漁，〈最新小說・陣中奇緣・第十一回（續）〉，《漢文台灣日日新報》第2191號第5版（1905.8）。

〔註22〕黃美娥，《重層現代性鏡像：日治時代臺灣傳統文人的文化視域與文學想像》（臺北市：麥田，2004），頁311～312；Anderson, Benedict R. O'G. *Imagined communities: reflections on the origin and spread of nationalism*. New York: Verso, 2006, pp. 24~25.

〔註23〕謝雪漁，〈入報社誌感〉，《臺灣日日新報》第2051號第3版（1905.03）。

〔註24〕南瀛雪漁，〈最新小說・陣中奇緣・第廿一回（續）〉，《漢文台灣日日新報》第2300號第5版（1905.12）。

〔註25〕李志宏，《明末清初才子佳人小說敘事研究》（臺北市：大安出版社，2008年），頁395。

　　同樣地，筆名逸濤散士的李逸濤，也是先後成為《臺灣日日新報》的記者，通過報刊傳遞新知，創作有助文明日進的最新小說。〔註26〕在逸濤散士著名的〈恨海〉中，同樣也能閱讀出，台灣傳統婚姻制度中，遵從父母之命媒妁之言的倫理秩序，以及小說裡男女主角消解倫理秩序的挑戰姿態。故事中女主角鏡花與男主角蒼狗，自小便情投意合，但鏡花父親嫌棄蒼狗貧窮，不予許婚。直到一位勢豪前來求婚，因勢豪喪偶，希望以鏡花續絃為妻，起初引起鏡花父親禿爾花的憤怒，不予答應。但事件有所轉折，因禿爾花涉及案件被捕入獄，又因蒼狗出國，鏡花舉目張皇束手無策，有一日為勢豪說媒的媒人前來，與鏡花母親商量，談到如果許婚，勢豪必會相救禿爾花。鏡花為救父命，慨然答應許婚，果然在勢豪的幫助下，禿爾花因此洗刷冤屈，得以出獄，也使得禿爾花應允鏡花與勢豪之間的婚姻承諾。〔註27〕在此得以見到鏡花為救父命的勇敢與堅定，但也能看見鏡花的情感，是依從父命的原則，對於鏡花與蒼狗的感情，不予許諾的，依然是父親的意見，在鏡花與勢豪之間的婚姻，也是為救父命的選擇。在此，情感的選擇似乎不能遠離依從父命的原則。

　　直到日後鏡花與蒼狗兩人因緣相會，蒼狗得知鏡花已經別嫁他人時，自認自己與鏡花的感情，畢竟沒有經過父母之命媒妁之言，僅是私下暗許，既無法責難禿爾花，也無法因此怪罪鏡花。〔註28〕通過蒼狗的闡釋，此時台人小說中婚姻得以成立的原則，終究需要透過媒妁之言的中介階層，以及父母之命的主婚原則。

　　然而這樣的說法，並不代表小說呈現的，僅有被動接受規範的面向，小說最後，鏡花透過俠兒及其母親提供的安神散，成功以詐死的方式，讓父母與身為丈夫的勢豪以為自己已死，再經由蒼狗用解毒湯解救自己，順利再續兩人的未盡之緣。〔註29〕小說中以詐死的方法，成功超越父命決定的婚姻，展現個人積極追尋婚姻對象的能動性，但這樣的能動性，是在完全不違背父母之命的倫理原則下，展現的積極行動。

　　事實上，如果再看李逸濤連載於 1910 年至 1911 年的小說〈雙義俠〉，在

〔註26〕王俐茹，〈臺灣文人的記者初體驗及其創作實踐——以李逸濤為例的探討〉（台北：國立臺灣師範大學台灣文化及語言文學研究所碩士論文，2010），頁 56～60。

〔註27〕逸濤散士，〈恨海（上）〉，《漢文台灣日日新報》第 3395 號第 7 版（1909.8）。

〔註28〕逸濤散士，〈恨海（中）〉，《漢文台灣日日新報》第 3400 號第 5 版（1909.8）。

〔註29〕逸濤散士，〈恨海（下之下）〉，《漢文台灣日日新報》第 3419 號第 5 版（1909.9）。

協助飛彪辦案的劍花女史身上，既能閱讀女性恣縱情慾的主動性，但懼怕父命主婚的陰影卻又歷歷在目，〔註30〕展現台人 1910 年代的小說當中，在新式的情感自主，與舊式婚姻倫理的游移姿態。小說中的女性，多展現了拒斥父命婚姻的抵抗。然而幾經奮鬥，最後安排女性與最初締結情緣的男性結婚，暗示著天命循環的婚俗秩序，情愛自主的挑戰再次受到倫理制度的解消。〔註31〕實際上，因為李逸濤處身在新舊交界的時代之中，傳統的道德倫理與新式文明的挑戰密不可分。如 1914 年連載至 1915 年的〈蠻花記〉，雖然小說的主角漢人阿瑞，因為遭人陷害而落入「蕃地」，所以巧遇他一見鍾情的「蕃女」奇美，擁有突破男女之防的主動性，讓他與奇美不需經過父母之命媒妁之言，就能擁有相互愛戀的機緣。然而正如李逸濤的小說緒言，他所要主張的，正是情感結構中的節烈觀，他認為節烈與貞操並非強制的道德制裁，而是存乎天理之中。〔註32〕在小說裡，奇美屢遭其他蕃人侵犯時，會為保持自己的貞節而試圖自殺。〔註33〕日後當阿瑞與奇美相見，阿瑞欲與奇美有肌膚之親時，奇美也以「從一為貴」和「守身如玉」的說法，遏止阿瑞的衝動。〔註34〕從奇美的表現來看，在在表現李逸濤所要闡釋的節烈與道德，以存乎天理的節烈觀，試圖消弭逾越男女之情的分界。如果交纏在傳統倫理之間的能動性可以成立，恐怕此時 1910 年代台人的新小說，正是不斷表現個人挑戰傳統婚姻的積極姿態，展現主角積極追求婚配對象的主動性，但又在不完全否定傳統婚姻的道德觀念底下，展現個人依從節烈觀念，以及順服父母之命媒妁之言的循環秩序。

二、追求文明的意志

時序來到 1920 年，留學東京的台灣青年，以蔡培火為編輯主任，帶著民

〔註30〕逸，〈雙義俠（續下之下）〉，《漢文台灣日日新報》第 3923 號第 3 版（1911.4）。

〔註31〕黃美娥，《重層現代性鏡像：日治時代臺灣傳統文人的文化視域與文學想像》（臺北市：麥田，2004），頁 274。

〔註32〕逸，〈蠻花記（一）緒言〉，收錄於吳福助主編、林登昱副主編，《日治時期臺灣小說彙編 10》（台中市：文听閣，2008），頁 231。因為現行蒐羅〈蠻花記〉的《臺灣日日新報》之資料庫，無論是大鐸資訊製作，或是漢珍知識網製作的資料庫，均有殘缺不全且無法辨認字跡的情況，所以此處李逸濤的〈蠻花記〉採用吳福助主編、林登昱副主編，由文听閣復刻的版本，頁碼也以復刻版為準。

〔註33〕逸，〈蠻花記（四十二）第六章（六）〉，收錄於吳福助主編、林登昱副主編，《日治時期臺灣小說彙編 10》（台中市：文听閣，2008），頁 315。

〔註34〕逸，〈蠻花記（九十二）第十四章（三）〉，收錄於吳福助主編、林登昱副主編，《日治時期臺灣小說彙編 10》（台中市：文听閣，2008），頁 415。

族啟蒙與文化向上的志向，創辦台灣人的近代媒體雜誌《台灣青年》，〔註35〕
這份媒體雜誌在 1922 年時改題為《臺灣》，到了 1923 年發展成標榜「台灣人
唯一言論機關」的《臺灣民報》。雖然直到 1927 年 7 月 16 日前，這一系列媒
體雜誌是在東京發行，《台灣民報》更在屢受檢閱和總督府壓迫的情況下，方
能移入台灣。〔註36〕在思潮傳播上雖然不免有時差之感，然而謀求民權伸張，
傳遞台人民族啟蒙運動的軌跡，〔註37〕《台灣青年》的發刊具有不容磨滅的先
驅性地位。一方面台人通過雜誌投射民族啟蒙與政治改革的企望，一方面也受
到西方思潮的影響，女子解放的思想開始衝擊台灣知識人，〔註38〕使得 1920
年代的知識份子，開始標舉以男女意志為基礎的戀愛結婚。彭華英的〈台灣有
婦人問題嗎〉便提到，當時台人的結婚並非依照當事人的意思，而是由雙親、
兄長與親族決定。〔註39〕這樣的論點雖然延續清代末期，以至日治初期臺灣的
傳統婚姻制度，也與日本殖民統治當局的舊慣研究相符。但不同的是，作者將
自我放入退化的框架，並對自身的傳統婚姻制度，展開批判性的檢視。〔註40〕
在批判落後的同時，作者希望從長期壓抑個人意志的制度下，企求男女兩性間
的自由意志，鼓吹以戀愛為基礎的自由結婚。〔註41〕戀愛在彭華英的論述軌道
上，正是將自身文化脈絡中的傳統情感結構，放在退步落後的位置，以人類社
會終將進化的思考方式，展現情感文明化的意志。這樣的意志，是在文明與傳
統之間的矛盾衝擊中，展現文明的志向。

　　1920 年林雙隨發表的文章〈我的婦人觀〉，也點出台人男女之間，並沒有

〔註35〕臺灣總督府警務局編，《臺灣總督府警察沿革誌第二編‧領臺以後的治安狀況
　　　　（中卷）臺灣社會運動史》（臺灣總督府警務局，1939.7），頁 27～30。

〔註36〕蔡培火，〈民報島內發刊所感〉，《臺灣民報》第 167 號第 7 版（1927.8）；李承
　　　　機，〈台湾近代メディア史研究序説──植民地とメディア〉（東京：東京大學
　　　　大學院總合文化研究科博士論文，2004），頁 122～124。

〔註37〕吳三連，蔡培火著，《臺灣民族運動史》（臺北市：自立晚報，1971），頁 82；
　　　　向山寬夫，楊鴻儒、陳蒼杰、沈永嘉譯，《日本統治下的臺灣民族運動史》（台
　　　　北市：福祿壽，1999），頁 665。

〔註38〕洪郁如著，吳佩珍、吳亦昕譯，《近代台灣女性史：日治時期新女性的誕生》
　　　　（台北：臺大出版中心，2017.6），頁 158～159。

〔註39〕彭華英，〈臺灣に婦人問題があるか〉，《臺灣青年》第一卷第二號（1920.8），
　　　　頁 64。

〔註40〕彭華英，〈臺灣に婦人問題があるか〉，《臺灣青年》第一卷第二號（1920.8），
　　　　頁 63～64。

〔註41〕彭華英，〈臺灣に婦人問題があるか〉，《臺灣青年》第一卷第二號（1920.8），
　　　　頁 65。

給予選擇戀愛對象的自由，男女沒有接近彼此理解彼此的機會，自然不知道對象的個性善惡，結果僅能依照父兄為當事人決定婚姻對象。〔註 42〕在戀愛結婚的問題上，林雙隨描寫了傳統父兄之命，與近代個人意志為主體的扞格，在在點出情感文明化，克服自身傳統婚俗的命題。站在女性的觀點，林雙隨提出改造自身婚俗制度的方案，便是提供女子教育，提高女子的能力，開拓個人的交際自由，但這樣的自由並非僅是單向的，以結婚作為最終目標，而是廣義的個人交往空間。〔註 43〕林雙隨透過女性立場的發聲，倡議提高女性教育地位，增進個人交際空間，創造戀愛自由的可能性，而這樣的思考位置，仍是將傳統婚姻制度，變奏為個人意志的壓抑，對壓抑尋求解放的現代化之意志。

　　事實上追求情感自由的文明意志，深切地影響《臺灣青年》上發表文章的知識份子，1920 年范志義發表了〈大聲疾呼結婚的改善〉，也是站在現代化的視點上，要求人格的獨立、自由意志的尊重，希望透過結婚問題的變革，獲取個人愛情的自由，邁向社會根本改革的道路。〔註 44〕這樣的思考，是將自身的婚姻傳統染上負面的印記，以求新求變汲取個人的情感自由，以至獲取社會變革的文明之光。

　　當然，情感的現代化動能，可以說深刻地影響 19 世紀末至 20 世紀初東亞的知識份子。〔註 45〕透過《臺灣日日新報》，日本知識份子的戀愛論述也同樣觸及至台灣，例如 1918 年，法學博士山脇玄氏便闡釋了戀愛情感的重要性，在於突破父母與家庭決定的傳統婚姻。〔註 46〕在這樣的論述中，正是寄望個人的情感意識，飛向自主決定婚姻對象的彼岸。1922 年，高島米峯發表的〈結婚與戀愛的問題（一）〉也提到，結婚應以戀愛為基礎，沒有戀愛的結婚將陷入不幸，以戀愛為基礎的婚姻，是靈魂的結合，結婚後才產生戀愛，直是肉慾的結合。〔註 47〕在〈結婚與戀愛的問題（二）〉也指出，當青年男女到達一定

〔註 42〕林雙隨，〈私の婦人觀〉，《臺灣青年》第一卷第四號（1920.10），頁 44。
〔註 43〕林雙隨，〈私の婦人觀〉，《臺灣青年》第一卷第四號（1920.10），頁 44～45。
〔註 44〕范志義，〈結婚の改善を絶叫す〉，《臺灣青年》第一卷第五號（1920.12），頁 64。
〔註 45〕加藤秀一，《〈恋愛結婚〉は何をもたらしたか—性道德と優生思想の百年間》
　　　　（東京：筑摩書房，2004.8），頁 37～39。在日本，自明治時期 1892 年，知識份子北村透谷，便以〈厭世詩家與女性〉和〈論粹兼《伽羅枕》〉，以拒絕近世日本的傳統情感制度，構築文明的精神之愛，表現情感近代化的意識。
〔註 46〕法學博士・山脇玄氏述，〈今日社會及婦人問題〉，《台灣日日新報》第 6306 號第 3 版（1918.1）。
〔註 47〕高島米峯，〈結婚と戀愛の問題(一)〉，《台灣日日新報》7791 號第 3 版(1922.2)。

的年齡時，應該擁有自由意志選擇配偶。〔註48〕在這裡，論者將個體的戀愛關係，提升為高尚的精神性，否定毫無自由意志的結婚，書寫著「傳統」與「文明」情感結構的矛盾，應對此加以變革。舉凡靈魂之愛和肉體之慾的對立，在這樣的對抗性敘述中，試圖主張結婚應以個人的戀愛自由為基準，從過去的強制婚姻，走向現代化的自由戀愛。

　　在情感自主的背景下，1922 年，筆名追風的謝春木，在《台灣》雜誌上發表了小說〈她將往何處去？（煩惱的年輕姊妹）〉，小說描寫著女主角桂花，在浸潤於婚姻的幻想中，逐步走向批判慣習，並點燃改革烽火的革新之道。在故事中，桂花起初以為與清風訂婚，沉浸在婚姻的想像中，殊不知清風早已跟阿蓮相戀，而清風也是事後才被告知突如其來的婚約，形成三角戀愛的難題。事實上，清風與桂花的婚約，僅僅來自媒妁之言單方面的決定，表現出傳統婚姻制度的欺瞞。從清風不斷否定傳統制度殘害個體意志，並讓三人陷入不幸的話語裡，〔註49〕傳達戀愛自主與婚俗傳統之間，存在著相互矛盾的對抗與張力。解決矛盾的道路，則在於體悟社會改造的迫切，透過改革婚姻制度，思考戀愛由個人自主，進一步發出革新社會的啟蒙訊息。

　　通篇小說不斷傳達的，如同思考情感自主的知識份子一般，站在文明的立場上，充分描寫台灣婚姻傳統的保守與後進，〔註50〕並在文明與傳統兩者的矛盾中，安排女主角桂花，體悟台灣社會改革的迫切，並勇於前往東京汲取文明革新的知識養分。正如同先行研究指出的，該篇小說表現了角色與封建社會之間的決裂，通過否定台灣社會傳統，也就是家庭專制與媒妁之言的欺瞞，展現維新是尚的姿態。〔註51〕然而除了清風的批判與桂花的革新之姿備受注目外，其實也需要注意到小說中，桂花的母親並非完全守舊的人物，在結婚之前，安排女兒桂花與清風前去北投和淡水遊玩，希望讓青年男女充分理解彼此，〔註52〕恰恰表現了桂花母親尊重個人意志的面向，桂花母親存在的機能，可以

〔註48〕高島米峯，〈結婚と戀愛の問題(二)〉《台灣日日新報》7792 號第 3 版(1922.2)。
〔註49〕追風，〈彼女は何處へ？（惱め若き姉妹へ）〉，《臺灣》第三卷第四號(1922.7)，頁 46～47。
〔註50〕追風，〈彼女は何處へ？（惱め若き姉妹へ）〉，《臺灣》第三卷第六號(1922.9)，頁 66。
〔註51〕柳書琴，《荊棘之道：旅日青年的文學活動與文化抗爭》（臺北市：聯經，2016.11），頁 30～35。
〔註52〕追風，〈彼女は何處へ？（惱め若き姉妹へ）〉，《臺灣》第三卷第四號(1922.7)，頁 43。

說體現台人從父母之命媒妁之言，轉向體察個體意志的一體兩面。以敘述者草池的話來說，桂花母親雖然開化，卻也有不夠開化的地方，開化的地方在於母親已經體會，情感是建築在兩人相互理解的基礎，不夠開化的地方則在於，自始至終未曾理解清風的意向，僅憑穿鑿附會與媒妁之言，便決定他人的情感。〔註53〕通過草池的說明，桂花母親逐步解開媒妁的謊言，體會清風家庭的專制，理解自己不夠開化，必須更加革新的成分。戀愛立足於追尋個人的自由意識，便是在重層的文明化意向，與傳統婚姻制度的交涉中，逐步否定傳統婚姻的壓抑面，走向情感開化，以至想像社會改造的解放面。

　　不同於 1910 年代的小說文本，既描寫超越婚俗倫理的主動性，又再次消解主動性的游移姿態，1920 年代知識份子的論說及其小說文本，站在文明開化的立場上，不再對婚俗傳統有所保留或遲疑，而是以個人意志為基礎，與婚俗傳統達到決裂。具體而言，體現在批判父母之命、媒妁之言與聘金制度等傳統規範，據以發揚情感結構的現代化。從個體情感的文明化，傳遞改革封建家庭與傳統婚姻的訊息，成為台灣知識份子熱忠描寫的小說體裁。〔註54〕

　　1923 年，抵抗日本同化，以白話文發行，寄望台灣島內的文明啟蒙，《台灣民報》正式發刊。〔註55〕《台灣民報》的發行，象徵著通過混成的白話文，一方面抵抗殖民主的文化侵占，試圖透過報紙的印刷媒介，想像共時的台灣意識，建立台灣人獲取近代知識的權力。〔註56〕此時正值台灣文化協會以發揚台

〔註53〕追風，〈彼女は何處へ？（惱め若き姉妹へ）〉，《臺灣》第三卷第五號（1922.8），頁 66～68。

〔註54〕例如 1933 年賴慶的〈妾御難〉，1933 年張文環的〈落蕾〉〈みさを〉、巫永福的〈首と體〉，1933 年林越峰〈最後的喊聲〉，1934 年張碧淵的〈三日月〉、毓文的〈創痕〉，1935 年越峰〈月下情話〉、巫永福的〈山茶花〉、等，甚至三六九小報上再度長篇刊載小說〈金魁星〉，在第五回至第八回，也描寫了翔鷺以守貞之情抵抗父命改嫁的訊息。

〔註55〕蔡鐵生，〈祝臺灣民報創刊〉，《臺灣民報》第 1 號第 3 版（1923.4），頁 2；李承機，〈殖民地臺灣媒體使用語言的重層構造——「民族主義」與「近代性」的分裂〉，收錄於若林正丈、吳密察主編，《跨界的臺灣史研究——與東亞史的交錯》（台北市：播種者文化，2004.4），頁 218～219。

〔註56〕李承機，〈殖民地時期臺灣人社會「知」的迴路：語言工具性的「侵占」與「復權」〉，收錄於李承機、李育霖主編，《「帝國」在臺灣：殖民地臺灣的時空、知識與情感》（台北市：國立臺灣大學出版中心，2015.12），頁 144～145；蘇碩斌，〈活字印刷與臺灣意識：日治時期臺灣民族主義想像的社會機制〉，收錄於洪淑苓編，《聚焦臺灣：作家、媒介與文學史的連結》（台北市：國立臺灣大學出版中心，2014.6），頁 93～96。

灣文化為目標，探求西方近代思想，謀求台灣文化啟蒙的時期，《台灣民報》的論者，多延續《台灣青年》與《台灣》時期的論述思路，通過描述「文明」與「傳統」的矛盾，揭示戀愛情感的文明化訊息。例如 1923 年筆名錫舟的王敏川，發表了〈結婚問題發端〉一文，認為時代改變，男女之間應立足在人格尊重、個性契合的基礎上，談論自由戀愛，實行戀愛結婚，父兄則是立於監督的位置即可。〔註57〕連光風的〈對於婚姻的我見〉也站在批判父母主婚的延長線上，提倡基於男女雙方性情合一的情感，標舉自由戀愛的議論。〔註58〕新知識份子一貫的論調，基本上在於批判父母之命媒妁之言的傳統，頌揚戀愛自由作為文明的面向。其中新知識份子反對傳統，支持變革的姿態，在戀愛結婚的言說上表露無疑。〔註59〕這再度反映了 1920 年代開始，知識份子在戀愛結婚觀的變革，如果說 1910 年代的官方研究，表現了台人處在父母之命媒妁之言的規範體系，而 1910 年代台灣文人筆下的小說，對這樣的規範體系展現猶疑的姿態，那麼 1920 年代起的知識份子，正是立足於文明開化的立場，將此一規範體系，扭轉為退化與固陋的「傳統」，將尊重個人意志的情感觀念視為「文明」，並把「傳統」與「文明」相互對立起來，充分闡釋其中的矛盾，展現自身追求情感現代化的意向。

三、作為文明欲求的進化論

　　值得一提的是，此一時期的新知識份子多受到進化論的影響，以進化的觀點解釋戀愛應當注重崇高的精神性。〔註60〕事實上，在《臺灣青年》便已有類似的論述，陳崑樹的〈根本的婚姻革新論（續前）〉便提到人類在原始時代，僅考慮到肉慾的結合，直到時代進化，才開始思考靈魂之愛，即人格相互結合的層面。〔註61〕在《臺灣民報》，屬名車夫的作者發表了〈戀愛的進化觀〉，

〔註57〕錫舟，〈結婚問題發端〉，《臺灣民報》第貳號（1923.5），頁 03〜04。
〔註58〕礦溪連光風，〈對於婚姻的我見〉，《臺灣民報》第二卷第九號（1924.6），頁 12〜13。
〔註59〕翁聖峰，〈日據時期臺灣的儒學與儒教——以《臺灣民報》為分析場域（1920〜1932）〉，《臺灣文獻》第 51 卷第 4 期（2000.12），頁 285〜308。
〔註60〕中西美貴，〈大正後期台灣新知識份子的世界——「新民會」雜誌中〉戀愛結婚議題為主要分析場域——〉，《臺灣風物》第五十四卷第一期（2004.3），頁 30〜35；洪郁如著，吳佩珍、吳亦昕譯，《近代台灣女性史：日治時期新女性的誕生》（台北：臺大出版中心，2017.6），頁 216〜217。然而進化論的內容並非一致，也有以一夫一妻作為文明志向的進化論述，詳見下一節。
〔註61〕陳崑樹，〈根本的婚姻革新論（續前）〉，《臺灣青年》第三卷第五號（1921.11），

便將戀愛區分為三階段，分別為：過去之戀愛＝肉慾、現在之戀愛＝形式與外表、將來之戀愛＝精神性的契合。〔註62〕在車夫的立場來看，戀愛將通過線性進化，從肉慾之愛逐步演變為精神之愛。1925年，張我軍的〈至上最高道德——戀愛〉，說明戀愛觀的變遷：在古代，人類是被動於性慾的肉慾之愛，中世是徘徊於靈魂與肉體的苦悶之人，近代則是靈魂和肉體相互合一的戀愛。〔註63〕

　　實際上，靈肉合一這樣的論述並非張我軍獨創的想法，而是透過改譯廚川白村的著作《近代的戀愛觀》而來，通過先行研究者指出，張我軍的〈至上最高道德——戀愛〉，很大一部分是通過接收、擷取、更動，針對廚川白村的《近代的戀愛觀》進行縮減翻譯。〔註64〕

　　通過進化論的演繹，揭示靈魂與肉體「相互合一」的戀愛，而這種以合一為進化理想的論述，正是當時世界流行的戀愛論思想之一，廚川白村、中桐確太郎和愛倫凱，對台灣知識份子而言，是其中代表性的論者。廚川白村認為人類的戀愛發源自肉慾，幾經純化與進化，將抵達靈肉結合的一元性之戀愛。〔註65〕理想的戀愛展現的是自我與他我的同心一體，〔註66〕完美的生活是在精神生活與物質生活、靈魂與肉體、內外生活相互調和的狀態。〔註67〕廚川白村的論述核心，正是尋找近代生活之中相互調和的平衡點。一時之間，廚川的論說得到日本讀者的好評，賣出數百版，並於東亞場域得到翻譯、普及和傳播。〔註68〕

　　同樣的，愛倫凱的著作《戀愛與結婚》，對應批判西方基督教禁慾主義的

　　　　頁38～39。

〔註62〕車夫，〈戀愛的進化觀〉，《臺灣民報》第2卷第11號（1924.6），頁11。

〔註63〕張我軍〈至上最高道德——戀愛〉，《臺灣民報》第75號（1925.10），頁15。

〔註64〕工藤貴正，〈台湾新文学運動と廚川白村——北京からやって来た「大正生命主義」——〉，《愛知県立大学外国語学部紀要》第48号（言語・文学編）（2016.3），頁219～221；王成，〈廚川白村對中國現代文藝的影響——以《近代的戀愛觀》在中國的翻譯傳播為中心〉，收錄於彭小妍主編，《翻譯與跨文化流動：知識建構、文本與文體的傳播》（台北市：中研院文哲所，2015.10），頁87～89。

〔註65〕廚川白村，《近代の戀愛觀》五版（東京：改造社，1922.11），頁12～22。

〔註66〕廚川白村，《近代の戀愛觀》五版（東京：改造社，1922.11），頁39～40。

〔註67〕廚川白村，《近代の戀愛觀》五版（東京：改造社，1922.11），頁161～162。

〔註68〕翻譯及傳播過程參見工藤貴正，《中国語圏における廚川白村現象—隆盛・衰退・回帰と継続》（京都市：思文閣出版，2010.3），頁84～106。

脈絡，標舉靈魂肉體相互合一的戀愛。以愛倫凱的話來說，便是靈魂不背叛肉體，肉體不背叛靈魂的戀愛，通過這樣合一的戀愛，將有助於提升整體民族的力量。〔註 69〕

　　愛倫凱的著作《戀愛與結婚》自發行以來，在 20 世紀初東亞場域，便逐步獲得知識份子的翻譯，在 1918 年的中國，愛倫凱的名字首度出現在《新青年》雜誌，隔一年在婦女雜誌上刊載其人小傳，作家茅盾更在 1920 年翻譯了愛倫凱的《戀愛與結婚》。〔註 70〕在日本，於 1911 年，金子筑水在《太陽》9 月號，介紹愛倫凱以「進化」和「調和」解釋戀愛問題的思考，1912 年由石坂養平在《帝國文學》12 月號，介紹愛倫凱的自由離婚說，1913〜1914 年間，日本女性運動者平塚雷鳥抄譯愛倫凱的《戀愛與結婚》。〔註 71〕

　　就在此一世界性潮流下，台灣知識份子也紛紛書寫論評，表現對於靈肉合一戀愛學說的傾倒，例如 1924 年 1 月醒民的〈貞操的新觀念〉，引用愛倫凱的學說解釋近代最新的貞操觀，就是「無以感覺抵觸靈魂、亦無以靈魂抵觸感覺」，〔註 72〕貞操的新觀念是「靈的又是肉的、由此兩者調和之中釀出的一種複雜的觀念」。〔註 73〕蔡孝乾也借用廚川白村和愛倫凱的學說，分別提出戀愛通過人類進化，從古代的肉慾本能，轉換為現代調和的靈肉合一之愛，〔註 74〕戀愛的理想，便是靈魂與官能相互合一，並共享喜樂的時刻。〔註 75〕醒民也透過早大教授中桐確太郎的《我的戀愛觀　文藝哲學講座　第三輯》，抄譯〈後篇我的戀愛觀〉，〔註 76〕提出愛是自我與他我合一。〔註 77〕在蔣渭水以啟蒙本島文化為職志的文化書局，也引進漢文翻譯的婦女問題相關書籍，其中包括漢文

〔註 69〕 Key, Ellen. *Love and Marriage*. Translated by Arthur G. Chater, New York and London: G.P. Putnam's Sons, 1911, pp 20~30.

〔註 70〕 Pan, Lynn. *When true love came to China*. Hong Kong: Hong Kong University Press, 2015, pp. 157.

〔註 71〕 広瀬玲子，〈平塚らいてうの思想形成——エレン・ケイ思想の受容をめぐる本間久雄との違い——〉，《ジェンダー史学》第 2 号（2006），頁碼 36〜37。

〔註 72〕 醒民，〈貞操的新觀念〉，《臺灣民報》第二卷第一號（1924.1），頁 2。

〔註 73〕 醒民，〈貞操的新觀念〉，《臺灣民報》第二卷第一號（1924.1），頁 3。

〔註 74〕 蔡孝乾，〈從戀愛到結婚（一續）〉，《臺灣民報》第 89 號（1926.1），頁 16。

〔註 75〕 蔡孝乾，〈從戀愛到結婚（二）〉，《臺灣民報》第 90 號（1926.1），頁 15。

〔註 76〕 醒民抄寫和翻譯的內容，參見中桐確太郎，《予の戀愛觀・文藝哲學講座・第三輯》（東京京橋：小西書店，1923.3），頁 48〜78。

〔註 77〕 早大教授中桐確太郎著，醒民譯，〈我的戀愛觀（一）〉，《臺灣民報》第二卷第八號（1924.05），頁 13〜14。

版的愛倫凱〈戀愛與結婚〉和廚川白村〈戀愛論〉，〔註78〕顯現知識份子通過這類的讀書教養，獲得靈肉合一的戀愛知識。

　　事實上，戀愛是肉體與靈魂，自我與他者之間相互合一的說法，幾乎變成知識份子慣用的戀愛公式，1937年翁鬧的〈天亮前的戀愛故事〉，在敘述者我對女子傾訴夢中戀人的想法時，便提到：

> ……只有一秒鐘的時間都好，只要在那一秒鐘我的肉體可以與戀人的肉體完全相融、我的靈魂可以與戀人的靈魂完整地契合，我已別無所求、別無所欲，只願「將此身瞬間化為無形」……〔註79〕

　　通過靈肉合一、自我與他我融合為一體，翁鬧在小說中，埋藏了以此為戀愛理想的線索。無庸諱言的是，此一戀愛公式持續延長到1939年，為知識份子辯論戀愛內涵的知識基礎。1933年名為逸生的作者，在〈談一談幾個性慾上的問題【三】〉這篇文章中，仍引用廚川白村的說法，論述了人類從本能為主的肉慾時代，逐步進化為靈肉一致的一元時代。〔註80〕1939年南佳女士於《風月報》長篇連載的〈愛的使命〉，在知識份子一貫反對禮教束縛的延長線上，玉華女士認為自由戀愛的理想型態，除了享有充分的自由之外，更需要戰勝人類本能的慾望，實行具有高尚的精神之愛，另一方歆弟認為，除了以精神為基盤，肉慾也應該包括在戀愛思考之內，以歆弟的話而言，真正的戀愛，是不是要靈肉一致。〔註81〕在此，再次揭示知識份子持有的戀愛觀念，透過人與人之間，靈魂與肉體相互調和的面向上，表現以「靈肉合一」作為理想的戀愛狀態。

　　但這樣的說法並不代表1920年代以降的戀愛，都是以進化論導向的靈肉合一之愛，作為唯一的判準。實際上靈肉合一的論述具有舶來理論的意味，如果以現有能夠考證的資料為準，上述的論者均是留學海外或旅外的知識菁英，陳崑樹就讀日本東京商科大學，〔註82〕張我軍1924年曾赴北京師範大學夜間補習班進修，1929年畢業於北京師範大學國文系，1929年後參與日語教

〔註78〕〈婦女問題的好書〉，《臺灣民報》第143號（1927.2），頁16。

〔註79〕翁鬧，〈夜明け前の恋物語〉，《台灣新文學》第2卷第2號（1937.1），頁10。引文引自中譯，翁鬧，黃毓婷譯，《破曉集——翁鬧作品全集》（台北市：如果出版），頁308。

〔註80〕逸生，〈談一談幾個性慾上的問題【三】〉，《臺灣新民報》第822號（1933.6），頁3。

〔註81〕南佳女士，〈愛的使命〉，《風月報》第99期（1939.12），頁8。

〔註82〕吳三連、蔡培火著，《臺灣民族運動史》（台北市：自立晚報，1971），頁85。

育與翻譯，〔註83〕醒民畢業於早稻田大學，〔註84〕蔡孝乾約 1924～1926 年之間攻讀上海大學，參與上海台灣青年會，〔註85〕翁鬧據推測 1934 年赴東京。〔註86〕他們均受過一定程度的海外知識教養，能夠演繹抽象且較為生澀難解的戀愛理論，不得不說與台灣普遍大眾對於戀愛的理解，具有一定程度的距離。實際上，舊有以父母之命、媒妁之言，主導男女之間情感關係的倫理，並自慣習上規範台人不輕易離婚，保有男性宰制婚姻從一而終的價值，仍在很大的程度上影響台人的觀念。一方面顯示知識菁英與大眾的距離，一方面也顯示舊道德根深蒂固的面向，產生新舊並陳的情感關係。〔註87〕知識菁英與台灣傳統婚姻的觀念差距，在林輝焜 1933 年發表的長篇連載小說《不可抗爭的命運》，被反覆提及，故事中李金池秉持著戀愛至上主義、婚姻個人自主的信念，多次提及情感不應受到父命支配，反被友人玉生諷刺，不太懂得台灣中上流家庭，由父母主婚的原則。〔註88〕在現實上，根據日治時期台人的回憶與傳記，部分的家庭能夠接受新觀念，通過自由戀愛或婚前交往，進而安排結婚，部分的家庭仍採取父母之命媒妁之言的模式，〔註89〕端賴個人的意識、立

〔註83〕許俊雅編，《臺灣現當代作家研究資料彙編 16，張我軍》（台南市：臺灣文學館，2012.3），頁 42～48；山口守，〈北京時期的張我軍：被文化與政治夾擊的主體性〉，《臺灣文學研究彙刊》第二十期（2017.2），62～63。

〔註84〕〈編輯餘話〉，《臺灣民報》第三卷第八期（1925.3），頁 16。

〔註85〕蔡孝乾，《台灣人的長征紀錄——江西蘇區・紅軍西竄回憶》（台北市：海峽學術，2002），頁 121；謝雪紅口述，楊克煌筆錄，楊翠華編，《我的半生記》（台北市：楊翠華，1997.12），頁 182；臺灣總督府警務局編，《臺灣總督府警察沿革誌第二編・領臺以後の治安狀況（中卷）臺灣社會運動史》（臺灣總督府警務局，1939.7），頁 72～73。

〔註86〕翁鬧，黃毓婷譯，《破曉集——翁鬧作品全集》（台北市：如果出版），頁 510。

〔註87〕翁聖峰，《日據時期臺灣新舊文學論爭新探》（台北：五南圖書，2007.1），頁 245～250。

〔註88〕林輝焜，《爭へぬ運命》（臺北州：林輝焜，1933.4），頁 8、101～102、122～123，收錄於河原功編，《台灣長編小說集・三》（東京：綠蔭書房，2002.8），頁 22、115～116、136～137。

〔註89〕例如通過日治時期女性和男性的回憶錄與傳記，可以一窺台人的婚姻狀態，例如 1900 年代的林玉珠女士、1920 年代的李吳線妹女士透過媒妁之言婚嫁，1930 年代的潘蔡梅玉女士透過熟人介紹，參見女權會策劃，江文瑜編，《阿母的故事》（台北市：元尊文化，1998.5）。陳翁式霞提到日本時代很少人自由戀愛，多數為媒妁之言，自己與先生則是自由戀愛，參見女權會策劃，江文瑜編，《阿媽的故事》（臺北市：玉山社，1995.9）。出生於 1892 年的楊肇嘉，其婚姻是由養父主導，以父命為主，參見楊肇嘉著，《楊肇嘉回憶錄》四版一刷（臺北市：三民書局，2004.1）。

場與行動。只是本文要指出，時至 1920 年代以降，受世界性思潮影響，紛紛出現了以進化的最終階段，靈肉合一為基準，或提倡戀愛之中崇高的精神性為理想，表現了不同於 1910 年代依違在傳統婚俗的姿態，而是通過情感進化、革新是尚的文明論述，根本性地否定傳統並加以超越，儘管與台灣一般大眾有觀念詮釋上的差距，仍表現出部分台人菁英階層，以「文明」和「傳統」之間的矛盾張力，追求情感現代化的動能。

第二節　一夫一妻的文明慾望

一、島外的一夫一妻進化論

　　日治時期的台灣知識菁英，曾以一夫一妻的訴求，企盼改革台灣人三妻四妾的慣習，並以此作為進步、開化、文明的情感關係。實際上這樣的文明欲求，深植於知識份子的觀念中，以此作為一種理想的情感範本，在葉榮鐘對於林獻堂的回憶裡，便指出林家儘管堂兄弟之間，有著三妻四妾的狀況，獻堂卻終身沒有蓄妾，並不耽溺於一夫多妻的情感之中。[註90] 然而不知道是因為葉榮鐘的記憶有誤，這樣的敘述其實與史實並不一致，[註91] 但能夠確定的是，日治時期知識份子曾以維持一夫一妻的關係，傳達不同於「傳統」納妾的「文明」觀念。這樣的想法具有站在知識菁英的視角，視納妾為社會缺陷，提倡維新是尚的要求。

　　事實上，以上的想法並非一個特例，而是歷經思潮的傳播、接收與再生產，並蔚為知識份子之間流行的愛情觀念基礎。在 1924 年 2 月 21 日的《台灣民報》上，刊載了來自上海秀湖所執筆的〈婚姻制度的進化概觀〉，內文簡介了人類從原始時代的自由性交，演進到一夫一妻制度的過程，此一歷史發展的過程，是挪用原始學泰斗冒爾干（Morgan）的進化論原則。[註92] 在此 Morgan 又是什麼人呢？其著作又帶來什麼樣的影響力？Morgan 原名為 Lewis Henry Morgan，1818 年生，是 19 世紀美國著名的民族學與人類學者，根據對於美國易洛魁聯盟（Iroquois）、阿茲特克聯盟（Aztec）、希臘人氏族等等社會結構的

[註90] 葉榮鐘，《臺灣人物群像 1900～1978》（台中市：晨星出版，2000.8），頁 27。

[註91] 林獻堂曾與女傭施秀玉有染，這一段私人的情感關係可參見李毓嵐，〈林獻堂生活中的女性〉，《興大歷史學報》第二十四期（2012.6），頁 67～69。

[註92] 上海秀湖，〈婚姻制度的進化概觀〉，《臺灣民報》第 2 卷第 3 號（1924.2），頁 2。

詮釋，〔註93〕於 1877 年出版《古代社會》一書，透過人類生產工具的改變，將人類社會以單一、歷時、線性、斷代，作為進化的解釋法則。

相應而生，Morgan 對於家族制度也有一套進化史觀的看法，首先人類的家族起始於血婚家族（The Consanguine Family）：建立在兄弟姊妹之間的近親通婚；第二是夥婚家族（The Punaluan Family）：不同團體之間的男女雙方進行通婚；第三是夥伴家族（The Syndyasmian or Pairing Family）：婚姻的成立在於一對不同居的配偶；第四是父權家族（The Patriarchal Family）：婚姻建立在一名男性對應數名妻子；第五是專偶家族（The Monogamian Family）：由一對配偶成立婚姻，擁有獨自的同居狀態。〔註94〕這五種家族制度相互連貫，依線性的時間軸交互演進。

可以觀察到的是，家族制度的變化，從親疏遠近毫無差別的兩性關係開始，逐漸放入男女雙方識別近親的過程。以 Morgan 的話來說，血婚到夥婚的轉換在於直系近親結婚的排除、旁系近親結婚的保留以及團體婚姻的形成，彼此之間相互延續，逐步進化。

婚姻與家族制度在 Morgan 的觀念下被導入野蠻到文明的進化法則，例如血婚制度屬於蒙昧低級階段，夥婚制度位於蒙昧高級階段，夥伴家族則貫穿野蠻的低級到高級區段，專偶制度則屬於高級野蠻階段，一直延續到文明社會，〔註95〕其中不乏將婚姻制度以低級蒙昧與文明開化的程度進行分類，最終則推導出專偶制，也就是「一夫一妻制＝文明」的進化史觀。

Morgan 對於 19 世紀知識界的影響力而言，恐怕是《古代社會》一書對於 Frederick Engels 的影響，Frederick Engels 的知名著作《家庭、私有制和國家的起源》，在 1884 年版本的前言首頁，詮釋了 Morgan 的唯物進化史觀如何與 Karl Marx 對於資本與社會進化的觀念，達到如出一轍的結論，自己的著作則是在 Marx 和 Morgan 思想的延長線上進行改寫。〔註96〕在家族制度

〔註93〕 Morgan, Lewis Henry. *Ancient society: Or, researches in the lines of human progress from savagery, through barbarism to civilization*. NY: H. Holt and Company, 1877.

〔註94〕 Morgan, Lewis Henry. *Ancient society: Or, researches in the lines of human progress from savagery, through barbarism to civilization*. NY: H. Holt and Company, 1877, pp. 384~385.

〔註95〕 Morgan, Lewis Henry. *Ancient society: Or, researches in the lines of human progress from savagery, through barbarism to civilization*. NY: H. Holt and Company, 1877, p. 462.

〔註96〕 Engels, Friedrich. *The origin of the family, private property and the state*. UK: Penguin, 2010, pp. 25~26.

上，Engels 則摘要了 Morgan 的討論，同樣將家族的起源及歷史發展區分為：一、血婚家族；二、夥婚家族；三、夥伴家族；四、父權家族；五、專偶家族。

除了沿襲 Morgan 的論點，Engels 更加著重專偶家族的起源，也就是一夫一妻制度形成的歷史過程，來自交混的婚姻關係逐漸窄化為一名男性對應一名女性的制度。第二，Engels 強調母系為主的婚姻制度過渡為父系的歷史，體現在父權家族及專偶家族的變化。女性在婚姻關係中與男性權力的對應，是此消彼漲，一夫一妻的歷史過程逐漸將女性放入男性的從屬者之角色。以 Engels 的話來說，一夫一妻伴隨取消女性主導權的過程，發展出男性對女性的階級支配。〔註97〕由此來看，Morgan 的理論受到社會主義知識份子 Engels 的接收與應用，發展出解釋一夫一妻制度形成的歷史過程，從混雜的近親通婚，考慮血親淘汰，以直線進化，逐步發展為一男一女的婚配。另一方面，Engels 也發展出母權制對應父權制的理論工具，在一夫一妻的關係中，男女並不平等，女性淪為男性支配的階級，女性形同賣淫的性關係，是 Engels 據以顛覆布爾喬亞專偶制度中，男性支配的理論基礎。

這種以社會學、民族學與人類學的學知，探詢人類從蒙昧以至開化的進化觀念，解釋人類婚姻演進至一夫一妻的文明階段，在 19 世紀末至 20 世紀初期，也在東亞地區逐漸散播開來。在日本以此為嚆矢的，為明治時期人類學者渡瀨莊三郎，通過日本內部婚姻習俗研究，解釋婚姻法為一種進化變遷，婚姻依國家的開化程度，從動物的婚姻法演進到一夫一妻制度。〔註98〕1920 年代，日本代表性的社會主義知識份子堺利彥，也曾根據 Morgan、Engels、August Bebel、Edward Carpenter 的學說，在 1920 年著作《男女鬥爭史》，探討人類起初處在古代的雜婚，一種在性交上不加限制的時代。〔註99〕隨著男女之間經濟能力的差距，私有財產制度的興起，女權衰亡，家父長制代之而起，女性淪為財產一般的私有物，被放入掠奪婚姻與買賣婚姻的中介之中。〔註100〕接著人類社會逐步邁向文明階段，形成男性壓迫女性的一夫一妻制，顯而易見的，這

〔註97〕Engels, Friedrich. *The origin of the family, private property and the state*. UK: Penguin, 2010, pp. 71.

〔註98〕坂野徹，《帝国日本と人類学者・一八八四～一九五二年》（東京都：勁草書房，2005），頁 38。

〔註99〕堺利彥，《男女争鬪史》（東京：榮川堂，1920.4），頁 9～10。

〔註100〕堺利彥，《男女争鬪史》（東京：榮川堂，1920.4），頁 63～64。

樣的論述同為社會主義思想家 Engels 主張的必然發展。〔註101〕

　　在中國，Morgan 和 Engels 探討社會組織變化的理論，影響了中國共產黨的理論奠基者蔡和森，出版《社會進化史》一書，也影響了左翼運動者郭沫若，出版《中國古代社會研究》，郭沫若自陳該書是在 Engels《家庭、私有制和國家的起源》的延長線上，探討中國的文化史，〔註102〕書籍流貫著以生產工具的方法論，詮釋中國古代史料，應證中國的歷史發展，從無階級的共產社會，逐步轉換為資本制社會的敘述。同時，如出一轍的是，書內區分了民族從野蠻到蒙昧的階段進化，人類從雜交的時代，逐步蛻變為固定的一夫一妻。〔註103〕1931 年，因應日本對於結合社會學學知，解讀支那學的需求，郭沫若的《中國古代社會研究》經由藤枝丈夫翻譯進入日本，一併將雜婚蛻變為一夫一妻制的知識再次輸入日本。〔註104〕或許可以說，社會組織參照生產工具發生線性進化，連帶牽引人類婚姻制度，從混雜婚姻轉換為一夫一妻制的想法，也深刻地影響東亞地區的知識份子，不斷地受到轉譯、接收、挪用與傳播。

二、一夫一妻進化論的閱讀

　　透過上述的案例，可以得知 Morgan 和 Engels 的論述，這種以人類學、民族學、社會學的學知，檢視婚姻制度的蒙昧與開化，成為 20 世紀初東亞知識份子重要的知識教養之一，普遍形成解釋人類社會的歷史變化，從野蠻的混雜婚，進化至一夫一妻文明婚姻的公式。這種以一夫一妻作為文明的婚姻觀念，也在世界文化的思潮中，通過書籍的流通與閱讀，逐步滲透到殖民地台灣。

　　例如在龍瑛宗〈植有木瓜樹的小鎮〉裡，小說中林杏南的長子，提及的書目便有 Morgan 的《古代社會》和 Engels《家庭、私有制和國家的起源》，〔註105〕雖然小說內並不直接解釋人類的家族變化及婚姻進化，但我們或許可以推測混雜婚、買賣婚列為野蠻的文化階段，一夫一妻作為文明開化的婚姻，正滲透到殖民地台灣青年的情感觀念之中，無形之間牽動小說內兩性關係的布局。

〔註101〕Engels, Friedrich. *The origin of the family, private property and the state*. UK: Penguin, 2010, pp. 73.

〔註102〕郭沫若，《中國古代社會研究》第三版（上海市：中亞，1930），頁 5～6。

〔註103〕郭沫若，《中國古代社會研究》第三版（上海市：中亞，1930），頁 42。

〔註104〕郭沫若著，藤枝丈夫譯，《支那古代社會史論》（東京：內外社，1931），頁 50。

〔註105〕王惠珍，《戰鼓聲中的殖民地書寫——作家龍瑛宗的文學軌跡》（台北：國立臺灣大學出版中心，2014.06），頁 62。

　　事實上透過台灣人的日記與回憶，也能得知這些書籍曾流通於殖民地台灣，在葉榮鐘的日記中，便曾提及自己在松田書店買了モルガン（Lewis Henry Morgan, 1818～1881）的《古代社會》上下二冊。〔註106〕因此不難想像 Morgan 對於家族制度的進化史觀，也就是從野蠻的混雜婚姻，進化到一夫一妻的文明結婚，曾影響到殖民地的知識青年，也不難想像葉榮鐘在為林獻堂作傳時，會以一夫一妻，作為文明開化的婚姻模範。

　　吳新榮在 1938 年 3 月 24 日至 1938 年 8 月 15 日的日記，也曾提及自己閱讀郭沫若著作的《支那古代社會史論》，〔註107〕雖然吸引吳新榮的內容，可能僅僅是生產工具變化，解釋社會結構變遷的左翼學知，正符合吳新榮本身的左翼意識，或者出於戰爭期台灣知識份子對於「支那」知識的閱讀。〔註108〕不過正如前文所述，郭沫若的書籍也在 Engels 理論的延長線上，引渡了人類從混雜婚姻進化到一夫一妻婚姻的歷史敘述，而這樣的敘述也被原封不動地轉介到日文譯本當中，傳遞到日治時期台灣知識份子的手中，間接獲取人類在社會最終演變階段，進展為一夫一妻制度的知識構圖。

　　總而言之，在家庭與婚姻制度進化，蔚為世界流行的思潮之下，台灣也不自外於這股浪潮。日治時期台灣的知識份子，很可能透過各種管道，獲取社會學學知的詮釋底下，人類從交相混雜的婚姻關係，逐漸蛻變為一夫一妻的婚姻制度。更從這種家庭制度的進化史觀當中，吸取一夫一妻作為文明社會裡，普遍共有的婚姻觀念。

三、一夫一妻進化論的生產

　　台灣最早近似的論述，依目前筆者所見，應為 1905 年雪漁發表的〈論納妾之弊害〉，在這篇短論裡，婚姻並非僅是凡常的男女之事，婚姻牽涉到家庭，

〔註106〕葉榮鐘著，葉芸芸總策畫，林莊生、葉光南、葉芸芸主編，《葉榮鐘日記（上）》初版（台中市：晨星出版，2002.3），頁 136。

〔註107〕參見吳新榮著，張良澤編，〈吳新榮日記／1938-03-24〉（中央研究院臺灣史研究所臺灣日記知識庫）；吳新榮著，張良澤編，〈吳新榮日記／1938-04-11〉（中央研究院臺灣史研究所臺灣日記知識庫）；吳新榮著，張良澤編，〈吳新榮日記／1938-08-12〉（中央研究院臺灣史研究所臺灣日記知識庫）；吳新榮著，張良澤編，〈吳新榮日記／1938-08-15〉（中央研究院臺灣史研究所臺灣日記知識庫）。

〔註108〕王惠珍，〈戰前臺灣知識分子閱讀私史：以臺灣日語作家為中心〉，收錄於韓國臺灣比較文化研究會著，柳書琴編，《戰爭與分界：「總力戰」下臺灣·韓國的主體重塑與文化政治》（臺北市：聯經出版，2011.03），頁 139～145。

家庭亦牽涉到國家，以雪漁的話來說，便是：

> 是男女之為夫婦也。有家者之於其家。有國者之於其國。有絕大之
> 關係。國之治不治。視乎家之齊不齊。則造端乎夫婦也。蓋夫婦之
> 於家也。如天地之於世界也。〔註109〕

在此得以看見，婚姻的完善與否，關乎齊家興國之道，然而文後提到近來
齊家之道紊亂，則因社會風靡的納妾制度，在納妾制度下，常造成家庭不睦，
有害社會風俗。反觀歐西美風，一夫一婦，無有納妾之人，本國在維新以後，
也當理解納妾是一種陋習，在倫理而言，有其弊害之處，所以當以一夫一婦作
為婚姻基準。在雪漁的論述來看，台人的婚姻制度放入「納妾＝未開」、「一夫
一婦＝維新」的觀點，闡明了兩性關係，需革除紊亂的妾制，尋求專一調和的
夫婦之道，維新兩性關係，藉此找到穩固家庭組織的平衡點，繼而利於治國。
顯而易見的是，一夫一婦作為一種「文明」的慾望，成為一國社會開化與否的
評斷焦點。

1906 年在《台灣日日新報》上同樣連載了長篇的論文，在這篇不具名的
〈婚姻の進化的倫理〉，以優等種族透過一夫一妻制度，有利於子孫繁殖的觀
點，讚揚一夫一妻作為高尚的模範制度。〔註110〕人類起初存在著與動物近似
的雜婚交配，在變換的過程中，逐漸採用更為高等的一夫一妻制度。〔註111〕
在這篇論說裡，透過生物演進的視角，解釋古代社會的混雜性交之中，存在著
落後、野蠻、未開的原始性，唯有進化至一夫一妻的物種，具有較高的存活與
繁殖良率，這樣的說法，不乏以優勝劣敗的觀點，彰顯進化到一夫一妻制度的
物種，具備文明化兩性關係的特質。

雖然這樣的論述在 1910 年代的台灣，並不具有太大的影響力，必須注意的
是，在日治時期，現實中一夫多妻，甚至蓄妾的風俗，仍是台人的日常生活，一
夫多妻與納妾的婚姻關係，往往常見於台人的回憶錄或口述歷史之中，〔註112〕

〔註109〕 雪漁，〈論納妾之弊害〉，《臺灣日日新報》第 2116 號第 3 版（1905.5）。
〔註110〕 〈婚姻の進化的倫理〉，《臺灣日日新報》第 2311 號第 3 版（1906.1）。
〔註111〕 〈婚姻の進化的倫理（二）〉，《臺灣日日新報》第 2316 號第 3 版（1906.1）。
〔註112〕 例如楊肇嘉的養父便是元配婚後無法生育而納妾，參見楊肇嘉著，《楊肇嘉回
憶錄》四版一刷（臺北市：三民書局，2004.1），頁 18～19。日治時期，買謝
雪紅為童養媳的洪家養父洪仔喜，除了元配之外，也另外再娶一任妻子，另
外謝雪紅早年因無力償還童養媳的贖身費，被張樹敏買作為妾，再次歷經受
男性與封建社會壓迫的生活，參見謝雪紅口述，楊克煌筆錄，楊翠華編，《我
的半生記》（台北市：楊翠華，1997.12），頁 67～68、頁 112～117。

甚至也常見於官方的法律研究文書。〔註113〕因此造就了1920年代文化啟蒙風起雲湧之際，從野蠻未開的混雜性交，轉換為一夫一妻的文明婚姻論，強力吸引著台灣知識份子的目光，紛紛藉用此一婚姻制度進化論，批判自身的婚俗傳統，標舉著一夫一妻的文明慾望。

在1921年第三卷第一號的《臺灣青年》，陳崑樹〔註114〕便發表了〈論婚姻——婚姻的進化及目的〉，講述原始時代，男女處在共妻與共婚的雜婚狀況，因為人們要求性慾獨佔，男子開始從自身的種族之外掠奪婦女，又因為殺女的風俗，為保持兩性人口均衡，促使男子以掠奪外族婦女作為婚姻形式，這是掠奪婚姻的時代。〔註115〕接著因為物品交易制度的興起，將婦女導入金錢交易的婚姻形式之中，此時是一夫多妻，無視婦女人格的時期。〔註116〕隨著自由平等的思想蔚為潮流，人們高喊人格平等的待遇，產業革命使生產組織煥然一新，影響自古以來的家庭制度，必然導致婦人解放，一夫多妻遂變為一夫一妻，買賣婚姻的形式失去了蹤影。〔註117〕

從這樣的論述，得以看到幾個與前述理論相似的觀點，第一，陳崑樹描述了一場從混雜婚姻演進到一夫一妻制的歷史過程。事實上在1910年臨時台灣舊慣調查的報告書便指出，支那古來是宗法家族，重視男系血統，為祭祀承繼，防止後嗣斷絕，而有蓄妾制度，台灣也在舊慣的原則下實行防止後嗣斷絕的蓄妾制度，〔註118〕因而有一夫多妻的婚姻形式。透過台人女性的口述回憶，也可略為窺知當時台人的婚姻狀況，在1902年生，於1926年結婚的邱鴛

〔註113〕姉齒松平，〈台灣に於ける本島人間の婚姻の證明及效果〉，收錄於台北比較法學會編，《比較婚姻法第二部——婚姻の證明及效果》（東京市：岩波書店，1942.8），頁14～15。

〔註114〕陳崑樹，1913年4月畢業於臺灣總督府國語學校，後又赴日本東京商科大學留學，並加入1919年創立的新民會。參見《府報》第186號（1913.04），頁6；臺灣總督府警務局編，《臺灣總督府警察沿革誌第二編‧領臺以後の治安狀況（中卷）臺灣社會運動史》（臺灣總督府警務局，1939.7），頁27。

〔註115〕陳崑樹，〈婚姻を論ず（上）——婚姻の進化と目的——〉，《臺灣青年》第3卷第1號（1921.07），頁40～41。

〔註116〕陳崑樹，〈婚姻を論ず（上）——婚姻の進化と目的——〉，《臺灣青年》第3卷第1號（1921.07），頁41。

〔註117〕陳崑樹，〈婚姻を論ず（上）——婚姻の進化と目的——〉，《臺灣青年》第3卷第1號（1921.07），頁41。

〔註118〕臨時臺灣舊慣調查會，《臨時臺灣舊慣調查會第一部調查第三回報告書臺灣私法第二卷（下）終》，（臨時臺灣舊慣調查會，1911.08），頁429。

鴦女士提到，在重男輕女的時代下，婦女若未生男孩子，通常丈夫會再娶妾。
〔註119〕因此在 1920 年代的台灣社會，存在著一夫多妻的結婚狀況，但未必是
應受批判的對象。不過若從陳崑樹 1920 年發表於《台灣青年》的〈婦人問題的
批判與陋習打破的呼喚〉來看，陳崑樹是站在批判一夫多妻、讚揚一夫一妻制
度的立場。〔註120〕從混雜婚演進到一夫一妻制度的理論演繹，是講述人類在婚
姻制度上從野蠻過渡到文明的進化過程，對陳崑樹而言，過去的一夫多妻制是
原始的、野蠻的，而人類最終應該通過進化的歷程，達到文明的一夫一妻制。

　　這篇文章的第二個要點，在於生產制度的變革與婚姻關係互為表裡，起先
人類透過暴力締結婚姻，接著產生交易制度，進而在產業革命下發生婚姻制度
的變革，生產方式與生產組織的進化，導致人類婚姻關係的進化。這樣的思想，
毋寧接收了世界流行的生產關係影響婚姻關係的進化論述，但在陳崑樹的討
論裡，生產關係的變革，帶來的是進步的一夫一妻制，並沒有如同社會主義者
般，思考生產和經濟關係裡，導致兩性關係在權力上的不平等結果。

　　陳崑樹作為《臺灣青年》上集大成的戀愛結婚思想家，思想脈絡繁雜，例
如 1921 年 11 月發表於《臺灣青年》上的〈根本的婚姻革新論（續前）〉也從
遺傳學的視角解釋了婚姻的選擇要件，不過能確定的是，婚姻制度進化論是陳
崑樹據以批判自身婚俗傳統的理論工具。重要的是，陳崑樹是站在民族啟蒙的
位置，來挪用婚姻制度進化論。這樣的民族啟蒙位置，直到他在 1931 年出版
《臺灣統治問題》一書時，仍未改變，對他而言，台灣的舊慣是造成社會停滯
不前的陋習，因此聘金與蓄妾制度是需要改革和矯正的，〔註121〕從婚姻的矯
正，帶來文明與傳統二元對立的批判基礎，謀求台灣社會的革新與進步。

　　在 1921 年《臺灣青年》的第三卷第二號，屬名記者的作者，發表〈思想
界〉一文，介紹婚姻之進化，起初人類處在女子無一定之夫，男子無一定之妻
的雜婚狀態。〔註122〕隨著進化從雜婚變成定婚，定婚所指的便是男女團體間
的混婚，〔註123〕也就是 Morgan、Engels 所謂的夥婚家族（Punaluan）。接著在

〔註119〕游鑑明訪問，吳美慧、張茂霖等紀錄，《走過兩個時代的臺灣職業婦女訪問紀
　　　　錄》初版三刷（台北：中央研究院近代史研究所，2001.03），頁 82。
〔註120〕陳崑樹，〈婦人問題の批判と陋習打破の叫び〉，《臺灣青年》第 1 卷第 4 號
　　　　（1920.10），頁 27～28。
〔註121〕陳崑樹，《臺灣統治問題》，（臺北：寶文堂書店，1931.1），頁 116～118。
〔註122〕記者，〈思想界〉，《臺灣青年》第 3 卷第 2 號（1921.8），頁 34。
〔註123〕記者，〈思想界〉，《臺灣青年》第 3 卷第 2 號（1921.8），頁 34。

團體婚姻制後進化為多夫一妻制、多妻一夫制，最後演變為今日的一夫一妻制度。〔註124〕在此作者借用的是相當典型的婚姻進化知識，人類的婚姻是單一起源、線性進化，從混雜婚姻，同時也是蒙昧原始的性關係，逐步窄化男女交際的界線，演進為現代的一夫一妻制，視為蒙昧進化至現代的歷史過程。

在這裡，很明顯地能看到臺灣知識份子對婚姻制度進化論的援用，通過調動這樣的進化論，為批判台灣自身傳統婚俗找到理論依據，散發啟蒙社會的文明慾求。但值得注意的是，這時期的論述並沒有導入經濟差距、兩性平等與社會革命的訊息，換句話說，即便如同陳崑樹批判婚姻問題，或〈思想界〉一文介紹的婚姻制度進化，論點仍處在台灣婚姻制度的現代化立場，並沒有在婚姻制度進化至一夫一妻制後，思考兩性經濟差距的問題，要求社會體制的全盤革命。這樣的論述模式，在 1923 年《台灣民報》，作者屬名呂晚村的〈善良風俗的意義〉，也可以看見類似的操作邏輯，批判一妻多夫，要求進化到一夫一妻的文明階段。〔註125〕他要求落後的台灣文化進行現代化改造，卻不要求從兩性經濟差距的層面，展開台灣社會的顛覆與革命。然而，不同於站在啟蒙立場，闡釋婚姻制度進化論的作者，在婚姻制度進化到一夫一妻後，兩性之間由於生產工具導致的經濟問題，卻是左翼知識份子更加著重的面向，以下將探討同一時期，左翼知識份子又怎樣調動與詮釋此一進化理論。

四、左翼的一夫一妻進化論

在 1920 年代初期台灣抗日運動的再生下，1922 至 1924 年左右，許多台人前往中國就學，受中國社會主義與共產革命思潮的洗禮，不少人進入深具共產主義領導的上海大學社會科系，甚至有人加入共產黨。〔註126〕因此，在中國社會主義與共產革命的思潮滲透下，1924 年至 1926 年《台灣民報》上的一夫一妻進化論演繹，不僅申述一夫一妻是文明時代必然的婚姻制度，更從此一制度中指出兩性關係的經濟不平等，提出共產革命的訴求。

在 1924 年 2 月 21 日的《台灣民報》上，便刊載了來自上海秀湖，〔註127〕

〔註124〕記者，〈思想界〉，《臺灣青年》第 3 卷第 2 號（1921.8），頁 34。
〔註125〕呂晚村，〈善良風俗的意義〉，《台灣民報》第 1 卷第 14 號（1923.12），頁 3～4。
〔註126〕若林正丈著，何義麟、陳怡宏等譯，《臺灣抗日運動史研究》（新北市：大家出版，2020.3），頁 232～234。
〔註127〕據楊雲萍戰後回憶，秀湖應為許乃昌筆名，且許乃昌在 1924 年亦在上海活動，可推知該篇文章應為許乃昌所撰。許乃昌是受中國共產主義影響甚深的知識份子，約為 1922 年前後入上海大學社會科就讀。1924 年 3 月與中國共

執筆的〈婚姻制度的進化概觀〉，婚姻問題的焦點最終收束到兩性之間不平等的經濟差距，進而演繹社會革命的宣言。首先論述的起點，仍從人類處於自由性交的生活開始，接著借用 Morgan 的進化史觀，將人類演進的歷史區分為野蠻時代、半開化時代、文明時代。人類位於野蠻時代的初期時，亂婚崩壞郡體婚姻成立，婚姻開始排除親子性交，轉為平輩之間的血統婚姻。〔註 128〕接著人類發明石鎚、木槍和弓箭，生產工具改變，需要生產人力，因而促進血統婚姻的變化，演變為夥伴婚姻，〔註 129〕夥伴婚姻的特點在於排除血統相近的男女之性交，以不同群體的男女結婚為其特徵。漸漸地人類發明家畜飼養和鐵器，生產工具的變革再次影響人力需要，人類於是發展出了對偶婚，是一種男女間自由結合與自由分離的婚姻，又因為殺女的風俗，導致對偶婚的結合手段經常是掠奪與買賣女性的，也因此解釋了台灣的聘金制度，作為半開化時代買賣婚姻的遺緒。〔註 130〕到了文明時代，生產方法更加進步，經濟條件的改革，使得男性獲得壓倒女性的經濟地位，因而形成父權制的一夫一妻制度。〔註 131〕在此邏輯上，婚姻制度是斷代的，依憑線性進化發展，並透過經濟組織的改革，尤其是生產工具的變革，作為解釋婚姻制度的變化基礎。

　　秀湖依照著生產工具的變革邏輯，推論到最終的一夫一妻制時，私有財產制度的確立形成了男性壓迫女性的婚姻制度，經濟關係的不平等，使得女性為了求生存而買賣貞操，男性則因為保有經濟優勢而玩弄女性。〔註 132〕對於秀湖而言，此一社會現象是資本主義爭奪市場的醜惡，是私有財產制度演化以來行將崩壞的情況，最終人類如何改革這樣的弊端？便是發動共產制度的革新

產主義者羅豁，朝鮮人卓武初、呂運亨、尹滋英，臺灣人彭華英、蔡炳燿等人共同組織平社，宣揚共產主義運動。1924 年更由孫文政治顧問鮑羅廷送往莫斯科，進入東方共產主義勞動大學受訓。1925 年回返上海，同年 8 月赴日本東京，在日本共產主義者的聯絡下，指導台灣青年會發展共產主義運動。參見盧修一，《日據時代台灣共產黨史（1928～1932）》（臺北市：前衛，2006.4），頁 33；楊雲萍，〈臺灣新文學運動的回顧〉《台灣文化》第一卷第一期（1946.9），頁 10；臺灣總督府警務局編，《臺灣總督府警察沿革誌第二編·領臺以後の治安狀況（中卷）臺灣社會運動史》（臺灣總督府警務局，1939.7），頁 38；臺灣總督府警務局編，《臺灣總督府警察沿革誌第二編·領臺以後の治安狀況（中卷）臺灣社會運動史》（臺灣總督府警務局，1939.7），頁 184。

〔註 128〕秀湖，〈婚姻制度的進化概觀〉，《臺灣民報》第 2 卷第 3 號（1924.02），頁 2。
〔註 129〕秀湖，〈婚姻制度的進化概觀〉，《臺灣民報》第 2 卷第 3 號（1924.02），頁 2。
〔註 130〕秀湖，〈婚姻制度的進化概觀〉，《臺灣民報》第 2 卷第 3 號（1924.02），頁 2。
〔註 131〕秀湖，〈婚姻制度的進化概觀〉，《臺灣民報》第 2 卷第 3 號（1924.02），頁 2。
〔註 132〕秀湖，〈婚姻制度的進化概觀〉，《臺灣民報》第 2 卷第 3 號（1924.02），頁 3。

動力，顛覆私有財產制度，才能改革不平等的一夫一妻制。〔註133〕在這裡，秀湖最後將目光放在婚姻制度中的經濟問題，兩性因經濟問題而產生的平等問題，最終唯有發動共產革命，才能達成資本主義下兩性關係的改造，也才能從兩性關係的改造，達成新社會秩序的建立。

在秀湖的目光中，得以看到一場從混雜婚進入一夫一妻制，經過生產工具變革而產生婚姻制度變革的歷史，不同於站在啟蒙位置的知識份子，從社會主義者的視角，詮釋一夫一妻之間因經濟落差造就的權力落差，也就是平等問題，而平等問題的解決方案便是訴諸共產社會的建立。那麼同時代之間，與秀湖相同的社會主義者，也是以婚姻制度進化論，以及訴諸共產革命的視角，來看待婚姻的變革嗎？

從1926年1月17日至1926年2月28日發表一系列〈從戀愛到結婚〉文論的蔡孝乾，〔註134〕同樣綜述了許多戀愛與結婚的理論，除了立基於靈肉二分的知識，展開戀愛進化論的說法外，作為一位社會主義者，也不能忽略蔡孝乾及其文章的左翼面向。對蔡孝乾而言，私有財產制度的確立造成性別之間的不平等，將女性放入商品買賣的中介之中，又兩性之間的經濟權力掌握在男性手中，因此女性淪為男性的奴隸。〔註135〕在這樣的邏輯之中，即便兩性擁有自由戀愛與結婚的基礎，但聳立在結婚面前的，是私有財產制度造就的經濟不平等，真正的解決辦法唯有到達共產主義的社會，才能抵達真正的平等結婚。

與秀湖不同的是，同樣作為社會主義的信仰者，蔡孝乾並沒有非常體系性地以血親淘汰和生產工具變革，解釋婚姻進化的歷史，即便在1926年2月14日發表的〈從戀愛到結婚（三）〉，稍微論述了婚姻制度進化的歷史，也僅有略

〔註133〕秀湖，〈婚姻制度的進化概觀〉，《臺灣民報》第2卷第3號（1924.02），頁3。
〔註134〕蔡孝乾，1924年參與上海臺灣青年會，隔年組織旅滬臺灣同鄉會，發展共產主義運動，隔年1925年，與彭華英、許乃昌等人組織上海臺灣學生聯合會，同年與左傾臺灣人學生吳沛法、陳傳枝與許乃昌組織平社，持續推展共產主義。參見臺灣總督府警務局編，《臺灣總督府警察沿革誌第二編・領臺以後的治安狀況（中卷）臺灣社會運動史》（臺灣總督府警務局，1939.7），頁72～73；參見臺灣總督府警務局編，《臺灣總督府警察沿革誌第二編・領臺以後的治安狀況（中卷）臺灣社會運動史》（臺灣總督府警務局，1939.7），頁87；參見臺灣總督府警務局編，《臺灣總督府警察沿革誌第二編・領臺以後の治安狀況（中卷）臺灣社會運動史》（臺灣總督府警務局，1939.7），頁183。
〔註135〕蔡孝乾，〈從戀愛到結婚（續）〉，《臺灣民報》第九十一號（1926.2.7），頁14。

論人類由掠奪結婚演進到買賣結婚，更往前演進到贈與結婚與聘金結婚，而臺灣目前屬於一種與買賣本質相同的聘金結婚。〔註136〕在這裡僅有結婚方法的演變說明，但與秀湖目光相同的是，他們最終批判的視角，都回歸到結婚的經濟問題，因為經濟界崩壞，聘金高昂，使得貧民男子不得順利結婚，資本階級的男性得以玩弄女性，女性得販賣貞操換取生活所需，〔註137〕因此自由結婚的確立，必須訴諸經濟制度的革新，蔡孝乾甚至在文末提到俄羅斯回來的朋友，都說俄羅斯的男女結婚相當容易。〔註138〕也就是說，象徵著共產革命之後的俄羅斯，給予蔡孝乾一種自由平等結婚的憧憬。這樣的自由結婚，與秀湖相同的是，最終勢必需要解決私有財產制度下，經濟能力差距的不平等問題，才能達到的結婚平等原則。這與啟蒙性的知識份子，運用婚姻制度進化論時相當不同，對於啟蒙社會立場的知識份子而言，僅需借用婚姻制度進化論，批判蓄妾和聘金結婚的陋習，達到一夫一妻文明階段的改革，便已經足夠。但左翼知識份子卻要更進一步，討論文明階段的一夫一妻制之中，所存在的經濟不平等問題，唯有解決兩性之間不平等的經濟關係，才真正達到左翼知識份子理想的一夫一妻制。

同時代的社會主義知識份子翁水藻，〔註139〕在 1926 年的《台灣民報》發表〈婦女底社會的地位之墮落與其經濟的原因〉系列文論，透過婚姻制度進化的理論工具，探討婦女地位的問題。在線性進化的婚姻制度之間，從對偶婚姻到文明時代的一夫一妻婚姻變化，女性的地位逐漸從屬於男性。〔註140〕原因

〔註136〕 蔡孝乾，〈從戀愛到結婚（三）〉，《臺灣民報》第九十二號（1926.2.14），頁 14。

〔註137〕 蔡孝乾，〈從戀愛到結婚（三）〉，《臺灣民報》第九十二號（1926.2.14），頁 15。

〔註138〕 蔡孝乾，〈從戀愛到結婚（三）〉，《臺灣民報》第九十二號（1926.2.14），頁 15。

〔註139〕 翁水藻，本名翁澤生，1903 年生，1924 年與留學中國的學生組成閩南台灣學生聯合會，1925 年就讀上海大學，1926 年加入中國共產黨，1927 年與台灣學生聯合會的左傾份子江水得、楊金泉、林松水、劉守鴻等人在上海組織讀書會，實際上則在同一時間籌組台灣共產黨。參見陳芳明，《殖民地台灣：左翼政治運動史論》三版（台北：麥田出版，2017.5），頁 101～104；陳芳明，《謝雪紅評傳》初版（台北：麥田出版，2009.2），頁 60；謝雪紅口述，楊克煌筆錄，楊翠華編，《我的半生記》（台北市：楊翠華，1997.12），頁 227；翁澤生在中國的活動另參見臺灣總督府警務局編，《臺灣總督府警察沿革誌第二編・領臺以後の治安狀況（中卷）臺灣社會運動史》（臺灣總督府警務局，1939.7），頁 86～87。

〔註140〕 翁水藻，〈婦女底社會的地位之墮落與其經濟的原因（續）〉，《臺灣民報》第九十七號（1926.3.21），頁 15。

在於共產氏族制的瓦解與私有財產制度的興起，在社會主義知識份子的社會
進化史觀裡，起先在蒙昧時代和野蠻時代，人類的生產力相當薄弱，並不能產
生任何剩餘價值。〔註141〕隨著生產工具的變革、生產力的發達、生產剩餘的
產出，共產社會轉換為私有財產制度的社會。〔註142〕在轉換之中，男子獲得
了漁獵、牧畜、農業等生產能力，而女子卻僅能守家，兩性之間的經濟差距因
而逐漸擴大，男子佔有更多的私有財產，也使得男子的權力擴張，導致母系制
度的婚姻過渡為父權制的婚姻。〔註143〕女權的低下，父權的擴張，導致女子
如同奴隸般，被放入掠奪婚姻和買賣婚姻的中介之中，共產到私有財產的過
程，便是男性在經濟權力上壓倒女性的歷史過程。〔註144〕在這一系列的文論
裡，翁水藻雖然調動婚姻制度進化的理論工具，但這部分的知識僅作為原始時
代與文明時代婚姻制度的區分，作為背景知識聊備一格。因為對於翁水藻而
言，更核心的論述焦點，在於透過生產工具的變革，討論女權制社會過渡到父
權制社會的過程，女性如何在經濟差距的消長間墮入奴隸的地位。重要的是，
翁水藻透過生產工具變革的理論，去探討婦女地位的問題，而非以生產工具的
變革，去討論婚姻進化的問題，也就是說，同為日治時期左傾的社會主義者，
問題焦點也不盡相同。

即便在社會主義知識份子描述的社會進化過程中，總是反覆上演著私有
財產制度與父權社會興起的過程，但端賴該名論者的理論演繹及最終希望批
判的對象為何。對於秀湖而言，他透過婚姻制度進化論的描繪，最終導出了一
夫一妻之中的性別壓迫，必需訴諸共產革命的手段，打造真正的平等婚姻。在
蔡孝乾的部分，他並不利用婚姻制度進化的理論工具，而是在戀愛需要平等的
觀念下，理解到男女之間邁入結婚時，因經濟能力的落差及資本主義造就的階
級分立下，沒有自由結婚的可能，因此自由結婚之前需要革新經濟制度，邁向
共產主義的社會才能達成平等的理想，與秀湖相同的是，共產主義成為一種解
決手段和一種理想，已經不僅只於啟蒙性知識份子的論說，調動婚姻進化論訴

〔註141〕 翁水藻，〈婦女底社會的地位之墜落與其經濟的原因（續）〉，《臺灣民報》第
　　　　　九十七號（1926.3.21），頁 15。
〔註142〕 翁水藻，〈婦女底社會的地位之墜落與其經濟的原因（續）〉，《臺灣民報》第
　　　　　九十七號（1926.3.21），頁 15～16。
〔註143〕 翁水藻，〈婦女底社會的地位之墜落與其經濟的原因（續）〉，《臺灣民報》第
　　　　　九十八號（1926.3.28），頁 16。
〔註144〕 翁水藻，〈婦女底社會的地位之墜落與其經濟的原因（續）〉，《臺灣民報》第
　　　　　一百號（1926.4.11），頁 14～15。

諸文明時代的一夫一妻制。但在翁水藻而言，婚姻制度進化論僅是區分野蠻和文明時代的背景，批判對象在於生產制度的變革，導致女權淪喪的結果，因此不同於秀湖與蔡孝乾，翁水藻的文論注重的是女性地位問題。

　　因此，或許可以這麼說，社會主義者不見得都以婚姻制度進化觀的視角，解釋人類婚姻的變革，端賴該名社會主義者的問題意識，以及如何援用理論解釋問題，但共通的是，他們對於共產社會作為解決不平等兩性關係的方案是有憧憬的，秀湖更在婚姻制度進化論的邏輯推演下，導出一夫一妻制的不平等經濟關係，從這樣的不平等衍生出共產革命的解決方案。這樣的憧憬不同於前期改良民族、啟蒙社會的知識份子。對於前期的知識份子而言，挪用婚姻制度進化論，是藉以論述兩性結婚制度的現代化，但很明顯地，秀湖在論證人類演進到文明時代的一夫一妻制時，更進一步論述兩性之間存在的經濟差距問題，要求以共產革命作為解決手段，解決經濟問題才能達到兩性關係的平等。

　　然而隨著台灣文化協會在 1927 年左右分裂，左翼運動者獲得文化協會的領導權，並創辦不同於《台灣民報》的《台灣大眾時報》，〔註145〕緊接著文化協會於 1929 年再次分裂，更趨左傾化，繼而催生了《新台灣大眾時報》的誕生。〔註146〕在這兩份刊物中，可以看到左翼知識份子越發左傾化，尋求更激進且更直接的社會改革要求。諸如 1928 年彰化高女因與男學生通信，而被退學之事，大眾時報的論者認為男女之間的愛情，以至於通信是不可避免的社會現象，但學校聽到這樣的消息，便要將學生退學，直是無視婦女自由，也是布爾喬亞教育的荼毒，最後更控訴欺瞞的奴隸教育。〔註147〕從這些急遽左傾化的現象，以及更加左傾化的言論來看，1927 年以後，左翼知識份子已經捨棄了婚姻進化論的理論演繹，而更在乎勞資關係的改造與變革，即便談及戀愛相關的事件與言論，也是直接以簡化的階級對立，談及布爾喬亞階級的欺瞞，提出階級變革的訴求。也就是說，越趨激進的左翼知識份子，可說是直截了當地，

〔註145〕陳芳明，〈『台灣大眾時報』與『新台灣大眾時報』解題〉，收錄於大眾時報社編，《台灣大眾時報週刊・創刊號——第十號》（臺北：南天書局，1995.8），頁 4～5。

〔註146〕陳芳明，〈『台灣大眾時報』與『新台灣大眾時報』解題〉，收錄於大眾時報社編，《台灣大眾時報週刊・創刊號——第十號》（臺北：南天書局，1995.8），頁 10。

〔註147〕〈彰化高女的種々醜聞！！藉口盜取、解雇小使　稍有和男子通信之嫌的女生便命令退學　某女教師常々放言「勞働者的手很齷齪」〉，《台灣大眾時報》第 10 號（1928.7），頁 10。

暴露資本主義社會下導致的階級分立問題，並希望從階級問題上尋求改革的希望。因此，諸如秀湖和蔡孝乾這般，搬演婚姻制度進化論，訴諸一夫一妻的經濟平等訴求，已經不符合逐漸激進化的左翼言論。當然隨著日本政府的檢閱與鎮壓，最終左翼活動在 1931 年被徹底鎮壓，左翼的活動與言論也就宣告淪亡。〔註148〕因此，即便被公認前期帶有左翼關懷的作家呂赫若，在 1935 年創作的〈婚約奇談〉，其中淺薄地調用左翼說詞的馬克思女孩，以及她被臨陣磨槍的左翼術語，騙取答應結婚的描寫，與其說她是左翼知識的信仰者，不如說更像追逐時下流行語彙的摩登女孩，對標榜左翼的「馬克思女孩」，呂赫若其實展現揶揄的成份居多。〔註149〕這裡便牽涉到，過渡到 1930 年代的戀愛結婚思考，已經不是 1920 年代帶有啟蒙還有左翼思想的知識份子，針對台灣傳統的婚俗制度展開辯證性的批判，而是逐漸分離出性慾的批判，以及性慾與摩登化相互結合的批判，這兩項針對戀愛結婚的批判性觀點，即將在 1930 年代的雜誌與報刊論述中逐步登場。

第三節　純潔之愛的期盼

　　在邁入日治時期 1930 年代，直至 1937 年中日戰爭爆發之前，台灣關於戀愛結婚的小說與報刊論述，開始針對愛情中的淫靡、肉慾與性誘惑展開批判，其一是針對自由戀愛與舊有倫理的道德攻防，其二是批判文明摩登之下的縱情肉慾；前者是針對新舊情感結構的道德之辯，後者全然圍繞在摩登化的負面批評之上。然而無論是前者或後者，又或是交錯描寫，共有的特徵在於否定性慾，表現純潔之愛的要求。

一、性慾的批判

　　事實上，自由戀愛與傳統慣習之間引發的性慾批評其來有自，著名的有彰化戀愛事件的論戰，該事件是由楊英奇和林士乾兩人，欲帶潘貞、楊金環、吳進緣、盧銀、謝金蘭，一同私奔前往中國，然而因二月十三日前往基隆的途中，吳進緣發急用電報給家人，希望家人放棄搜查，反而導致事跡敗露，引起家人

〔註148〕陳芳明，〈『台灣大眾時報』與『新台灣大眾時報』解題〉，收錄於大眾時報社編，《台灣大眾時報週刊・創刊號——第十號》（臺北：南天書局，1995.8），頁3。
〔註149〕垂水千惠著，劉娟譯，《奮鬥的心靈：呂赫若與他的時代》（台北市：國立臺灣大學出版中心，2020.11），頁 143～151。

與警部巡查的追擊，事件最後在「淫奔」、「誘拐」的輿論批判下，〔註150〕由
當事人楊英奇向女方吳進緣的父兄吳上花下跪謝罪，宣告落幕。〔註151〕針對
該事件，圍繞在自由戀愛的議題，展開「保守—改革」：反對自由戀愛與支持
自由戀愛，和「協力—抵抗」：攻擊文化協會以及反御用紳士的勢力，以上兩
種對立軸的攻防，並表現事發女性從屬男性知識份子話語的現象，已有相關研
究，〔註152〕在此不再贅述。實際上，誠如先行研究指出，在彰化戀愛事件的
問題點上，往往支持自由戀愛和反對自由戀愛的兩造雙方各執一詞，呈現各說
各話的現象，難有意見的共識與交集。〔註153〕但值得注意的是，雙方都以批
判色情、性誘惑、情慾的說法，維護自身的立場，共同描繪戀愛清純無瑕的
一面。

　　屬名老生常談的文章便站在文以載道的立場，批判流於淫慾的戀愛，希望
端正社會風氣，指出「戀愛神聖。若過於程度。則變成誨淫。今之女學生。多

〔註150〕〈女二名を誘拐し　一萬四千圓を　捲上げた名家のドラ息子三人〉,《臺灣
　　　　日日新報》第 9265 號第 5 版（1926.2）;〈共謀誘拐婦女〉,《臺灣日日新報》
　　　　第 9267 號第 4 版（1926.2）;〈共謀誘拐續聞〉,《臺灣日日新報》第 9268 號
　　　　第 4 版（1926.2）;〈私奔脫離戶籍〉,《臺灣日日新報》第 9281 號第 4 版
　　　　（1926.3）;〈考察彰化的戀愛問題〉,《臺灣民報》第 96 號（1926.3）,頁 3;
　　　　〈無腔笛〉,《臺灣日日新報》第 9310 號第 4 版（1926.4）;〈彰化街の風紀を
　　　　紊亂し　良俗を破る不良青年　楊街長の三男を排斥する　陳情書を檢察官長
　　　　へ提出　署名者三百餘は何れも同街の有力者〉,《臺灣日日新報》第 9356 號
　　　　第 2 版（1926.5）;〈無腔笛　陳情書（譯文）〉,《臺灣日日新報》第 9356 號第
　　　　4 版（1926.5）;〈彰化街民向法庭陳情　為楊英奇事件〉,《臺灣民報》第 106
　　　　號（1926.5）,頁 5;〈彰化誘拐問題　街民三百餘名憤起　連署陳情檢查之真
　　　　相〉,《臺灣日日新報》第 9370 第 4 版（1926.6）;〈民報日記〉,《臺灣民報》
　　　　第 108 號（1926.6）,頁 15。
〔註151〕〈楊英奇誘拐問題　本十四日中山檢查官在郡衙　令楊吉臣立會飭楊英奇　向
　　　　吳上花叩頭謝罪〉,《臺灣日日新報》第 9411 號第 4 版（1926.7）;〈新案的審
　　　　判法〉,《臺灣民報》第 170 號（1927.8）,頁 4。
〔註152〕參照洪郁如著，吳佩珍、吳亦昕譯,《近代台灣女性史：日治時期新女性的誕
　　　　生》（台北：臺大出版中心，2017.6）,頁 288～307;蔡依伶,〈從解纏足到自
　　　　由戀愛：日治時期傳統文人與知識分子的性別話語〉（台北：國立臺北教育大
　　　　學台灣文學研究所碩士論文，2007）,頁 59～77;吳婉萍,〈殖民地臺灣的戀
　　　　愛論傳入與接受——以《臺灣民報》和新文學為中心——（1920～1937）〉（台
　　　　北：國立政治大學台灣文學研究所碩士論文，2012）,頁 44～59。
〔註153〕徐孟芳,〈「談」情「說」愛的現代化進程：日治時期臺灣「自由戀愛」話語
　　　　形成、轉折及其文化意義以報刊通俗小說為觀察場域〉（台北：國立臺灣大學
　　　　臺灣文學研究所碩士論文，2010）,頁 41～42。

被拐誘。若彰化最近發生現象。皆坐於所讀軟文學。專描寫戀愛。不能載道之弊。」，〔註154〕點名彰化戀愛事件，是由耽溺戀愛陷於淫穢的文學現象所致。〈咄咄一部小兒之暴論〉也認為戀愛若缺乏訓練自制，便會導致「詐偽」、「蹂躪」，甚至造成「淫奔」的現象。〔註155〕對於站在反對自由戀愛立場的人而言，自由戀愛這樣的新觀念，在「自由解放」的向度上，具有引誘淫奔的罪惡面，應極力防堵貽害社會。〔註156〕雖然自始至終未見當事人的意見和發言，但彰化戀愛事件就在輿論下，走向紈褲子弟誘惑不良女性，並馳騁獸慾的印象當中。〔註157〕

　　當然，支持自由戀愛者便提出反駁論點，認為自由戀愛「不外乎兩性的結合、始於互相理解、繼以性交的繼續」〔註158〕，但這起事件的當事人林士乾和楊英奇，並非始於相互理解的基礎，在他們兩人的人格上：「林某的為人、是個紈褲子弟、老早就有定評、而楊某更是一個放蕩子、有妻有妾尚不能滿足、以前用了不正的手段、曾拐騙了有名的總督府女雇員、蹂躪其貞操」〔註159〕，在放蕩、誘拐、姦淫的形象上，兩人的行徑並非文內所定義的自由戀愛，明白說來：「他們的結婚、只是任自己的金錢要滿足性的衝動而已」〔註160〕，支持自由戀愛者，通過戀愛建築在兩人的性格結合，而非性慾的衝動，試圖將性慾切離自由戀愛的範疇，對馳騁肉慾的行徑給予否定的批評，〔註161〕認為這起「淫奔」事件根本不能稱之為「真正的戀愛」。〔註162〕站在自由戀愛立場的玉鵑女士也指出，如果彰化事件的當事人是立基於「尊重對方的人格」之戀愛，那麼無論如何，都會予以支持，但相反的是，整起事件充斥的是「侮蔑女子的人格、和趨向富貴的虛榮心」，是一件「為着肉慾或羨慕着人家的金錢權位而

〔註154〕老生常談，〈對於所謂新詩文者（中）〉，《臺灣日日新報》第 9273 號第 4 版
　　　　（1926.2）。
〔註155〕〈咄咄一部小兒之暴論〉，《臺灣日日新報》第 9278 號第 4 版（1926.3）。
〔註156〕〈耳濡目染〉，《臺灣日日新報》第 9282 號第 4 版（1926.3）。
〔註157〕〈翰墨因緣〉，《臺灣日日新報》第 9282 號第 4 版（1926.3）；〈是是非非〉，
　　　　《臺灣日日新報》第 9284 號第 4 版（1926.3）；〈無腔笛〉，《臺灣日日新報》
　　　　第 9295 號第 4 版（1926.3）。
〔註158〕〈考察彰化的戀愛問題〉，《臺灣民報》第 96 號（1926.3），頁 3。
〔註159〕〈考察彰化的戀愛問題〉，《臺灣民報》第 96 號（1926.3），頁 3。
〔註160〕〈考察彰化的戀愛問題〉，《臺灣民報》第 96 號（1926.3），頁 3。
〔註161〕〈考察彰化的戀愛問題〉，《臺灣民報》第 96 號（1926.3），頁 4。
〔註162〕〈這也是戀愛嗎？〉，《臺灣民報》第 96 號（1926.3），頁 12。

出的行為」。〔註163〕之所以發生這起事件，在於臺灣青年無法自由戀愛，導致青年無法滿足自身的慾念，所以產生淫穢的性慾發洩。〔註164〕因此在這樣的邏輯下，更要支持自由戀愛。

　　反對者則抓緊玉鵑論述當中描述色慾的面向，對尊重彼此人格的論點提出質疑，認為宣揚自由戀愛的情色慾望，豈非危害社會的善良風俗。〔註165〕支持者玉鵑繼續指出，臺灣過去便是壓迫尊重人格的戀愛自由，才會引起情感的悲劇，引發色慾賣淫，所以應該批判的是舊道德。〔註166〕我們可以看到，過往研究在討論彰化戀愛事件時，往往聚焦於新舊道德攻防，或者各自立場上的對立，但經過上述筆者的爬梳，其實論戰的雙方並非毫無交集的唇槍舌戰而已，事實上，兩者無論是基於情慾陷溺批判自由戀愛，或是基於支持自由戀愛批判情慾陷溺，均否定情感帶有淫靡、肉慾和性誘惑的一面，視性慾為不潔之物，提倡不帶色慾的純潔之愛。

　　在此之上，第二層次的性慾批判，則是混融在摩登化的視角當中，1930年代，在日本和臺灣的都市，隨著地區的近代化與資本主義化，摩登女孩和摩登男孩的姿影開始現身。以戀愛結婚為主題的小說，往往通過此種摩登化的現象，書寫小說角色在資本主義現代性的溫床之中，一步步陷入失控的性慾，加速腐化自身的肉體，確立反摩登並批判性慾的視角。

二、摩登化的誕生

　　「摩登」此一詞語具有豐富的意涵，根據陳芳明的說法，在歐洲語境裡，摩登具有理性、進步與科學的意涵，然而隨著西方帝國殖民主義的擴張，「摩登」穿越不同時空抵達第三世界時，也產生了意義的質變，「摩登」一方面可視為進步的意涵，一方面也是「時髦」、「流行」的同義詞。〔註167〕在日治時期臺灣，「摩登」經常能與「現代」、「毛斷」、「文明」等用語相互抽換，且因

〔註163〕玉鵑女士，〈舊思想之弔鐘——彰化「戀愛問題」的回響——〉，《臺灣民報》第102號（1926.4），頁10。
〔註164〕玉鵑女士，〈舊思想之弔鐘——彰化「戀愛問題」的回響——〉，《臺灣民報》第102號（1926.4），頁10～11。
〔註165〕王祖武，〈世紀末語言・又復擡頭起來・一部男女界之變態心理〉，《臺灣日日新報》第9343號第4版（1926.5）。
〔註166〕上海，玉鵑，〈斥臺日紙上王某的愚論〉，《臺灣民報》第111號（1926.6），頁12～13。
〔註167〕陳芳明，《殖民地摩登：現代性與台灣史觀》（台北：麥田，2017.6），頁13。

為台灣身處日本殖民統治之下，殖民性與摩登背後所展現的現代文明幾乎密不可分。另一方面，解析「摩登」具有的流行和時尚意涵，「摩登女孩」與「摩登男孩」的登場，可說是資本主義日漸繁盛下的產物。

　　摩登、流行、時尚，在日本帝國和殖民地台灣自有其生成的背景，在殖民地台灣，或許與經濟成長、都市化、媒體的資本主義化等現象息息相關。

　　1908 年縱貫鐵道全部通車，基隆港整頓完畢，奠定了北台灣交通的基礎建設。同時台北市歷經三次市區改正計畫，道路翻新，鋪設了全體四分之一戶數的下水道、自來水與電力系統，構成北台灣的都市化。農業經濟上，蓬萊米的問世引領農業科學的進步，樟腦事業的提升，也一併支持著日本國內的化妝品工業，象徵著殖民地化學工業的進步。〔註168〕誠如矢內原忠雄所言，台灣透過土地與林野調查、度量衡以及貨幣制度的改正，達到殖民地的資本主義化，以利當時日本帝國的資本進出，建立各種事業勃興的基礎工事。〔註169〕

　　在都市化方面，章英華的研究指出，台灣在日治 1905 年開始，甚至到 1920 年之後，基隆、台北、台中、高雄，因港口和政治中心的移轉，產生地區的都市化現象。〔註170〕蘇碩斌也指出，日治初期，殖民政府透過消滅清代以來模糊統治的階層，以教育建設、保甲局管制、公共衛生、市區貫通、下水道治理等科學技術，奠定空間均質化與可視化的基礎，〔註171〕在土地調查與所有權基礎上，政府通過土地調查，消滅台灣傳統的大租小租，促進土地的私有化，清查隱田，獲取更多稅收，〔註172〕並取得土地權利興築全島的縱貫鐵道，通過鐵道的興築，台灣主要的砂糖、米與煤等產物，可以快速運輸到港口，出口日本，再銷售到全世界。〔註173〕這麼一來，台灣島內在殖民政府的銳意經營下，逐步奠定有計畫的都市近代化與資本主義化。吳聰敏與盧佳慧的研究，也

〔註168〕呂紹理著，《展示臺灣：權力、空間與殖民統治的形象表述》二版（台北市：麥田出版，2011.9），頁 244。
〔註169〕矢內原忠雄，《帝國主義下の臺灣》（東京市：岩波書店，1929.10），頁 42。日治時期台灣通過土地調查、林野調查、貨幣及財務改正、外國資本驅除等手段，達到資本主義化與資本日本化的過程詳見矢內原忠雄，《帝國主義下の臺灣》，頁 15～114。
〔註170〕章英華，〈清末以來臺灣都市體系之變遷〉，收錄於瞿海源、章英華主編，《台灣社會與文化變遷》（臺北：中央研究院民族學研究所，1986.6），頁 251～253。
〔註171〕蘇碩斌，《看不見與看得見的臺北》（臺北市：群學，2010.9），頁 134～184。
〔註172〕竹越與三郎，《台灣統治志》（台北市：南天書局，1997.12），頁 204～214。
〔註173〕蘇碩斌，《看不見與看得見的臺北》（臺北市：群學，2010.9），頁 260～262。

應證了日治初期縱貫鐵路的通車，以及基隆和高雄港口的建設，造就運輸成本
下降，促進台灣的米作產量與生產力上升，都市地區因鐵路基礎建設，提高了
工商業的生產力，在農業與工商業生產力上升的情況下，造就了日治初期的現
代經濟成長。〔註174〕總體而言，這些使得當時的殖民地台灣，無論是交通基
礎建設、都市景觀、農業經濟方面，都有利於資本主義的繁盛，吸引島內外的
資本投資臺灣的商業活動。

　　1920 年代過渡到 1930 年代，同一時期日本東京也歷經了天翻地覆的轉
變，1923 年 9 月，關東地方發生了大地震，東京陷入大火，使得東京一舉覆
滅，也因此導致後續的帝都復興計畫，使得帝都東京一舉成為近代化、摩登化
的都市。〔註175〕這些都市化的過程，間接建立了摩登女孩與摩登男孩的誕生
背景，也使得 1930 年代的婚戀小說開始以此作為題材，揮灑摩登化的表象。

　　摩登化的表象，可說與都市化、資本主義化、消費文化的外在環境息息相
關，資本主義商業活動的興起，促成台灣都市地區百貨店的開業，1932 年台
北市銀座榮町興建了菊元百貨，同年台南市的林百貨正式開業，1938 年的高
雄市，吉井雜貨商店改造為吉井百貨店，百貨店的開張，象徵著都會地區個人
所得與消費力道的上升，為殖民地台灣帶來新生活樣式的變革。〔註176〕這樣
的變革，使台灣人透過百貨店的消費，接觸西洋與日本的流行文化，舉凡吳服、
洋服、和洋雜貨、化妝品等等，尤其通過中介日本獲取洋服的西洋化，壓倒性
地成為女性裝扮自我的摩登化之要點。〔註177〕實際上不只是台灣的百貨店，
如果翻開日治時期的報刊，一般的雜貨店、洋服店，甚至位於東京與大阪的商
店，都透過廣告的刊登，向讀者傳遞化妝品、香水、美容液、肥皂、乳霜、髮
油、皮鞋、洋裝、洋傘、領帶、襯衫等消費訊息，使得這些大大小小的商店，
成為打造摩登化身體的文化裝置。〔註178〕

〔註174〕 吳聰敏、盧佳慧，〈日治初期交通建設的經濟效益〉，收錄於吳聰敏主編，《台
　　　　　灣史論叢・經濟篇・制度與經濟成長》（臺北市：國立臺灣大學出版中心，
　　　　　2020.5），頁 191～221。

〔註175〕 參見越澤明，《後藤新平——大震災と帝都復興》（東京都：筑摩書房，
　　　　　2011.11），頁 200～289。

〔註176〕 林惠玉，〈台湾の百貨店と植民地文化〉，收錄於山本武利、西沢保編，《百貨
　　　　　店の文化史—日本消費革命》（京都市：世界思想社，1999.12），110～111。

〔註177〕 林惠玉，〈台湾の百貨店と植民地文化〉，收錄於山本武利、西沢保編，《百貨
　　　　　店の文化史—日本消費革命》（京都市：世界思想社，1999.12），124～126。

〔註178〕 〈瑞祥雜貨店〉，《臺灣新民報》第 336 號（1930.10），頁 9；〈萬生洋服店〉，
　　　　　《臺灣新民報》第 345 號（1931.1），頁 37；〈振華洋服店〉，《臺灣新民報》

　　日治時期，隨著殖民政府對女子教育的重視，普及女子教育，〔註179〕並因應放足斷髮運動的展開，女性開始走出傳統的家庭，擁有接觸外界的身心條件，1920年代後期，在都市的公共空間更能瞥見女性活動的身影，〔註180〕構造出台灣女性躍身為職業婦女的環境。例如1930年代女車掌此一女性職業，便由臺北州開始擴散，在辛苦的勞動之餘，也成為男性漢詩人創造摩登女性的書寫表象。〔註181〕在女性走入職場的狀況下，女性逐漸獲取裝飾自我的經濟

第345號（1931.1），頁42；〈中山洋服店〉，《臺灣新民報》第353號（1931.2），頁16；〈鄭守勤洋服店〉，《臺灣新民報》第365號（1931.5），頁16；〈日華商店〉，《臺灣新民報》第391號（1931.11），頁1；〈東進洋服店〉，《臺灣新民報》第417號（1932.4），頁6；〈明白美晶クリーム白粉〉，《臺灣新民報》第816號（1933.5），頁1；〈秋の御用意には…阪急の通信販賣を！！〉，《臺灣新民報》第913號（1933.9），頁1；〈ミクニ粉末石鹸〉，《臺灣新民報》第919號（1933.9），頁4；〈美料クリーム白粉〉，《臺灣新民報》第930號（1933.9），頁4；〈双美人牌面粉〉，《臺灣新民報》第933號（1933.9），頁4；〈臺南‧五福百貨店〉，《三六九小報》第2號第1版（1930.9）；〈利鏗洋服店〉，《三六九小報》第7號第1版（1930.9）；〈福利商店〉，《三六九小報》第7號第1版（1930.9）；〈鄭三妹洋服店〉，《三六九小報》第9號第1版（1930.10）；〈山城屋吳服店〉，《台灣日日新報》第10672號第7版（1930.1）；〈源興商店〉，《台灣日日新報》第10674號第2版（1930.1）；〈福振興商店〉，《台灣日日新報》第10674號第2版（1930.1）；〈陳記商店〉，《台灣日日新報》第10674號第2版（1930.1）；〈日夏吳服店〉，《台灣日日新報》第10674號第2版（1930.1）；〈高田洋服店〉，《台灣日日新報》第10677號第2版（1930.1）；〈秋元洋服店〉，《台灣日日新報》第10710號第3版（1930.2）；〈吉井洋服店〉，《台灣日日新報》第10711號第2版（1930.2）；〈松井吳服店〉，《台灣日日新報》第10717號第2版（1930.2）；〈山田洋服店〉，《台灣日日新報》第10718號第2版（1930.2）；〈日進洋傘店〉，《台灣日日新報》第10723號第2版（1930.2）；〈高島屋〉，《台灣日日新報》第10723號第3版（1930.2）；〈中川商店〉，《台灣日日新報》第10749號第2版（1930.3）；〈堀谷洋服店〉，《台灣日日新報》第10749號第2版（1930.3）；〈深川洋服店〉，《台灣日日新報》第10753號第3版（1930.3）；〈ミドリ洋服店〉，《台灣日日新報》第10795號第3版（1930.5）；〈大久保百貨店〉，《台灣日日新報》第10795號第5版（1930.5）；〈聯昌洋服店〉，《台灣日日新報》第10795號第5版（1930.5）；〈藤井吳服店〉，《台灣日日新報》第10933號第2版（1930.9）；〈福田吳服店〉，《台灣日日新報》第11308號第2版（1931.10）。

〔註179〕 Tsurumi E., Patricia. *Japanese Colonial Education in Taiwan, 1895~1945*. Cambridge: Harvard University Press, 1977, pp. 29~30.

〔註180〕 游鑑明，〈日據時期臺灣的職業婦女〉（台北：國立臺灣師範大學歷史研究所博士論文，1995），頁23～24。

〔註181〕 翁聖峰，〈日治時期臺灣「女車掌」文學與文化書寫〉，《文史台灣學報》創刊號（2009.11），頁199～205。

資本。一般而言，打造女孩摩登化的身體，報刊廣告也扮演了重要的角色，廣告具備塑造身體摩登化的訊息，同時也是打造時尚種族化、政治化的利器之一。〔註182〕在日治時期台灣，通常以最大發行量，並具有官方支持的《臺灣日日新報》最具代表性，因為當時新聞紙的發行，需要提出申請並獲得台灣總督的許可。不過即使發行困難，《台灣民報》仍然獲得台灣人的支持，1930年改為《台灣新民報》後，《台灣新民報》朝日刊發行邁進，終於在1932年以日刊的姿態登場。〔註183〕《台灣新民報》轉換為日刊，象徵著新聞媒體逐漸滲透台人的生活，成為台人的公共輿論空間，〔註184〕透過在地色彩的報導、新銳的編輯能力、快速報導的競爭力、價格低廉的優勢，〔註185〕《台灣新民報》成功搶佔台灣的讀者市場，預示讀者大眾的成形。

　　透過《臺灣日日新報》、《台灣新民報》的相片及插畫廣告，印入讀者眼簾的，是齊耳短髮、燙髮或束髮，擦上口紅，身穿洋服、旗袍或和服，腳踏皮鞋或足袋的女性表象。〔註186〕同時代，1934年《臺灣婦人界》的發刊，也創造

〔註182〕Modern Girl Around the World Research Group. "The Modern Girl Around the World Cosmetics Advertising and the Politics of Race and style." *The Modern Girl Around the World: Consumption, Modernity, and Globalization*, edited by The Modern Girl around the World Research Group, Durham: Duke University Press Books, 2008, pp. 28~35.

〔註183〕河原功著，張文薰、林蔚儒、鄒易儒譯，《被擺布的臺灣文學：審查與抵抗的系譜》（台北市：聯經，2017.11），頁268～270。

〔註184〕Ping-Hui, Liao. "Pring Culture and the Emergent Public Sphere in Colonial Taiwan, 1895~1945" *Taiwan under Japanese colonial rule*, edited by Ping-Hui, Liao & Wang, David Der-Wei. *Taiwan Under Japanese Colonial Rule, 1895~1945: History, Culture, Memory*. New York: Columbia University Press, 2006, pp. 91.

〔註185〕李承機，〈一九三〇年代台湾における「読者大衆」の出現──新聞市場の競争化から考える植民地のモダニティ〉，收錄於吳密察、黃英哲、垂水千惠主編，《記憶する台湾・帝国との相剋》（東京都：東京大学出版会，2005.5），頁256～259。

〔註186〕〈赤玉ポートワイン〉，《臺灣新民報》第435號第6版（1932.5）；〈獅子標齒粉〉，《臺灣新民報》第443號第8版（1932.5）；〈牛乳石鹼〉，《臺灣新民報》第452號第3版（1932.5）；〈ニキビに　顔剤ユキワリミン〉，《臺灣新民報》第790號第8版（1933.5）；〈イマツ　蚊取線香〉，《臺灣新民報》第793號第1版（1933.5）；〈潑溂！明朗！健康の三重奏〉，《臺灣新民報》第793號第6版（1933.5）；〈雙美人牌牙膏〉，《臺灣新民報》第794號第4版（1933.5）；〈雙美人牌香皂〉，《臺灣新民報》第801號第3版（1933.5）；〈ウテナ水白粉〉，《臺灣新民報》第801號第7版（1933.5）；〈美味滋養　どりこの〉，《臺灣新民報》第804號第4版（1933.5）；〈中將湯〉，《臺灣新民報》第817號第1版（1933.5）；〈明白美晶クリーム白粉〉，《臺灣新民報》第825號第8

了豐富的摩登女性形象，不僅以身穿和服的女性圖像作為廣告，〔註187〕也為女性介紹時下流行的燙髮、美容與化妝技術，〔註188〕更透過刊物的封面，設計了一系列摩登女郎的紙面，例如1934年7月號，就以頭戴鐘形帽，燙捲髮，擦上口紅，身著洋裝的形象亮相，〔註189〕1935年1月繪製了身穿旗袍的封面，〔註190〕1936年10月以洋裝的圖繪登場。〔註191〕通過這些表象，讀者間接參與了女孩走向摩登化的過程。

　　當然，摩登化的身體不僅逐步滲透日文的讀者，在漢文為主的通俗報刊也能一窺烙印的痕跡。事實上，在1930年代，產生了《三六九小報》，以遊戲筆墨的策略，爭取相異於新文學雜誌與帝國文化侵略，維繫台灣文化主體的通俗漢文生產場域。〔註192〕在情慾的表現上，誠如毛文芳所述，在日治時期花柳業的興起之時，《三六九小報》描摹了青樓煙花的情慾世界，尤其〈花叢小記〉當中的藝姐煙花，透過玉照與作者身歷其境的筆致，創造了讀者的情慾消費。〔註193〕實際上，藝姐往往是引領流行的摩登女性之一，每當上海的新款服飾出現時，最快獲得反應的便是藝姐，接下來，部分女性再間接從藝姐身上學習

版（1933.6）；〈赤十字葡萄酒〉，《臺灣新民報》第843號第6版（1933.6）；〈ラーヂ自轉車再出現す〉，《臺灣新民報》第917號第6版（1933.9）；〈ウテナクリーム〉，《臺灣新民報》第921號第6版（1933.9）；〈ラブニーボンナ〉，《臺灣新民報》第925號第1版（1933.9）；〈明治チヨコレート〉，《臺灣新民報》第943號第6版（1933.10）；〈クラブ美身液〉，《臺灣新民報》第949號第8版（1933.10）；〈クラブ石鹼〉，《臺灣日日新報》第10683號第6版（1930.01）；〈御園の花〉，《臺灣日日新報》第10843號第6版（1930.06）；〈銀座を行くウルトラモガ〉，《臺灣日日新報》第10858號第3版（1930.07）；〈灼光の下に「濶步」する現代女性〉，《臺灣日日新報》第10896號第2版（1930.08）；〈肌顏美顏水〉，《臺灣日日新報》第11117號第3版（1931.03）；〈初夏の新公園〉，《臺灣日日新報》第11149號第7版（1931.04）。
〔註187〕〈阿部衣服店〉，《臺灣婦人界》6月號（1934.06）；〈強力性消毒藥 福福乳劑〉，《臺灣婦人界》6月號（1934.06）；〈養毛劑モデナ〉，《臺灣婦人界》5月號（1935.05）。
〔註188〕鄭麗玲，《阮ê青春夢：日治時期的摩登新女性》（台北市：玉山社，2018.06），頁152。
〔註189〕〈封面〉，《臺灣婦人界》7月號（1934.07）。
〔註190〕〈封面〉，《臺灣婦人界》新年特別號（1934.01）。
〔註191〕〈封面〉，《臺灣婦人界》10月號（1936.10）。
〔註192〕柳書琴，〈通俗作為一種位置：《三六九小報》與1930年代台灣的讀書市場〉，《中外文學》第33卷第7期（2004.12），頁19～55。
〔註193〕毛文芳，〈情慾、瑣屑與詼諧——《三六九小報》的書寫視界〉，《近代史研究所集刊》第46期（2004.12），頁171～180。

流行的服裝樣式。〔註194〕翻開〈花叢小記〉，讀者時常能看到「性慧而靜。耽吟詠。喜修飾。時作時髦粧」，〔註195〕或「居內地數年。故善操國語。歸臺後。頗有時髦女之稱」，〔註196〕或「間有錦華者。斷髮時妝。亭亭玉立。婀娜可愛。」。〔註197〕因此，《三六九小報》不僅抓住了讀者情慾消費的心理，更以女性摩登化的身體表象，創造讀者對於摩登的慾望。

若要說《三六九小報》最具代表性的小說，莫過於人情小說蝶夢痕，小說內描寫世道人情，通過講古人，向讀者娓娓道出羽白與嬌杏、劍青與燕春面對的情感掙扎。〔註198〕除了極力描摹娼門性事之外，更能在閱讀的過程中，發現 1930 年代的風潮，如何影響人們學習時髦的裝扮。誠如小說裡對劍青的描述：「從前以老成練達。勤慎溫良自居。到如今以整容理髮唯一要務。他本瀟洒出塵的少年。又在裝飾上加以考究。真是濁世翩々。」，〔註199〕顯現了 1930 年代的戀愛文本，除了書寫性慾的沉醉，也分享了摩登的轉化。

值得注意的是，摩登化並非僅是商業資本主義發達的一環，更與政治化的視線重合，誠如洪郁如對於時尚政治化的分析，殖民地台灣女性在選擇旗袍與和服時，往往是在選擇服裝背後的政治認同、文化符碼和禮儀傳統，需要留意日本人視線的精神壓力，也使得台灣女性以流行的洋服，試圖超越殖民地的支配結構。〔註200〕儘管洪郁如該篇論文多引用 1940 年代的案例，但其中提示摩登現象背後，所展現的權力運作和政治視線，或許能夠分析 1930 年代婚戀主題論的小說，揭示纏繞在摩登化之上的性慾批判，並提供批判日本化的閱讀視角。

三、批判性慾、反摩登並否定日本化

事實上，摩登化現象並非一開始就與性慾的混亂相關，如果翻開《臺灣新民報》的廣告，無論是圖像或標語，摩登女孩往往呈現的是健康、明朗和活潑

〔註194〕邱旭伶，《台灣藝妲風華》（臺北市：玉山社，1999.04），頁 130。
〔註195〕〈花叢小記〉，《三六九小報》第 16 號（1930.10），頁 4。
〔註196〕〈花叢小記〉，《三六九小報》第 30 號（1930.12），頁 4。
〔註197〕〈花叢小記〉，《三六九小報》第 39 號（1931.01），頁 4。
〔註198〕柯喬文，〈《三六九小報》古典小說研究〉（嘉義：私立南華大學文學研究所碩士論文，2004），頁 140～144。
〔註199〕恂紅生著，〈蝶夢痕·第三回（續二十八）〉，《三六九小報》第 28 號（1930.12），頁 3。
〔註200〕洪郁如著，吳亦昕譯，〈殖民地台灣的「摩登女性」現象與時尚政治化〉，收錄於洪郁如主編，《台灣史論叢·女性篇·性別與權力》（臺北市：國立臺灣大學出版中心，2020.2），頁 154～172。

的形象，展現汲取近代文明的光明面，〔註201〕借用〈明白美晶クリーム白粉〉的話，便是「表現健康美、明豔與光澤」。〔註202〕然而如同日本內地對於摩登女孩的揶揄，在台灣也逐漸產生摩登女孩的質變，例如當時台灣便流行「黑貓」的台灣語，描述此一摩登化現象，對女性的魅惑、輕薄和官能性予以嘲諷。〔註203〕例如1931年發表於台灣新民報的短篇小說〈她！〉，以及1932年發表在三六九小報上的劇本〈戀愛的背景〉，均採用對性慾界線具有破壞力的語意。〔註204〕

在1932年開始，隨著《台灣新民報》在官方和左翼人士的雙重夾擊下，開啟大眾化與摩登化文藝欄的路線，而賴慶作為一位新文學教養下的創作者，便是在此一文藝版圖的變動下，開始挪用大眾化且摩登化的書寫筆法，是《台灣新民報》向右轉進時期的代表性人物。〔註205〕在此一時期，賴慶揮灑摩登化筆法的代表作品，便是在《台灣新民報》上連載的長篇小說〈美人局〉，〈美人局〉敘述台灣留學生林資元，在前往日本的輪船上，巧遇自稱保險會社外交員的中村先生，於是便在招待下認識中村先生的妹妹百合子。林資元初次見到百合子，便被百合子時髦的魅力所迷倒，兩人甚至一同上京。

在上京的過程中，資元不僅神魂顛倒，更與百合子擁抱接吻，分別時留下彼此的住址相互連絡，之後才發現自己的錢包已經遺失。當讀者跟隨著百合子離開資元的身邊時，會逐漸發現這是一場以色詐財的騙局，資元信以為真的戀情，事實上僅是落入摩登女孩的情慾誘惑，掉入情色與金錢共同編織的陷阱。

正如小說題目美人局一般，上當的不僅林資元，還有同鄉的洪明宏，中村

〔註201〕〈潑溂！明朗！健康の三重奏〉，《臺灣新民報》第793號第6版（1933.5）；〈雙美人牌牙膏〉，《臺灣新民報》第794號第4版（1933.5）；〈雙美人牌香皂〉，《臺灣新民報》第801號第3版（1933.5）。

〔註202〕〈明白美晶クリーム白粉〉，《臺灣新民報》第816號第1版（1933.5）。

〔註203〕洪郁如著，吳亦昕譯，〈殖民地台灣的「摩登女性」現象與時尚政治化〉，收錄於洪郁如主編，《台灣史論叢・女性篇・性別與權力》（臺北市：國立臺灣大學出版中心，2020.2），頁151。

〔註204〕夢華，〈她！（三）〉，《臺灣新民報》第373號第10版（1931.07）；夢華，〈她！（四）〉，《臺灣新民報》第374號第10版（1931.07）；蘭谷，〈戀愛的背景（一六）〉，《三六九小報》第232號第3版（1932.11）；蘭谷，〈戀愛的背景（一八）〉，《三六九小報》第234號第3版（1932.11）；蘭谷，〈戀愛的背景（一九）〉，《三六九小報》第235號第3版（1932.11）。

〔註205〕柳書琴，〈《臺灣新民報》向右轉：賴慶與新民報日刊初期摩登化的文藝欄〉，《臺灣文學研究集刊》第12期（2012.08），頁1～39。

先生與百合子以同樣的技術施展在洪明宏身上,使洪明宏沉溺於百合子的手腕,誤以為兩人相互要好,能夠步入結婚的道路,殊不知同樣是桃色陷阱。

小說在林資元與洪明宏爭奪百合子的芳心,並被騙取高額金錢的情節中結束。在小說中,百合子充分表現了性慾與摩登結合的形象,在小說一開始,中村與資元聊天時便有以下描述:「……她是個時髦過激的輕薄的女孩子、很不客氣的跟任何男性都交際得很親熱……」,〔註206〕正描述了以摩登化的身體,恣意縱橫性慾界線的形象。實際上,在資元與百合子接觸的過程中,必不可少的部分,便是描寫男性角色投注的官能性,例如初次見面時「……面龐是紅潤々的、很帶魅力的眼珠是如秋水般澄澈……」,〔註207〕「……不胖不瘦的身段窈窕地、無一不合美人的條件……」,〔註208〕使得資元在內心評論道:「多麼妖豔活潑的呵!莫怪她的哥哥說她是時髦過激的女性。……」,〔註209〕展現資元逐步陷入情慾和摩登結合的幻象之中。

為了騙取這些留學生的金錢,小說中也露骨地描寫情慾縱橫的場面,資元與明宏更徹底陷溺於百合子的魅惑當中。〔註210〕值得注意的是,小說連載不時配有插圖,插圖裡的百合子往往以身著和服或洋裝的姿態現身。和服擁有日本傳統的印記,可追溯至明治時期日本遭遇西方國家的處境,和服正是在日本西化風潮下,返回定義自身的傳統服飾,也就是在模仿西式洋服的近代化之下,區辨出自我的傳統服飾。〔註211〕事實上,在1850年代中期日本遭遇西方後,穿著和服不再只是單純的穿衣動作,而是在西化環境中區辨日本與他者的標誌。〔註212〕如果放到日本殖民統治台灣的脈絡中,誠如洪郁如所言,和服事實上具有兩種機能:一、和服是「日本人」的民族標記;二、和服是「殖民者」的象徵。〔註213〕因此,日治時期和服的現身,從衣裝上具有日本民族的

〔註206〕賴慶,〈美人局〉,《臺灣新民報》第801號第8版(1933.5)。

〔註207〕賴慶,〈美人局〉,《臺灣新民報》第802號第8版(1933.5)。

〔註208〕賴慶,〈美人局〉,《臺灣新民報》第802號第8版(1933.5)。

〔註209〕賴慶,〈美人局〉,《臺灣新民報》第802號第8版(1933.5)。

〔註210〕賴慶,〈美人局〉,《臺灣新民報》第820號第8版(1933.6);賴慶,〈美人局〉,《臺灣新民報》第847號第8版(1933.6)。

〔註211〕泰瑞・五月・米爾霍普著,黃可秀譯,《和服:一部形塑與認同的日本現代史》(新北市:遠足文化,2021.10),頁78~84。

〔註212〕泰瑞・五月・米爾霍普著,黃可秀譯,《和服:一部形塑與認同的日本現代史》(新北市:遠足文化,2021.10),頁184。

〔註213〕洪郁如,〈大和民族的衣裳:近現代東亞場域中和服論述、資本與性別政治〉(來源:https://taiwanlit.org/articles/%e5%a4%a7%e5%92%8c%e6%b0%91%

民族性和日本殖民的政治性。在小說書寫的 1930 年代之背景下，百合子的和服不僅是象徵日本傳統的一種記號，如果仔細觀察，百合子留著一頭西洋化的鮑伯頭，有時甚至換穿洋服，傳達出和洋混搭的時尚標誌。如果這樣的說法可以成立，那麼圍繞在百合子身上的視線，恐怕不只是單純的情慾，更分享了殖民地男性，試圖跨越種族界線，征服摩登化、時尚化的殖民宗主國女性。正如資元初次見到百合子時，映入眼簾的，是那一襲印象深刻的日本裝及其時尚性，〔註214〕殖民地男性角色欲求的摩登女郎及其性吸引力，在於充分達到摩登化與日本化的女性身體。

　　不同於 1920 年代站在啟蒙立場的知識份子，生產富含革新性的戀愛結婚論說，也不同於 1920 年代左翼知識份子，對於結婚之中的經濟問題給予針砭批評，在 1930 年代《台灣新民報》轉進大眾化與摩登化文藝欄路線時，讀者閱讀此一時期的戀愛結婚小說，將獲得情色和摩登相互結合後所展現的負面印記。這種小說的誕生，正展現了 1930 年代新民報向右轉進時，吸納時下流行的色情（エロ）和怪誕（グロ）的文藝創作技巧，〔註215〕1930 年代，日本文壇也正興起以色情和怪誕為主的現代主義流派。〔註216〕因此讀者將能從〈美人局〉男性角色信以為真的「戀愛」敘述中，獲取感官情色的印記。然而正如小說如實揭露情色騙局的真相，言外之意在於批判性慾與反對摩登，不僅如此，更在穿透資元與明宏對日本女性的性吸引力之下，充分表露殖民母國主宰摩登化與性誘惑的種族位階。其實這樣的描寫，正揭露了隱藏在批判性慾、反摩登之下，望向否定日本化的負面視線。

　　不過對當時台人的婚戀小說而言，多數仍著重在批判性慾和反摩登的書寫，1936 年台灣文藝聯盟的機關刊物《台灣文藝》登出廣告，出版了陳垂映的中篇小說單行本《暖流寒流》。〔註217〕

　　　　　e6%97%8f%e7%9a%84%e8%a1%a8%e8%a3%b3-%e8%bf%91%e7%8f%be%
　　　　　e4%bb%a3%e6%9d%b1%e4%ba%9e%e5%a0%b4%e5%9f%9f%e4%b8%ad%
　　　　　e5%92%8c%e6%9c%8d%e8%ab%96%e8%bf%b0-%e8%b3%87%e6%9c%ac%
　　　　　e8%88%87%e6%80%a7%e5%88%a5%e6%94%bf%e6%b2%bb），檢索日期：
　　　　　2023.03.05）。

〔註214〕賴慶，〈美人局〉，《臺灣新民報》第 802 號第 8 版（1933.5）。
〔註215〕柳書琴，〈《臺灣新民報》向右轉：賴慶與新民報日刊初期摩登化的文藝欄〉，
　　　　　《臺灣文學研究集刊》第 12 期（2012.08），頁 13。
〔註216〕大宅壯一，〈一九三〇年の文壇〉，《臺灣日日新報》第 10683 號第 3 版（1930.1）。
〔註217〕〈單行本出版について〉，《臺灣文藝》第三卷第七・八合併號（1936.08），
　　　　　頁 63。

　　以這本台灣文藝聯盟推出的單行本為例，在故事中，主要存在著兩組敘事線，第一組為俊曉、俊曉的妹妹瓊珠和俊曉的友人明秀，如同 1920 年代戀愛論說批判封建傳統的姿態一般，作者同樣描述困擾於媳婦仔制度的明秀，對父母主婚的制度感到厭棄。〔註 218〕而且明秀因為與瓊珠相互戀慕，更無法接受父母之命的婚姻，內心希望戀情是以兩人的意志為基礎。正當明秀打算放棄自身的意志時，好友俊曉更是以說理的方式，主張結婚應以個人的戀愛為基礎，應該從眾多異性中選擇最適合自己的人，此外，崇尚物質與榮譽的戀愛，即是錯誤的戀愛，那是造就戀愛結婚失敗的原因，真正的戀愛絕對不會失敗。〔註 219〕

　　從俊曉「真正的戀愛絕對不會失敗」的主張裡，可以讀出兩則訊息，第一，在當時台灣缺乏認識異性的管道，無法達到真正的自由戀愛；第二，許多戀愛建築在物質與榮譽的魅惑中，間接導致自由戀愛的失敗。除了以抵抗封建傳統與追求自由意志的戀愛為基調之外，第二則訊息也開啟了第二條敘事線，即是碧茹與秋祥的戀愛。

　　事實上，在小說中碧茹與秋祥初次登場時，便描述了秋祥是一位摩登男孩，〔註 220〕在秋祥的勸誘下，碧茹也決定與這名時髦的戀人一塊上京留學。然而兩組留學人馬前往的東京，並不只是知識的發信地，如同小說所描述的，東京充斥著所謂的銀座病患者，徜徉在霓虹燈的光海中，都會也存在著酒色漫溢的罪惡。〔註 221〕不同於俊曉和明秀對知識的鑽研，碧茹和秋祥便陷身於都會消費資本主義的魅惑中，耗費大筆的金錢成為銀座病患者的一員。〔註 222〕在這樣的都會中，充斥著所謂色情（エロ）、怪誕（グロ）和恐怖（テロ）。〔註 223〕因此，不難想見的是，碧茹將會在凝結負面印記的都會中，落入摩登男孩秋祥的情色陷阱。

　　小說中便描寫著秋祥、碧茹與友人在住處舉辦聖誕派對，隨著朋友一個接著一個離去，以及酒酣耳熱之際，秋祥便趁機將住處房門反鎖，熄掉燈光，露骨地侵犯碧茹。之後，碧茹也因秋祥作為自身戀人的關係，逐漸墮入與秋祥之

〔註 218〕陳垂映，《暖流寒流》（臺中市：臺灣文藝聯盟中央書局，1936），頁 2～3。
〔註 219〕陳垂映，《暖流寒流》（臺中市：臺灣文藝聯盟中央書局，1936），頁 18～20。
〔註 220〕陳垂映，《暖流寒流》（臺中市：臺灣文藝聯盟中央書局，1936），頁 24。
〔註 221〕陳垂映，《暖流寒流》（臺中市：臺灣文藝聯盟中央書局，1936），頁 54。
〔註 222〕陳垂映，《暖流寒流》（臺中市：臺灣文藝聯盟中央書局，1936），頁 58～59。
〔註 223〕陳垂映，《暖流寒流》（臺中市：臺灣文藝聯盟中央書局，1936），頁 60。

間的性慾，以作者的話而言，便是日以繼夜地沉醉在肉慾的享樂之中。〔註224〕
然而殊不知最終迎來碧茹的是，秋祥的始亂終棄，因此造就碧茹後續的自殺，
以及俊曉和明秀的救助行動。

　　小說最終因俊曉的救助，協助碧茹解開情色騙局，將人生導回正軌，並在
兩人互有情意的基礎上，安排兩人結婚，迎來光明的結局。值得注意的是，故
事中充分描寫小說人物如何在擬似戀愛的意念下，陷入性慾的欺瞞，傳遞出戀
愛以肉慾為主的恐懼。事實上，這樣的性慾魅惑，正是建立在以物質堆砌起來
的摩登男孩之時尚性，以及都會消費資本主義勾引而出的人性黑暗面。從碧茹
幾乎只能一死了之的局面來看，恰好反映了俊曉在小說開頭所說的，建立在
「物質」上的戀愛，是「失敗的戀愛」，也正是在批判性慾過剩的危機之餘，
一併傳遞反摩登的訊息。

　　1930年代，新民報上也出現了由徐坤泉執筆的通俗連載小說《可愛的仇
人》，《可愛的仇人》這部描寫台人戀愛與婚姻的小說，因頗受讀者好評，在
1936年2月由台灣新民報社以上下二冊出版，根據研究者的調查，《可愛的
仇人》初版後，隨即在3月、4月推出二版、三版，更在1938年8月獲得張
文環的日文翻譯，出版和文版本，在兩年半左右創造了10000部的銷售佳績。
〔註225〕當時徐坤泉和陳水田等人還籌組映畫公司，打算將小說拍攝成電影，
可惜並未實現。〔註226〕小說《可愛的仇人》創造了極高的知名度，還得到張
文環的翻譯，為台灣文壇人士所知，〔註227〕其影響力之大，直到1938年還有
人為《可愛的仇人》製作主題歌曲。〔註228〕若提及1930年代最暢銷與最知名
的戀愛結婚小說，恐怕非《可愛的仇人》莫屬，那麼《可愛的仇人》究竟書寫

〔註224〕陳垂映，《暖流寒流》（臺中市：臺灣文藝聯盟中央書局，1936），頁108～
　　　　109。

〔註225〕柳書琴，〈事變、翻譯、殖民地暢銷小說：《可愛的仇人》日譯及其東亞話語
　　　　變異〉，收錄於王惠珍編，《戰鼓聲中的歌者——龍瑛宗及其同時代東亞作家
　　　　論文集》（新竹市：國立清華大學台灣文學研究所，2011.6），頁278～282。

〔註226〕柳書琴，〈事變、翻譯、殖民地暢銷小說：《可愛的仇人》日譯及其東亞話語
　　　　變異〉，收錄於王惠珍編，《戰鼓聲中的歌者——龍瑛宗及其同時代東亞作家
　　　　論文集》（新竹市：國立清華大學台灣文學研究所，2011.6），頁287。

〔註227〕龍瑛宗，〈「可愛的仇人」〉，《臺灣新民報》（1939），收錄於陳萬益編，《龍瑛
　　　　宗全集〔日本語版〕第四冊・評論集》（台南市：國立臺灣文學館，2008.4），
　　　　頁168；張文環，〈譯者的話〉，《風月報》第66期六月號（1938.6），頁9。

〔註228〕陳百盛作，〈『可愛的仇人』主題歌〉，《風月報》第70期8月號下卷（1938.08），
　　　　頁13。

了怎樣的內容？

　　在徐坤泉《可愛的仇人》裡，書寫著志中與秋琴，雖然彼此相戀，卻因父母之命拆散彼此，無法相愛，最後各自結婚，兩人卻在中年時痛失各自的妻子與丈夫，一位鰥夫、一位寡婦，兩人謹守男女之間的倫理之防，自始至終堅守柏拉圖式的精神之愛，散發純潔之愛的訊息。

　　小說中，志中與秋琴的戀愛結構，上承台人批判父母主婚的文明欲求，描摹封建家庭壓抑個人主體意志的黑暗面，致使父母之命的婚姻模式，間接成為秋琴破敗婚姻的主因之一。誠如先前討論，日治時期台人的情感模式，現實中不少人僅能順從父母之命結婚，家庭對於個人的壓抑仍然具有一定的影響力，個人並不一定具有自主戀愛對象的空間，使得 1920 年代以降的知識份子，紛紛批判傳統婚姻，追求情感自由的文明觀念。以小說的話語而言，志中與秋琴之間無法結合的戀情，正是批判封建家庭的壓抑，表現戀愛自由與婚姻自主的文明意識。〔註 229〕

　　在秋琴因封建家庭的壓抑，導致失敗的戀情後，改嫁建華，然而在 1930 年代以來，戀愛的論述開始分離出色情、肉慾、姦淫的批判，愛情逐漸染上縱情肉慾的負面印記。建華姦淫女性，出入花街柳巷的行徑，正是耽溺過剩性慾的呈現。〔註 230〕透過這名男性角色身染梅毒因而喪生的描寫，表現出愛情縱情肉慾，進而墮落死亡的罪惡訊息。

　　事實上，梅毒在二戰前是最令人恐懼的性病之一，即便 20 世紀初已開發對抗梅毒的化合物，但費用昂貴、副作用極高，且有病症進入休眠，並再度復發的可能性，可說是難以根治的惡疾，直到青黴素發明，並在 1943 年有效應用於梅毒的治療後，人類才得以驅除這樣的惡疾，在此之前，防疫傳染就變成遏止梅毒的有效手段之一，因此無論是在醫學上或文學小說方面，都陸續展開梅毒危害的宣傳。〔註 231〕戰前台灣方面，根據張曉旻的研究指出，當時台灣的性病防疫政策態度，基本上維持著「性病感染源＝娼婦」，透過娼婦身體的治理，維持在台日本男性買春客的健康，唯有因應戰時體制的人力需求，才開

〔註 229〕阿 Q 之弟，《可愛的仇人》（台北市：臺灣新民報社，1936），頁 11。

〔註 230〕阿 Q 之弟，《可愛的仇人》（台北市：臺灣新民報社，1936），頁 1～2。

〔註 231〕クロード・ケテル著，寺田光德譯，《梅毒の歷史》（東京都：藤原書店，1996.9），頁 213～222；荻野篤彥，〈医学的見地からの日本の梅毒今昔〉，收錄於福田真人、鈴木則子編，《日本梅毒史の研究》（京都市：思文閣出版，2005.6），頁 29～32。

始走向全民性病的診治強化。〔註232〕實際上在19世紀的歐洲國家，性病感染源來自於娼婦的想法相當普遍，即便不一定發揮防疫成效，卻往往造成弱勢族裔、中下階層婦女的侵害，因為這群婦女無形間被當作感染的元兇，而並非男性，形成一種社會偏見。〔註233〕透過由上而下的官方視角而言，日治時期女性娼婦被當作性病感染源，被賦予損害在台日人男性健康的社會形象。

然而在徐坤泉的筆下，卻肇因於建華自身縱情性慾的後果，傳達「性病感染＝男性縱欲」的基調，以感染梅毒最終不治身亡的形象，散發陷溺性慾的恐懼、罪惡與死亡氣息。事實上，梅毒造就婚姻陷入恐懼的書寫在1936年相當常見，葉陶的〈愛的結晶〉，也由寶珠小孩身染梅毒，因而變為白癡的描寫，傳達丈夫縱情色慾的批判。〔註234〕由這樣的恐懼與罪惡，形成秋琴生活漸趨困窘的主因之二，使得秋琴必須獨力扶養遺孤，過著悽慘悲哀的苦悶生活。因此，或許可以說，秋琴悲哀生活的境遇，其一來自於女性無力抵抗父母主婚的封建社會，其二扣連著錯誤的婚姻，書寫丈夫縱情肉慾身染梅毒的弊害，反映出作者徐坤泉批判封建社會，外加批判耽溺肉慾的書寫基調，傳遞出戀愛結婚由個人自主，並排除陷溺肉慾的純潔特性。

在《可愛的仇人》裡，其實不時出現金錢引誘、表現色慾的描寫。在秋琴因兒子阿生的病，積欠莊醫生醫藥費的橋段裡，莊醫生便希望以金錢包養秋琴，露骨地要求秋琴滿足自身的性慾，然而卻被秋琴嚴屬拒絕。〔註235〕透過男性耽溺金錢買賣性慾的消費，表現縱情肉慾的角度，在通過秋琴即使貧苦，也不屈從性交易的態度，浮現徐坤泉正面肯定寡婦守節的志向，描摹愛情立足於清純無垢的精神層面。

這樣的描寫不僅體現在秋琴這名寡婦，從志中喪妻之後立志為妻守貞，並在社會男女之防的倫理下，默默援助秋琴，自始至終追懷著對於秋琴的精神之愛，塑造了志中純潔之愛的二義性。

〔註232〕張曉旻，〈日治時期台灣性病防治政策的展開〉，收錄於洪郁如主編，《台灣史論叢·女性篇·性別與權力》（臺北市：國立臺灣大學出版中心，2020.2），頁104～141。
〔註233〕McGough, Laura J. and Handsfield, H. Hunter. "History of Behavioral Interventions in STD Control." *Behavioral Interventions for Prevention and Control of Sexually Transmitted Diseases*, edited by Aral, Sevgi O. and Douglas, John M., Norwell: Springer Science+Business Media, LLC, 2007, pp. 7~9.
〔註234〕葉陶，〈愛の結晶〉，《台灣新文學》第1號（1936.2），頁13～14。
〔註235〕阿Q之弟，《可愛的仇人》（台北市：臺灣新民報社，1936），頁44。

　　徐坤泉這條為妻守貞的線索，可上溯到與謝野晶子在 1916 年發表的〈貞操は道德以上に尊貴である〉，〔註236〕在這篇文章中，晶子提到現今談論貞操問題，不僅是女子的貞操，甚至也要討論男子的貞操。〔註237〕晶子的貞操論抓準精神與肉體二元分立的系統，對固有的貞操觀發出批判，晶子提出，如果貞操是精神性的，那麼無論男女，只要對異性發生感情，便破壞了精神的純真，如果貞操是屬於肉體性的，那麼只需對一人嚴守肉體的界線，但這麼一來，對其他異性的精神之愛便在容許範圍，不免出現了破壞精神純真的矛盾。〔註238〕因此貞操應是戀愛自由的前提下，實現精神與肉體相互一致的狀態。然而在貞操的要求方面，對於男性，無論是婚前婚後，皆不被社會要求守貞道德；相反地，對於女性，一旦婚後，即便與丈夫間失去了愛情的基礎，也會被社會要求維繫與丈夫的愛情，以成為一位保有貞操的妻子。〔註239〕因而造成要求女子守貞，卻不要求男子守貞的矛盾邏輯，從這樣的脈絡來看，妻子為丈夫守貞，丈夫也應該擔負為妻守貞的義務。

　　與謝野晶子的論理鮮明地攻擊到東洋文化的貞操觀，因此很快地得到同時代中國新知識份子的翻譯，周作人 1918 年翻譯與謝野晶子的文章為〈貞操論〉一文，引起胡適發表了〈貞操問題〉，緊接著魯迅也發表了〈我的節烈觀〉。在胡適的〈貞操問題〉，考慮貞操是一種男女對等的態度，並非僅是女性保有的道德，批判古來表彰女性為貞殉節，論述婚姻的基本條件應是愛情的自由，擁有愛情的基礎才得以論及貞操的道德，表現了對晶子論理的肯定態度，這一系列的文論，甚至引發貞操是否應是制約自由戀愛的道德論戰。〔註240〕

〔註236〕雖然李逸濤在 1914 年連載於《台灣日日新報》的〈蠻花記〉，便有對於節烈的思考，但綜觀李逸濤的論說及小說中對人物情感的描寫，仍是傳統漢文化中，規範男女授受不親的節烈觀。雖然李逸濤當時正處新舊文化的過渡時期，不免受新式文明的刺激，但他通過天理循環的觀念，去除節烈強制性的道德成份，將節烈與貞操化為男女相處的自然之道，其實仍是將男女之防、守身如玉的節烈觀念，再度通過天理進行轉化與詮釋，成為新舊文化過渡時期，依違於傳統與文明的道德觀念。

〔註237〕与謝野晶子著，《人及び女として》（東京：天弦堂書房，1916.04），頁 163。

〔註238〕与謝野晶子著，《人及び女として》（東京：天弦堂書房，1916.04），頁 168～171。

〔註239〕与謝野晶子著，《人及び女として》（東京：天弦堂書房，1916.04），頁 173～174。

〔註240〕張競，《近代中国と「恋愛」の発見—西洋の衝撃と日中文学交流》（東京：岩波書店，1995.06），頁 152～159；荒井敬史，〈近代中日兩性觀與戀愛論述：譯介、接收、擴展〉（新北：私立天主教輔仁大學跨文化研究所翻譯學碩

　　因此，即便如小說描述志中處於精神與肉體錯置的狀態（精神屬於秋琴，肉體屬於淑華），但志中點出男性為妻子守貞的態度，表現了在夫妻的倫理底下，嚴守自身道德的清白。另一方面，在對於秋琴的感情上，也僅止於默默援助，並沒有越過男女之防，兩人的情感永遠停留於柏拉圖式的精神之愛，同樣表現了志中堅守精神之愛的清純性。事實上，小說裡頻頻出現露骨的情色描寫，例如志中與友人飲酒，友人請藝妲誘惑志中，可是志中完全不陷入友人設下的桃色陷阱。〔註241〕不同於秋琴的丈夫建華，耽溺於花街柳巷，並身染梅毒而死，在志中方面，完全表現了抵抗性慾魅惑，且維繫清純之愛的描寫。志中與秋琴這一代人的感情線索是如此表現，那麼下一代志中的兒子萍兒，與秋琴的女兒麗茹，兩者之間的戀愛又是如何呢？

　　在小說中，兩人的戀愛也並不如意，如同陳垂映《暖流寒流》設計的東京場景，在《可愛的仇人》中，東京也被描繪成孳生罪惡和色情的地方。小說裡，萍兒和麗茹一道前往東京留學，然而在東京期間，從窗外映入萍兒眼簾的，是一道充滿性吸引力的女性魅影，這樣富有官能性的性吸引力，徐坤泉再通過摩登的裝扮表達出來。小說裡萍兒與女郎君子會面時，是在跳舞廳這樣的都會裝置，萍兒的頭髮以髮油整治的黑金發亮，搭配西洋式的「夜會服」，君子則是齊耳短髮、洋裝裙擺並施以巧妙的化妝，搭配香菸及咖啡茶，十足體現了都會資本主義底下「摩登男孩」與「摩登女孩」的造型。〔註242〕當然雙方在徐坤泉的筆下展開無止盡的肉慾行徑，直至麗茹發現，揚言自殺，才使得萍兒自感行徑墮落，落入情慾的迷障，向上帝懺悔自己不潔的作為。

　　實際上，在都會摩登化的狀態下，戀愛往往呈現的是一場著迷情慾的悲劇，小說主角時常歷經墮落，再重新反省性慾的恐懼。值得注意的是，《可愛的仇人》與〈美人局〉相同，同樣設計了一名充滿官能魅力，並裝扮時髦的日本女性角色，花費大量的筆墨描寫台灣男性青年，如何一步步循著日本女性的摩登魅力，走向縱情肉慾的道路，這樣的書寫，展現了殖民宗主國引領時尚性的進步位階，掌握被殖民者男性的情慾機制。然而正如小說中對於執迷肉慾的戀愛，展開一連串負面的批評，徐坤泉筆下男子著迷的情慾世界，是應該反省懺悔的罪惡，在這樣的罪惡之懺悔中，一貫地表現批判性慾與反摩登的視野，

士論文，2011），頁82～86。

〔註241〕阿Q之弟，《可愛的仇人》（台北市：臺灣新民報社，1936），頁86～92。

〔註242〕阿Q之弟，《可愛的仇人》（台北市：臺灣新民報社，1936），頁265～268。

進一步在族裔的面向否定日本化的印記。

　　事實上，徐坤泉的筆下經常出現維護傳統價值的賢妻良母，以及浪蕩誘人的摩登女性，〔註243〕建立了徐坤泉在傳統價值走向反對封建，以及在反對封建的同時批判新式文明的兩面性格。〔註244〕尤其後者，建立在批判自由戀愛，墮入色慾之道的描寫頻繁出現在小說中。在《可愛的仇人》、《靈肉之道》與《暗礁》的單行本中，雖然《可愛的仇人》在性慾的批判上，顯現否定曖昧含混的日本印記，不過徐坤泉大多數仍是以勾勒執迷情慾的「肉體之道」為主。徐坤泉在《靈肉之道》裡也耗費大量篇幅，書寫失戀的約翰，如何迷上咖啡店的梅子，終日沉溺於都會摩登底下的色慾之中，以露骨的情色場面，書寫約翰的墮落，再以約翰事後的自我反省，傳達了批判情慾與批判摩登的訊息。

　　這樣的書寫，也很快反映在徐坤泉提攜的吳漫沙身上，〔註245〕吳漫沙的《韭菜花》，〔註246〕在〈他已全身溶化在肉的溫柔裡〉便有如下的描述：

> ……這時的 C 街的一座洋房裡、走出一個約有二十二歲的摩登少婦、打扮得如花般的美麗、穿著一件紅緞花的旗袍、外面披上一件黑色的大衣、腳上著一雙入時的高跟鞋、頭髮燙得好像小洋狗的毛一般、花枝招展……〔註247〕

　　在引文中，吳漫沙透過一系列摩登化的裝置，間接烘托出月嬌的性吸引力，接著也透過西裝的服飾，帶出男主角智明的出場。〔註248〕在充分表現時髦的視覺視線下，逐步帶出的是月嬌與智明之間騷動的情慾，兩者毫不猶豫地

〔註243〕林姵吟，《台灣文學中的性別與族裔：從日治到當代》（台北市：國立臺灣大學出版中心，2021.08），頁68～75。

〔註244〕徐意裁，〈現代文明的交混性格——徐坤泉及其小說研究〉（台南：國立成功大學台灣文學研究所碩士論文，2005），頁86～93。

〔註245〕1912 年出生於福建省的吳丙丁，身為中國人，在 1935 年以華僑身分再度移居台灣，於 1936 年首次使用「吳漫沙」的筆名，在《臺灣新民報・副刊》發表短篇小說〈氣仔姑〉，獲得當時新民報主編徐坤泉的欣賞，並致信給吳漫沙鼓勵創作。參見吳漫沙的文學年表，收錄於黃美娥主編，《臺灣現當代作家資料彙編 111 吳漫沙》（臺南市：國立臺灣文學館，2019.12），頁57～58。

〔註246〕雖然《韭菜花》的單行本於 1939 年由臺北臺灣新民報社出版，但實際上在 1937 年 5 月便已經完稿。參見吳漫沙的文學年表，收錄於黃美娥主編，《臺灣現當代作家資料彙編 111 吳漫沙》（臺南市：國立臺灣文學館，2019.12），頁 59～61；在前衛出版社的復刻版也有同樣的描述，參見吳漫沙著，《韭菜花》（台北市：前衛出版社，1998.08），頁 307。

〔註247〕吳漫沙著，《韭菜花》（台北市：前衛出版社，1998.08），頁 02。

〔註248〕吳漫沙著，《韭菜花》（台北市：前衛出版社，1998.08），頁 05。

領略性的趣味。〔註249〕在這段描寫中，實際上表現的，便是1930年代以來長篇戀愛小說裡，恣意誇示的摩登化與情色化，一併表現出吳漫沙運用的身體消費之寫作技巧。〔註250〕然而，智明因為恣意的性行為而染病後，便宛如犯罪般痛恨自身的墮落，加上端美對智明行為的指正，使智明悔悟自身執迷肉慾的罪惡，通過懺悔的制度，智明為批判性慾與反摩登做了最佳的告白。事實上小說裡複線描寫了多位青年男女的戀愛故事，但是這些青年男女往往陷入詐財騙色的陷阱（例如誘騙愛蓮的朱楚才），進而反省自身和社會的不良，通過這樣的書寫，傳遞了戀愛勢必建立在精神為主的清純面向。

當然，這些憑藉情色書寫愛情的筆法，不乏以男性中心的視角去建構負面、悲情的女性形象，在小說中，女性經常是色情的受害者，諸如《可愛的仇人》裡受莊醫生騷擾的秋琴、《暖流寒流》裡受摩登男孩秋祥誘騙的碧茹、《韭菜花》中墮入朱楚才情色陷阱的愛蓮；女性也常常被建構為色情的加害者，例如〈美人局〉裡以色騙財的百合子、《可愛的仇人》中引誘萍兒的君子、《靈肉之道》裡使約翰陷溺的梅子、《韭菜花》中誘惑智明的月嬌，從中流露出男性作者給定女性角色的負面印記，最終回返到男性宰制的性別關係。即便1934年有張深切的妹妹張碧淵書寫的〈羅曼史〉，〔註251〕以女性的姿態，掌握戀愛的話語權，〔註252〕書寫三名女性脫離男性宰制的性別關係。〔註253〕然而借用女性角色書寫情色，再以情色渲染戀愛，在1930年代台灣文壇大肆氾濫的情況下，女性主導情慾關係的小說畢竟屬於少數，男性主宰情慾批判並反對摩登，再走向否定日本化的書寫，仍是1930年代流行的戀愛結婚話語。

小結

在該章節中，筆者不僅是單方面追索「戀愛」的起源，事實上是將作者與

〔註249〕吳漫沙著，《韭菜花》（台北市：前衛出版社，1998.08），頁09。

〔註250〕黃美娥，〈從「日常生活」到「興亞聖戰」吳漫沙通俗小說的身體消費、地誌書寫與東亞想像〉，收錄於黃美娥主編，《臺灣現當代作家資料彙編 111 吳漫沙》（臺南市：國立臺灣文學館，2019.12），頁239。

〔註251〕根據呂明純的調查，推測張碧淵應為張深切的妹妹，參見呂明純，《徘徊於私語與秩序之間：日據時期台灣新文學女性創作研究》（臺北市：臺灣學生，2007.10），頁181～183。

〔註252〕張碧淵，〈ローマンス〉，《台灣文藝》第1號（1934.11），頁82。

〔註253〕呂明純，《徘徊於私語與秩序之間：日據時期台灣新文學女性創作研究》（臺北市：臺灣學生，2007.10），頁194～195。

文本放在對應的歷史背景下，思考其婚戀文本展現的時代性與性別位置，探討
這些作者書寫的脈絡及立場。

在 1910 年代的文本中，點出戀愛並非總是自由主義定義下，切斷父母之
命媒妁之言的決裂姿態，首先「自由戀愛」的「文明話語」在當時並不存在，
在台灣傳統社會，男女的情感安置在遵循父母之命與媒人作媒的情感秩序之
中，也就是現代化敘事以前的禮法與人倫。在這樣的時代脈絡下，1910 年代
的小說文本，並非僵化地服膺男女之間的禮法，而是設計小說人物在超越禮法
的主動性中，重新回返禮法所要求的人倫秩序。例如 1905 年南瀛雪漁的〈陣
中奇緣〉，描述了熊大猛與鐵花之間偶然跨越禮法的情緣，但來到故事尾聲，
男女情緣仍需由親人主婚，消解偶然相遇的不安定性。又如逸濤散士的〈恨
海〉，設計了男女角色以詐死的方式，成功超越父母之命的婚姻，但這樣以詐
偽的方式所展現的主動性，又恰好完全不背離父母之命的倫理原則。此時的台
人作家，正是游移在新式的情感自主，與舊式的婚姻倫理之間。

1920 至 1932 年之間，以《臺灣青年》、《臺灣》、《臺灣民報》為主的系列
刊物陸續發行，受西方思潮影響，台灣知識份子紛紛以追求文明的志向，發表
以男女意志為基礎的戀愛結婚論述。這樣的志向主要通過否定傳統婚姻，讚揚
「自由戀愛」的情感結構，作為其論述核心，「傳統」與「文明」之間開始產
生對抗的矛盾與張力。在這樣的環境中，1922 年發表〈她將往何處去？（煩
惱的年輕姊妹）〉的追風，便描摹了一場反省傳統婚姻以至理解文明戀愛的悲
喜劇，在在體現決裂於父母之命媒妁之言的激進性，體現重層的文明化意向之
中，走向情感開化與社會改革的先鋒姿態。

值得注意的是，《臺灣民報》發刊以來，台灣知識份子多挪用進化論的視
角，解釋近代理想的戀愛型態。例如車夫的〈戀愛的進化觀〉，便是區分了過
去之戀愛＝肉慾、現在之戀愛＝形式與外表、將來之戀愛＝精神性的契合。尤
其進化觀之中，又以靈肉合一的戀愛為東亞的知識份子所傾倒，這樣的想法主
張近代的戀愛觀，是以靈魂不背叛肉體，肉體不背叛靈魂的靈肉合一之愛，表
現情感進化、維新是尚的文明論述。

在文明化的論述上，知識份子也曾以一夫一妻的訴求，企望改革傳統三妻
四妾的慣習。這樣的理論系譜，主張人類從混雜的婚姻型態，開始識別近親並
淘汰血親，逐步轉化為專偶制的一夫一妻。解釋了人類社會的歷史變化，從野
蠻的混雜婚，進化至一夫一妻的文明結婚。這種專偶制作為文明結婚的想法，

也通過書籍的流通與閱讀，逐步滲透台灣，例如龍瑛宗〈植有木瓜樹的小鎮〉，小說中林杏南的長子便提及自己閱讀相關的書籍，葉榮鐘和吳新榮也曾在自己的日記中，提及購讀相關書籍的事情。

在 1920 年代以來，台灣的知識份子，也紛紛在《臺灣青年》和《臺灣民報》，論述一場又一場，從混雜性交，進化至一夫一妻的情感歷史，藉以批判當時臺灣社會中蓄妾與多妻的狀況，表達情感現代化的啟蒙立場。在左翼思想開始滲透臺灣之後，此一思想又歷經了變革，雖然如同前述，知識份子往往說明人類的婚姻，是從混雜性交，逐步轉化，變成文明時代的一夫一妻制度，然而在左翼知識份子的目光中，一夫一妻存在著男性壓迫女性的私有財產制度，最終唯有發動共產革命，才能解決性別之間存在的經濟差距。換句話說，不同於前期民族改良與社會啟蒙的知識份子，左翼知識份子更將焦點放在一夫一妻裡的經濟差距問題，聲稱唯有透過共產革命，才能達到真正的平等結婚。

但在 1920 年代，無論是啟蒙性的知識份子，又或是左翼視野的知識份子，不同於 1910 年代知識份子的猶疑姿態，他們論述的共通點都在於調動文明論和進化論，與臺灣傳統的婚俗制度訣別，創造「傳統」與「文明」之間的矛盾邏輯，並對此闡揚自身的進步立場，企盼以個人意志為主體，達到平等的兩性婚姻。

在進入 1930 年代之後，臺灣關於戀愛結婚的議題，開始針對其中的性慾問題，展開一連串的批判。主要圍繞在自由戀愛與固有倫理的道德攻防，以及環繞在摩登化現象的負面批評，兩者都傳達了性慾的否定，期盼愛情的清純特性。

第一者的攻防主要體現在彰化戀愛事件上，事實上，此一事件自始至終沒有當事人的意見與發言，而是在輿論的批評上展開戀愛思想的論戰，整理這些論戰言論，我們可以發現，無論是基於情慾陷溺批判自由戀愛，或是基於支持自由戀愛批判情慾陷溺，均否定情感帶有性慾的成分，提倡不帶色慾的純潔之愛。

第二者圍繞在摩登化的現象發出批判之聲，隨著經濟成長、都市化與媒體的資本主義化，日本與台灣的都會地區，開始出現摩登女孩和摩登男孩的身影，通過廣告或雜誌的紙面，讀者均能參與建構摩登化的身體表象。雖然摩登一開始並非與性行為的混亂掛勾，但隨著媒體傳播，摩登開始出現對性慾界線產生破壞力的語意。1930 年代大量出現的大眾通俗小說，藉由摩登與性慾結

合，書寫了色情與金錢交織的墮落世界，甚至在族裔的面向上，建構了主宰男性情慾的日本女性角色，傳達了台灣男性角色，意欲征服殖民宗主國摩登女性的姿態。然而，隨著情色騙局的揭露，角色對於執迷情慾的懺悔，實際上表現了批判性慾、反摩登並否定日本化的視野。不過這些流行於 1930 年代的大眾通俗小說，憑藉情色書寫戀情的筆法，往往將女性建構為情色的受害者，也將女性建構為情色的加害者，流露出男性中心宰制的性別關係。

第三章　報國的戀愛結婚敘述

1931年九一八事件爆發，1937年發生史上的蘆溝橋事變，加劇了日本對華的侵略，隨著1941年日本對美國與英國開戰，太平洋戰爭爆發，大東亞共榮的實像與虛像也飄揚在台灣的上空。1937年後戰爭急遽影響台灣文壇，有關戀愛、結婚、戰爭與國策之間究竟存在著怎樣的關係？究竟是婚戀小說如實反映國策的影響？又或是戀愛與結婚走出國家至上的敘述？本章便是試圖解明這些問題。

第一節　從戀愛到報國的精神飛越

一、戰時體制的成立

台灣在1936年以後逐步邁入戰時體制，1936年，由日本海軍大將小林躋造擔任台灣總督，結束了前期台灣的文官總督時代。〔註1〕小林躋造上任後，打出了「皇民化、工業化、南進國策」的統治方針，具體而言，皇民化企盼同化台灣人成為皇國臣民，打破台人陋習，要求參拜神社，並在澎派的戰爭中，動員台灣青年參與軍夫，或擔任對華戰爭的通譯員，在生活樣式及軍事徵招上，培養台灣人成為皇國人民；在南進化上，因台灣與南支南洋一衣帶水的地緣特性，希望打造台灣成為進出南方的開拓資源。〔註2〕這些政策，現實上是

〔註1〕參見頁大藏省印刷局編，《官報》（出版地不詳：日本マイクロ写真，1936.09），頁69；黃昭堂著，黃英哲譯，《台灣總督府》（台北市：前衛出版社，2002.05），頁165～166。

〔註2〕臺灣總督府情報部，《時局下‧臺灣の現在と其將來》（出版地不詳：臺灣總督

　　為了應對 1931 年九一八事變後，日本逐步增強的對華戰爭，以及日後對於南洋地區的侵略行動，企望整編台灣納入戰時體制，將台灣放入八紘一宇、東亞新秩序的構想當中。

　　同時日本也為了戰爭，企圖增強人心動員，培養盡忠報國的精神，發動國民精神總動員。〔註3〕在《國民精神總動員指導者必携》中提到，國家組織方面，設置國民精神總動員中央聯盟，活動上，希望昂揚國民精神、宣揚敬神崇祖的風氣、發揮銃後後援的機能、在後方勤勞生產、協力國家財政等等。〔註4〕在台灣新竹州也設置民風作興委員會、設置國防會議、製作各種印刷品振興精神動員。〔註5〕在第一次世界大戰後，戰爭的形式改變，戰爭不只是武力戰，更是投注一國的政治、經濟、文化的總力戰，因此對於國家而言，更需要確立全體國民的精神團結。〔註6〕在國民精神總動員中，最主要的企圖是培養人民忠誠奉公的心，要求奉獻國家的國民精神，貫徹以天皇歸一的國民使命，企圖以此和協一心，發揚日本精神，將此日本精神照耀到全世界的人民。〔註7〕具體而言，日本在 1931 年九一八事變以後，開始陸續加強對華的戰爭，到 1937 年盧溝橋的槍響，所導致的中日軍事衝突，更加擴大了中日戰爭的範圍，使得日本帝國不得不開始思考國內以及殖民地的人民動員，在傾一國之力的總力戰思維下，加強思想與精神的鍛鍊，企圖將人民的精神連結到奉公國家的思考，上達日本天皇的奉仕。

　　同一時間，在台灣本島，因應 1937 年 7 月盧溝橋事變導致的中日戰爭，政府當局希望加強情報蒐集和宣傳，成立臨時情報部，推進台灣成為南進基地的踏板，強化精神動員的持久性，對台的內台融合策略，企望達成國民堅忍不拔的精神，培養盡忠報國的指導教化。〔註8〕這樣的措施，事實上也是因應日

　　　　府情報部，1940.09），頁 7～15。

〔註3〕国民精神総動員中央聯盟編，《国民精神総動員中央聯盟声明書》（東京：國民精神總動員中央聯盟，1937.10），頁 1～2。

〔註4〕国民精神総動員中央聯盟編，《国民精神総動員指導者必携》（東京：國民精神總動員中央聯盟，1938.10），頁 18～19。

〔註5〕臺灣總督府國民精神總動員本部，《舉島一致國民精神總動員に向つて》（台北市：臺灣總督府國民精神總動員本部，1937.12），頁 27。

〔註6〕由井正臣，《軍部と民衆統合——日清戦争から満州事変期まで》（東京都：岩波書店，2009.03），頁 155。

〔註7〕參見山本英輔著，《愈々国家総力戦》（東京市：帝國軍事協會，1938.09），頁 29～33。

〔註8〕臺灣總督府，《（昭和十二年）臺灣總督府事務成績提要・第四十三編》（出版

本國內昂揚的國民精神總動員，透過殖民地設立指導單位，以情報的蒐集和宣傳，企圖加強台人與日人之間的融合，並振奮台人對於國家精神的意識，達到台人報國的精神鍊成，以報國作為具體的精神涵養方針。

1940年，日本第二次近衛內閣成立，〔註9〕推動新體制運動，具體而言，在地域政治上企望打造日滿支，囊擴南洋的東亞新秩序，文化上，希望以日本民族為指導原則，統合地方文化，追索古來至今連綿不斷的日本精神，也就是天皇歸一、八紘一宇的歷史精神。〔註10〕同時，新體制的方針，在於建立高度國防國家、建設亞細亞、確立世界新秩序、徹底達到扶翼皇運的國民教化，為達到國民統合，更成立翼贊會，網羅有力階層的國民，達到政治、經濟、文化的一元化，形成舉國一體的扶翼皇運組織。〔註11〕這些政策，因應日本在東亞逐漸擴大的戰爭，確立戰爭變革導致的東亞秩序變革，號召舉國一致奉獻國家的人民資源，以至於加強塑造東亞一體的想像，企圖整併東亞地區的政治、經濟、文化，形成以日本為盟主的一元化共同體，應對逐漸增強的總力戰。

因應新體制所打造的大政翼贊運動，具體而言是一場全民運動，是一個秉持萬民翼贊、一億一心、職分奉公的國民組織，目標在於達成全國民的臣道實踐。〔註12〕然而，不同於1937年事變後極度壓抑台灣文化的政治方針，大政翼贊運動可謂活用文化政治效果的策略，將文化視為高度國防國家的一環，其

地不詳：臺灣總督府，1942.01），頁172～189。

〔註 9〕 指稱的是因應歐戰情勢變化，日本米內內閣倒台，由近衛文麿在新體制浪潮中所組織的內閣，參見〈三 第二次近衛內閣の成立〉，收錄於報知新聞社政治部主編，《新体制とはどんなことか：翼贊運動下の国民生活,三国同盟と日本の前途》（東京：內外書房，1940.10），頁83～87。

〔註10〕 由井正臣編，《資料・日本現代史6》（東京都：大月書店，1981.07），頁93～100；八紘一宇為實踐國家、君主的道義，以天下作為一體的屋宇，體會日本皇祖皇宗的大訓，參見〈詔書〉，收錄於報知新聞社政治部主編，《新体制とはどんなことか：翼贊運動下の国民生活,三国同盟と日本の前途》（東京：內外書房，1940.10）；在近衛內閣的〈基本國策要綱〉中，皇國的國策方針是以天下八紘為一體的屋宇，建立在此基礎上，創造肇國的大精神，確立世界平和，以皇國為核心根幹，建造日滿支的大東亞新秩序，參見〈基本國策要綱（昭和十五年八月一日閣議決定）〉，收錄於企画院研究会主編，《国防国家の綱領》（東京：新紀元社，1941.11），頁18。

〔註11〕 由井正臣編，《資料・日本現代史6》（東京都：大月書店，1981.07），頁116～117。

〔註12〕 大澤貞吉，《皇民奉公運動早わかり 皇民奉公叢書・第二輯》（臺北市：皇民奉公會宣傳部，1941.07），頁9～10。

彈性的文化方針，使殖民地文學得到復興與活絡的空間。〔註13〕這樣的文化政策顯然是一體兩面的，一方面利用高度國防國家的政策，使位屬地方位階的殖民地文學，得以獲得振興的機會；另一方面，其負面效應，在於國家的權力得以進一步主宰文學的生產。

　　1940 年大政翼贊會成立後，1941 年台灣也成立了皇民奉公會，下轄州廳支部、部落會和奉公班，響應日本帝國的政策局勢，以台灣版的大政翼贊運動，也就是皇民奉公運動，豎立帝國南進的實踐，建立高度國防國家的體制。〔註14〕皇民奉公會囊括了軍、官、民三個階層，更成立「奉公壯年團」、「產業奉公團」、「挺身奉公團」等別動隊，以此動員殖民地人民參與聖戰，1943 年皇民奉公會成立台灣文學奉公會，召開「台灣決戰文學會議」，揭示「決戰文學體制」。〔註15〕因此，從 1940 年開始，日本中央成立大政翼贊會，響應國防國家的運動，豎立全國人民臣道實踐的指導方針，一步步擴展延伸，至 1941 年殖民地台灣成立皇民奉公會，串聯各地人民階層，實踐皇民化運動並呼應所謂的東亞聖戰。不同於 1937 年以來國家政策壓抑文化運動的指導方針，官方在強力活用並指導文化的政治效用下，促使文學成為報國運動的其中一環。

　　事實上，大政翼贊運動的作用，也能從當時的作家評論中看到國家主導文化，使台灣文壇獲得政策性復甦的現象。例如當時的日人作家西川滿，在〈新體制的外地文化〉首先提到以高度國防國家為目標，確立大政翼贊的臣道實踐，實在無比榮耀，在世界局勢的變動下，想到致力於日本文化，便感到民族精神在血液沸騰。〔註16〕在國策性的話語之後，緊接著談到新任文化部長岸田國士，以及副部長上泉秀信的活躍，使得文化活動得到復甦，西川指出：「……

〔註13〕柳書琴，〈戰爭與文壇——日據末期臺灣的文學活動（1937.7～1945.8）〉（台北：國立臺灣大學歷史學研究所碩士論文，1994），頁 58～62。
〔註14〕大澤貞吉，《皇民奉公運動早わかり 皇民奉公叢書・第二輯》（臺北市：皇民奉公會宣傳部，1941.07），頁 10～11；鷲巢敦哉，《臺灣保甲皇民化讀本》（臺北市：臺灣警察協會，1941.06），頁 385～392。
〔註15〕黃英哲，〈戰時期台湾における動員と宣伝〉，收錄於藤井省三、黃英哲、垂水千惠編，《台湾の「大東亜戦争」・文学・メディア・文化》（東京：東京大學出版會，2002.12），頁 58～59。
〔註16〕西川滿，〈新體制下の外地文化〉，《臺灣時報》258（1940.12），頁 112。中譯引自西川滿著，林巾力譯，〈新體制下的外地文化〉，收錄於黃英哲主編，《日治時期臺灣文藝評論集（雜誌篇）・第三冊》（台南：國家臺灣文學館籌備處，2006.10），頁 47。

文化動輒被棄之如敝屣，於今終於獲致正確的對待。」〔註17〕接著更列舉了滿洲文話會的活耀景象，談到滿洲國關於美術館的建設、戶外劇場的策劃、藝術村的設置、同仁雜誌的發行等等。以上的說法若可以成立，那麼正指出在中央的大正翼贊方針下，雖然是強力實行國防國家的政治策略，但囊括文藝活動，將文化放入國防的一環，活用文化作為政治的手段，促使相對於內地的外地文化得到相當程度的振興。

在《文藝台灣》的〈新體制與文化〉一文裡，黃得時也提到「……在這種情況之下要注意的是，成為其文化最重要的是在空間上不能是追從中央的……」〔註18〕實際上作為外地的地方文化甦生，正是大政翼贊運動帶給殖民地文學的復興契機，觸發帝國統合的新體制底下，台灣在地的本土文化再生。〔註19〕因此，臺灣在地文化的特殊性被加以重塑，再次登上日本建設東亞體制的視野之一，黃得時在 1941 年之所以強調「……臺灣應該有臺灣獨特的生活或社會的。把這活用在文化上，才是我們所背負的尊貴使命。」〔註20〕應該與日本帝國擴張，確立東亞新秩序，矯正日本中央中心主義，連帶指導地方文化的現象相關。

黃得時在 1941 年《臺灣文學》的〈臺灣文壇建設論〉一文中，也再次提到，大東亞共榮圈與高度國防國家體制為現行最大的課題，在過去文化被視為奢侈品與裝飾品，如今在非常時期，文化是不可或缺的要件。〔註21〕接下來黃

〔註17〕西川滿，〈新體制下の外地文化〉，《臺灣時報》258（1940.12），頁 112。中譯引自西川滿著，林巾力譯，〈新體制下的外地文化〉，收錄於黃英哲主編，《日治時期臺灣文藝評論集（雜誌篇）‧第三冊》（台南：國家臺灣文學館籌備處，2006.10），頁 47。

〔註18〕黃得時，〈新體制と文化〉，《文藝臺灣》第 2 卷第 1 號（1941.03），頁 107。中譯引自黃得時著，葉蓁蓁譯，〈新體制與文化〉，收錄於黃英哲主編，《日治時期臺灣文藝評論集（雜誌篇）‧第三冊》（台南：國家臺灣文學館籌備處，2006.10），頁 71。

〔註19〕石婉舜、柳書琴和許佩賢編，《帝國裡的「地方文化」：皇民化時期的臺灣文化狀況》（台北市：播種者出版，2008.12），頁 7～9。

〔註20〕黃得時，〈新體制と文化〉，《文藝臺灣》第 2 卷第 1 號（1941.03），頁 107。中譯引自黃得時著，葉蓁蓁譯，〈新體制與文化〉，收錄於黃英哲主編，《日治時期臺灣文藝評論集（雜誌篇）‧第三冊》（台南：國家臺灣文學館籌備處，2006.10），頁 71。

〔註21〕黃得時，〈臺灣文壇建設論〉，《臺灣文學》第 1 卷第 2 號（1941.09），頁 2。中譯引自黃得時著，葉蓁蓁譯，〈臺灣文壇建設論〉，收錄於黃英哲主編，《日治時期臺灣文藝評論集（雜誌篇）‧第三冊》（台南：國家臺灣文學館籌備處，

得時更提到，如今文化的構成，不是中央集權，而是地方分散，「所謂文化的地方分散，換句話說就是地方文化的確立」，〔註22〕在黃得時不附庸中央文壇，極力推動鄉土特有文化的思維下，亟欲復興本土文壇的建立。他認為：「我們想要提倡將臺灣文壇的新建設，作為地方文化之一環的」，〔註23〕顯而易見的，黃得時正是利用大政翼贊運動，活用文化政治效用的出口，置入地方文化建立的思考，確立戰時體制下臺灣文化蘇生的契機，使得台灣文壇再次獲得建設的機會。

通過國家政策、國家組織、1940年代文化人士的論述，理解1937年以來戰時體制的確立。從中可以明確地看出，不同於1930年代的台灣文壇，邁入1937年以前，臺灣婚戀小說的特性，在於反映現實社會中逐步邁向都市化、資本主義化、摩登化的現象，並在這些現象的思考之延長線上，書寫性慾、摩登與族裔的批判。然而在1937年中日戰爭爆發後，上至國家下至文壇，發生了天翻地覆的轉變，形成國家至上、皇道歸一、響應大東亞共榮圈，並以政治介入文化生產，活用文化政治效用的時代。在這一連串的過程中，因此產生了王昶雄的〈淡水河的漣漪〉、龍瑛宗的〈午前的懸崖〉和張文環的〈頓悟〉等，將戀愛、結婚與報國志願相互結合的小說，而其中的報國志願又與軍夫和志願兵制度相關，以下將回顧1937年以後臺人應徵軍夫，以及成為志願兵的歷史概況。

二、從軍夫到志願兵

為充分活用殖民地人民的資源，其中一種做法便是驅使人民前往戰場，通過成為戰場的一員，以達成皇民鍊成，並完成報效皇國的政治策略。然而自1873年大日本憲法與修訂的徵兵令，以及1927年日本施行的兵役法以來，雖然確立了日本全民皆兵的條文，但當時位屬殖民地的台灣，並不適用

2006.10），頁162。

〔註22〕黃得時，〈臺灣文壇建設論〉，《臺灣文學》第1卷第2號（1941.09），頁2。中譯引自黃得時著，葉蓁蓁譯，〈臺灣文壇建設論〉，收錄於黃英哲主編，《日治時期臺灣文藝評論集（雜誌篇）‧第三冊》（台南：國家臺灣文學館籌備處，2006.10），頁162。

〔註23〕黃得時，〈臺灣文壇建設論〉，《臺灣文學》第1卷第2號（1941.09），頁3。中譯引自黃得時著，葉蓁蓁譯，〈臺灣文壇建設論〉，收錄於黃英哲主編，《日治時期臺灣文藝評論集（雜誌篇）‧第三冊》（台南：國家臺灣文學館籌備處，2006.10），頁163。

兵役義務。〔註 24〕可說是因應昭和十五年戰爭，軍部和總督府才開始思索殖民地人力的動員問題。〔註 25〕1937 年台灣軍的極密文件，便說明了台灣軍動員台灣人，促使台灣人成為軍夫的動向。〔註 26〕因為中日戰爭的問題，日軍在上海戰線的擴大，當時為了上海的戰事，派遣重藤支隊的軍夫，來搬運軍需用品，以及派遣白襷隊的軍夫，在第一線搬運彈藥。〔註 27〕在動員上，主要以臺灣本島人作為軍夫、農業義勇團、軍通譯的身分協力戰爭，尤其在廣東地區擁有高比例的軍事通譯人員。〔註 28〕雖然軍夫在日軍的體制當中，位於軍屬的最底層，地位可能直到徵兵制時才有所改變，但其薪資比正規兵種高出許多，或許是台灣軍考量到，經濟條件將左右動員的效力吧。〔註 29〕實際上，根據台人日本兵的口述回憶，也有提到經濟要件作為吸引台人嚮往從軍的誘因之一。〔註 30〕

事變以來，日本帝國為促進殖民地人民的戰爭動員，透過軍夫，讓台灣人前往戰場的第一線，根據皇民化運動的相關報導，據傳響應相當熱烈，甚至還有提出血書者。〔註 31〕儘管根據台灣軍的調查狀況，徵招軍夫的軍隊賦役，實際上造成負面的恐慌，這些恐慌性的言論被官方定位為「惡質流言」，然而在官方的聲明下，往往宣稱是比預想的待遇更加良好，並體現皇軍的忠烈

〔註24〕 近藤正己撰，許佩賢譯，〈對異民族的軍事動員與皇民化政策——以臺灣軍夫為中心〉《臺灣文獻季刊》第 46 卷 2 期（1995.06），頁 189；近藤正己著，林詩庭譯，《總力戰與臺灣——日本殖民地的崩潰（上）》（臺北市：國立臺灣大學出版中心，2014.09），頁 15～18。

〔註25〕 近藤正己撰，许佩賢譯，〈對異民族的軍事動員與皇民化政策——以臺灣軍夫為中心〉《臺灣文獻季刊》第 46 卷 2 期（1995.06），頁 189。

〔註26〕 春山明哲編，《十五年戰爭極秘資料集·第十九集·台湾島內情報·本島人の動向》（東京：不二出版，1990.02），頁 131。

〔註27〕 近藤正己撰，許佩賢譯，〈對異民族的軍事動員與皇民化政策——以臺灣軍夫為中心〉《臺灣文獻季刊》第 46 卷 2 期（1995.06），頁 196；竹內清，《事變と臺灣人》（臺北市：台灣新民報社，1939.12），頁 24～25。

〔註28〕 臺灣總督官房情報課，《時局資料·第二種十一號》（出版地不詳：臺灣總督官房情報課，1943.12），頁 78。

〔註29〕 近藤正己著，林詩庭譯，《總力戰與臺灣——日本殖民地的崩潰（上）》（臺北市：國立臺灣大學出版中心，2014.09），頁 350～351。

〔註30〕 受訪者蘇火，訪者鄭麗玲，〈蘇火——西新幾內亞〉，收錄於鄭麗玲採訪撰述，《臺灣人日本兵的戰爭經驗》（臺北縣：臺北縣立文化中心，1995.07），頁 174。

〔註31〕 江間常吉，《臺灣駐在內地記者協會·皇民化運動》（出版地不詳：臺灣駐在內地記者協會，1939.06），頁 191。

武勇。〔註32〕實際上，在初期爭傭的制度開始實行時，的確造成了恐慌，造成部分地區的規避及抗議行動，然而從戰場前線的信件報導，及不輸日本人的民族意識之宣傳，開始釀造了從軍志願的氣氛。〔註33〕在官方極力的宣輔動作下，可以想見徵招軍夫的負面效應逐漸轉為志願的熱情。況且，宣傳的手段不僅止於平面媒體，也包括廣播的聲音媒介，逐步侵占台灣人的接收網絡，甚至將鄧雨賢的知名歌曲《雨夜花》改編為《譽れの軍夫》，以及將另一首知名歌謠《月夜愁》改編為《軍夫の妻》，得以想見國家對於軍夫徵招的宣傳，無所不在地滲透台灣人的生活。其實在這樣的時局影響下，無論戰爭的殘酷與否，臺人或多或少都會受到官方大力鼓吹的報國精神所影響吧。在江間常吉的形容下，通過國民精神總動員的宣傳，擔任軍夫前往戰場，並一死報國的舉動，在地區間會形成出迎歡送、提燈祝意的行列。此一場面顯現了報國奉公的英勇壯烈，在國家強烈的頌揚下，一方面展現了國家思想統合的效用，以江間常吉的話來說，便是以肉體奉獻國家的台灣產大和魂，〔註34〕一方面也體現戰時體制的殘酷面向。

在國策的強烈宣傳下，台人之中便有書寫陳情書，申請軍夫的人民，例如新竹州的李炳南便以身為日本男兒的理由，申請前往戰場的第一線，為皇軍奮鬥；〔註35〕新竹郡石光青年團的團員劉錦河，也在從軍的浪潮中，申請軍夫志願。〔註36〕在報國意志甚囂塵上的氛圍下，無論後世的價值評判為何，在文獻中，均能感受到當時的歷史環境，如何將身體與精神激昂地奉獻給日本帝國的聖戰。翻開官方的文獻，其中記載了公館庄的曾銅亮君，在與友人邱君的妹妹對話時，邱君的妹妹拿出白木棉，切割自己的中指，畫上象徵日本的「日の丸」圖形，祝賀曾君未來出征順利，曾君便在此一血書的至誠感動下，振作自己身為皇國青年的精神，申請加入軍夫的號召。〔註37〕這樣以血書感

〔註32〕 春山明哲編，《十五年戰爭極秘資料集・第十九集・台灣島內情報・本島人の動向》（東京：不二出版，1990.02），頁140。

〔註33〕 近藤正己著，林詩庭譯，《總力戰與臺灣──日本殖民地的崩潰（上）》（臺北市：國立臺灣大學出版中心，2014.09），頁351～354。

〔註34〕 江間常吉，《臺灣駐在內地記者協會・皇民化運動》（出版地不詳：臺灣駐在內地記者協會，1939.06），頁207～210。

〔註35〕 國民精神總動員新竹州支部，《時局美談集・第二輯》（出版地不詳：國民精神總動員新竹州支部，1939.03），頁18～20。

〔註36〕 國民精神總動員新竹州支部，《時局美談集・第二輯》（出版地不詳：國民精神總動員新竹州支部，1939.03），頁20～22。

〔註37〕 國民精神總動員新竹州支部，《時局美談集・第二輯》（出版地不詳：國民精神

動他人，促使他人發憤報國的故事，雖不免有誇大的成份，但無論真實性與否，它確實傳遞了一則訊息，那便是以台人的「血」書寫日本的精神，也就是日之丸的國家象徵。此時，彼此的精神血液交融合一，使台人的血獲得成為日人的精神，再將身體奉獻給萬世一系的皇國，感受身為天皇赤子的恩澤，投入喧囂的東亞戰場。如果這樣的說法可以成立，其實這段敘說在在體現了國策宣傳和國家意識，如何無所不在地介入人民的身體，並且伸向人民的精神意志之中。

　　然而，1937 年以來，即便台灣人以血書響應軍夫的號召，展現赤誠奉公的心，相對於朝鮮於 1938 年實施志願兵制度，台灣卻一直未具體落實志願兵的措施，在 1941 年 5 月左右，政府仍在磋商階段。〔註38〕事實上 1938 年 3 月臺灣總督府的府報，便有刊載陸軍特別志願兵的勅令，提到年齡十七以上的帝國臣民，通過身體檢查，便符合陸軍兵役志願。〔註39〕然而根據 1940 年 2 月陸軍省令第五號，以及 1941 年 3 月陸軍特別志願兵改令的措施，政府當局仍處在修改志願兵制度的過程當中。〔註40〕直到 1941 年 6 月臺灣軍與總督府共同發表聲明，明年將會實施志願兵制度。〔註41〕1942 年內閣總理大臣近衛文麿，因台灣軍事熱潮的事由，發布台灣志願兵指令案，〔註42〕2 月由臺灣總督長谷川清，宣布為培養皇國精神、擔負國防大任，將在本年度 4 月 1 日實施志願兵制度。〔註43〕伴隨著志願兵制度實施，政府也展開一系列的宣傳。因應軍部的參與，導致台灣以總督府文教局社會課為中心的教化型皇民化政策，轉向灌輸身體的鍊成型皇民化。〔註44〕宣傳分為前期與後期，前期主要為綜合宣傳，讓台灣人知曉志願兵的運動，後期則採廣泛滲透措施，在諸如學校、役場、

　　　　　總動員新竹州支部，1939.03），頁 24～26。
〔註38〕〈第三十二課・志願兵制度施行に就て〉，《語苑》第 34 卷第 7 期（1941.07），頁 43～49；〈本島時事日誌〉，《臺灣警察時報》第 308 號（1941.07）。
〔註39〕〈朕陸軍特別志願兵令ヲ裁可シ茲ニ之ヲ公布セシム〉，《府報》第 3221 號（1938.03），頁 13。
〔註40〕〈陸軍省令第五號〉，《府報》第 3819 號（1940.02），頁 110；〈朕陸軍特別志願兵令中改正ノ件ヲ裁可シ茲ニ之ヲ公布セシム〉，《府報》第 4164 號（1941.04），頁 110。
〔註41〕〈本島時事日誌〉，《臺灣警察時報》第 309 號（1941.08）。
〔註42〕《台湾ニ志願兵制ヲ施行ノ件ヲ定ム》（1941.06）。
〔註43〕〈諭告第二號〉，《府報》號外（1942.02）。
〔註44〕近藤正己著，林詩庭譯，《總力戰與臺灣——日本殖民地的崩潰（上）》（臺北市：國立臺灣大學出版中心，2014.09），頁 52～53。

派出所和皇民奉公會等機構宣傳。〔註45〕宣傳的範圍擴及新聞、廣播、雜誌、
手冊、海報、電影、演劇和紙芝居等等，幾乎無所不包，目的在於將志願的思
想，強力滲透到島民的生活之中。〔註46〕例如台灣文學史上，便有1941年周
金波撰寫的〈志願兵〉小說，可見志願兵思想的滲透之深。

為增加志願的人數，也通過地方組織的指導，促成集體志願的現象。實際
上在志願兵制度實施以前，便有勤行報國青年隊、報國挺身隊與魁挺身隊等等
組織，在軍隊的規律之下，實行皇民鍊成。〔註47〕換句話說，在台灣實行志願
兵制度以前，便在各地以軍事規律的方式集體組織臺灣人民。這樣的集體志願
方式，實際引起了相當的志願兵熱潮，透過青年團、學校、警察、官廳以及皇
民奉公會等組織，將志願熱潮普及於各地域社會，因此造就男性成為志願兵、
女性成為特志護士的現象。〔註48〕例如彰化的吳申安先生，便是由原彰化防衛
團，接到志願兵通知單，成為陸軍特別志願兵。〔註49〕根據新聞報導，在1941
年底左右開始出現志願兵的消息後，便引起本島島民的踴躍支持，與軍夫相同
的是，仍有積極以血書志願的人民。〔註50〕值得注意的是，根據周婉窈的研究
指出，此時因為尚未詳訂志願兵徵募辦法，因此無論是一般申請或是血書報
國，均是象徵性的志願，目的很可能是激發民眾擔任志願兵的熱潮。〔註51〕這
樣以血書從軍的熱潮，事實上在1997年台籍日本兵的座談會中，也有耆老提
到相關的回憶。〔註52〕

繼1942年實施陸軍特別志願兵制度，因應日本海軍員額不足的因素，在
1943年實施海軍特別志願兵制度。〔註53〕同時也製作《臺灣海軍特別志願兵

〔註45〕《陸軍特別志願兵志願者募集ニ関スル與論指導要綱並ニ宣傳實施要綱ニ関
スル件》（1942-01-19～1942-01-20）。
〔註46〕《陸軍特別志願兵志願者募集ニ関スル與論指導要綱並ニ宣傳實施要綱ニ関
スル件》（1942-01-19～1942-01-20）。
〔註47〕〈本島志願兵制度實施について〉，《臺灣時報》（1941.08），頁103。
〔註48〕近藤正己撰，許佩賢譯，〈對異民族的軍事動員與皇民化政策——以臺灣軍夫
為中心〉《臺灣文獻季刊》第46卷2期（1995.06），頁，209～211。
〔註49〕蔡慧玉編，吳玲青整理，《走過兩個時代的人——台籍日本兵》（台北市：中央
研究院台灣史研究所籌備處，1997.11），頁29～31。
〔註50〕〈大東亞戰爭と志願兵の實施〉，《臺灣時報》（1942.01），頁128～129。
〔註51〕周婉窈，《海行兮的年代——日本殖民統治末期臺灣史論集》（臺北市：允晨文
化出版，2003.02），頁109～110。
〔註52〕周婉窈主編，《台籍日本兵座談會記錄并相關資料》（台北市：中央研究院台灣
史研究所籌備處，1997.01），頁62。
〔註53〕《海軍特別志願兵制度実施等ニ伴フ增員ニ関スル件ヲ定ム》（1943.07）；近

準備讀本》，由皇民奉公會展開宣傳。〔註54〕在 1945 年開始，台灣也即將實施徵兵制。〔註55〕發布後更有情報局總裁、長谷川臺灣總督、安藤臺灣軍司令官、山線高雄警備府司令長官、藤岡臺灣軍報道部長、伊藤臺北在勤海軍武官等人，談及因應內臺一體的理念，將內地與臺人放在一視同仁的基準上，實施貫徹皇國理想的徵兵制度，使臺人的精神肉體，完全化合為日人報國的精神肉體。

三、飛越到報國的志向

　　誠如上述，隨著 1937 年中日戰爭爆發，因應日本對於時局的強化，也連帶地將台灣收編至戰時體制當中。國家總動員法的確立，代表戰爭加劇後對人民資源的提攜。1941 年成立的皇民奉公會，也在日本大政翼贊的國策下，宣揚皇民精神的滲透，體悟至高無上的國體，淬鍊新體制下赤誠的國民之心。一系列強化國防國家的政策底下，日本為確立大東亞戰爭的戰況，緊接著徵招台灣人成為軍夫，其後更樹立了志願兵及徵兵制度，以殖民地的人力資源，支援日本對外的侵略戰爭。

　　這一連串的變化，首先體現戀愛與時局關係的小說，便是 1939 年於《台灣新民報》新銳中篇創作集登場的〈淡水河的漣漪〉。王昶雄這篇新銳中篇小說，並非一開始就表現國策介入的色彩，而是花費大量的篇幅，描寫自由戀愛和封建家庭發生矛盾的敘述。小說主要描寫著以划船為業的主角阿川，戀慕女主角明珠的純情故事。在這個故事裡，雖然阿川與明珠於學生時期便默默相戀，然而阿川因為家境的關係，無法繼續升學，只能以擺渡為業，支援家中的經濟。相較之下，明珠的家庭較為富有，甚至能將明珠送至台南有名的家政學校，因此兩人之間便帶有身分階級的差距。

　　不僅如此，兩人之間其實還橫亙著累世的家族仇恨，使得這場戀情注定是一場苦戀。事實上，兩者的父親也為彼此安排了各自的婚姻，但在這樣的狀況

　　　　藤正己著，林詩庭譯，《總力戰與臺灣——日本殖民地的崩潰（上）》（臺北市：國立臺灣大學出版中心，2014.09），頁 53～54。

〔註54〕東都書籍株式會社編輯部，《臺灣海軍特別志願兵準備讀本》（臺北市：東都書籍株式會社臺北支店，1943.07）；大澤貞吉，《海軍志願兵の栞》（臺北市：皇民奉公會中央本部，1943.06）。

〔註55〕長谷川臺灣總督談，〈徵兵制施行準備の發表に當りて〉，收錄於臺灣總督官房情報課，《〔臺灣總督府情報課〕時局資料・第二種十一號》（出版地不詳：臺灣總督官房情報課，1943.12），頁 5～7。

底下，小說徹底描繪了阿川與明珠，建立在彼此個性契合的基礎上，所成立的自由戀愛。通過阿川的視角，因為擁有了這份戀情，所以不願接受父親以家中養女素英作為對象，所安排的婚姻。這樣的描寫，實際上是延續了 1920 年代以來，以新式的自由戀愛否定舊式父母之命的文明化構圖。具體而言，讀者能在阿川反叛父親老溫的婚姻安排底下，感受到自由戀愛與封建家庭的矛盾姿態。

如果以明珠的視角，讀者也能感受到這樣的衝突與矛盾。小說中，明珠的父親子安，也為明珠安排了一場符合自身階級的相親。在抱有對阿川的戀情之下，明珠試圖反抗父母之命的婚姻，表達自己深愛阿川的事實。從衝突的描寫下，仍表現了自由戀愛的文明化，批判以政略婚姻為主的封建家庭。

然而在王昶雄筆下，這份自由戀愛的抗爭，最後以失敗收場，明珠後來嫁與富人彭家的兒子文淇。在小說的轉折中，作者描述了阿川的父親老溫，與明珠的父親子安，在風暴中雙雙死去的復仇戲碼，連帶地也使文淇的父親君甫喪生。因為是在結婚的日子喪生，所以彭家的婆婆認為明珠是招來不幸的象徵，所以極盡所能地虐待媳婦明珠，甚至導致文淇與明珠離婚。通過不幸的婚姻，間接傳達了相對於自由戀愛的文明，父母安排的策略婚姻所帶有的黑暗面，透過這個負面書寫，仍在在批判傳統婚姻，並讚揚自由戀愛的光明面。

但是小說耗費大量篇幅，描寫了自由戀愛與封建傳統的矛盾對立後，卻在最後留下了微妙的結尾。故事裡阿川回想這場戀情，並接受父親生前安排的婚姻，在想像自己婚姻的未來中，阿川迎來了七七事變，在戰爭訊息甚囂塵上的時局下，阿川的熱血決定奉獻給國家，決定申請軍夫的志願，出動報效國家。

事實上在最後的段落，阿川的意志帶有飛躍性的轉變，阿川徹底反省了過往的戀情，在文明戀愛與封建家庭相互對立的構圖上加以嘲諷，取而代之的是報國的意志，從今以後阿川便走在報效國家的道路之上。在這樣的精神飛躍中，其實明顯地看出苦戀的愛情走向父親安排的婚姻，再轉向從軍報國的邏輯，這樣的邏輯正展現了 1937 年以來日本加劇對華的侵略戰爭。戰爭動員的國家論述介入婚戀小說的情感縫隙，小說角色因此想像了 1920 年代以來戀愛結婚的文明化構圖，並突然將這樣的情感構圖全部抹去，飛躍性地嫁接到從軍的志願，進而上達盡忠報國的精神。

這樣的想法很可能來自戰爭局勢的影響，日本企圖動員殖民地人民應徵軍夫，並報效國家的思想徹底反映在〈淡水河的漣漪〉的結尾中。實際上，王昶雄深受文藝報國的影響，在其執筆完畢的獨白中也清晰可見，王昶雄談到在

渡船中，自己看完了三冊單行本《街》、《麥與士兵》和《亞蘭島》，最後趕著寫完了〈淡水河的漣漪〉。〔註56〕在三冊單行本中，《麥與士兵》為著名的國策文學、報國文學，是火野葦平參與南方徵用作家，順應國策創作的「士兵三部曲」，其主旨在於歌頌皇軍的勝利以及宣傳聖戰的思想。〔註57〕因此不難想見，在國策文學的主導下，王昶雄會在整篇小說的結尾，刻意安排男主角響應號召、報效國家的情節。王昶雄的寫作，正是反映了當時國家權力，伸手觸碰到人民有關戀愛結婚的情感，反映了軍夫徵招的強力宣傳。

　　類似的小說還有龍瑛宗寫於 1941 年 7 月，在《臺灣時報》上發表的〈午前的懸崖〉。〈午前的懸崖〉故事始於敘述者我，看向眾人圍觀的死屍，那對死屍是一名殉情的男女，殉情的具體原因並不清楚，但從現場眾人的嘲笑怒罵，以及敘述者我的臆測下，男女殉情的原因應與台灣的習俗相關。至於是什麼樣的習俗，敘述者我並沒有清楚說明，但卻顯示男女與台灣習俗以死對決的抗拒姿態。接著小說將視線帶到本作的主角張石濤。透過與敘事者我的視線對位結合，其實已經悄悄暗示讀者，張石濤將與這樣的「對立姿態＝殉情死亡」相互連結。〔註58〕

　　接下來敘述者我談到，根據旁人的說法，那名男女應該是情人，但是女方的雙親反對，便向男方索取高額的聘金，在男方無法負荷的金額底下，造就了悲戀的結局。張石濤便提到，那應是對陳腐因襲的抗議，因為台灣社會仍舊累積著沉重的因襲。最後兩人共同歸結出，年輕人對抗社會的因襲，幾乎是無用的，面對因襲的觀念，看不見能夠解決的方案。〔註59〕從這邊的推論可以得知，龍瑛宗操作的概念，仍是 1920 年代以降，站在文明化的立場，闡釋自由戀愛對抗陳腐的父母之命，而這樣的矛盾性結構，宛如閉塞、沉重的壓力般，壓抑著台灣的青年，造就那對男女戀人只能以死對抗。甚至這樣的對抗，不僅無法給予警示，還引起周遭人們的嘲笑。在這裡，龍瑛宗帶出了文明化視線底下，所能觀看的台灣封建環境。

〔註56〕王昶雄，黃玉燕譯，〈獨白〈淡水河的漣漪〉執筆完畢〉，收錄於許俊雅編，《王昶雄全集・第一冊・小說卷》（臺北縣：臺北縣政府文化局，2002.10），頁 109～110。

〔註57〕李文卿，《共榮的想像：帝國・殖民地與大東亞文學圈（1937～1945）》（臺北縣：稻鄉出版社，2010.6），頁 69。

〔註58〕龍瑛宗，〈創作・午前の崖〉，《臺灣時報》（1941.07），頁 138。

〔註59〕龍瑛宗，〈創作・午前の崖〉，《臺灣時報》（1941.07），頁 139～140。

　　在介紹了張石濤作為醫科學生，卻耽讀文學書籍的描寫以後，事隔多日的某個晚上，張石濤來找敘事者我借宿。借宿的原因在於，張石濤的父親希望與一名手腕極好的商人林煌，共同出資從事生意，並且父親看上對方高額的陪嫁錢，打算犧牲張石濤，與對方達成金錢上的政略式婚姻，使得張石濤逃家。〔註60〕更有甚者，張石濤其實心有所屬，張石濤實際上喜歡妹妹的朋友，因為時常來拜訪張石濤的妹妹，所以就此相識，是個溫順善良的人。然而父親對這名朋友相當冷淡，使得妹妹的友人漸漸不來造訪張石濤的家。〔註61〕根據前述，張石濤的父親既然是以金錢，作為婚姻結合的基石，希望犧牲張石濤獲取高額的陪嫁錢，那麼不難想見父親看不上妹妹那名家道中落的朋友，更不可能同意張石濤與這名朋友之間的感情。在這裡，顯而易見的是，「張石濤與朋友 vs 張石濤父親的政略婚姻」這樣的矛盾性結構。也就是說，從看見一對男女屍體的視線開始，直到張石濤說明自身的婚姻困擾，一直都書寫著以個人意志為基礎的戀愛，對抗父母之命的舊習。事實上，這樣的情感思考邏輯，正是 1920 年代以來，追求文明化情感結構的想法。

　　正如張石濤、妹妹與我等人在登山之行中，所思考的時代命題一般：「……古老時代的舊習正鑲嵌在新時代之中。這是世間的常態，而且這正是我們的悲劇……」，〔註62〕他們正身處在「……對於個人而言無以為力……」〔註63〕的新舊過渡時代，為了克服舊時代的觀念，需要新時代青年的奮鬥，換句話說，新時代的青年需要克服舊習桎梏的悲劇。顯而易見的，這正是站在文明的位置，批判台灣傳統的話語。正如張石濤的母親反對張石濤與其意中人的婚姻，母親透過占卜得知，女生方面因為耳朵較短，完全是短命的象徵，此處作者批判母親陷入了台灣傳統的迷信，也再次顯示了作者，勾畫自身文明的立場，力抗傳統迷信的構圖。

　　然而在小說中，張石濤的父親使用了小手段撕裂這場戀情，在張石濤遠赴東京留學時，請張石濤的妹妹寫信給女方，聲稱張石濤近來因心境變化，所以接受了婚約。在張石濤方面，也寫了類似的信件，對張石濤謊稱女方近來也有了婚約。這麼一來，張石濤為女方保持始終如一的真心，宛如受到欺瞞一般，

〔註60〕龍瑛宗，〈創作・午前の崖〉，《臺灣時報》（1941.07），頁 148。
〔註61〕龍瑛宗，〈創作・午前の崖〉，《臺灣時報》（1941.07），頁 149。
〔註62〕龍瑛宗，〈創作・午前の崖〉，《臺灣時報》（1941.07），頁 155。
〔註63〕龍瑛宗，〈創作・午前の崖〉，《臺灣時報》（1941.07），頁 155。

遭到了背叛。因此張石濤最後留下尋死的信件給妹妹，也間接向讀者宣告這場對抗父母之命的抗爭，最終僅能如小說開頭的男女一般，以死作為了結，留下悲哀的餘韻。

在這場被撕裂的苦戀之宣告後，原本小說迎來了悲傷的結局，然而敍事者我，突然收到張石濤的信件，恰恰引發情節的逆轉。在信中張石濤提到，自己被女孩背叛的事情，覺得世界剩下的僅有幻滅、無情、憤怒、苦痛，並接著寫到：

> ……我喝了很多酒，然後乘上夜車。隔天早上，我來到長野縣名叫上諏訪的孤寂村落。我的口袋中偷偷帶著結束生命的東西。但是，在那車站，我看到令人動容的場面。是士兵的出征。一邊激烈地揮舞小旗，目送出征的人們的熱誠，還有對死抱以覺悟的士兵的感激場面。突然間我回顧自己。那正是兵士帶著尊貴且崇高的使命跨越生死之境。可是我，居然為一名女性尋死。那是多麼愚蠢的行徑。我感到難以言喻的羞恥，陷入強烈的自我嫌惡。我幡然醒悟了，我多麼愚蠢。而且還是名學生，不正是遺忘那女性的時候嗎？是啊，學生是不得不用功的。我活著，努力用功，我對我的心強烈發誓。對於家人和你的擔心真的感到十分慚愧。你也對我邁向嶄新的人生感到愉快吧。請你向我家人說明我的心境好嗎？……〔註64〕

張石濤原先的苦戀，進而尋死的悲傷結局，在此刻突然得到飛躍性的翻轉，而那個翻轉的契機，正是日本軍隊向外擴張的圖景。在這番圖景中，苦澀、死亡、凋零的情緒，忽然間獲得了正面、積極、光明的人生觀，促使張石濤獲得活下去的希望，並帶著此一希望發憤圖強。

宛如王昶雄〈淡水河的漣漪〉裡，阿川回想自己曾經的苦戀，龍瑛宗的〈午前的懸崖〉，也恰恰在小說結尾處，鋪陳張石濤難以自拔的悲戀餘韻。但在七七事變以後，在國家至高無上的報國敍述面前，一切的悲戀與矛盾都顯得微不足道，小說人物往往在國家的號召下，獲得積極正向的人生觀，他們能將悲傷的苦戀敍述，透過明亮的報國志向取而代之，正呼應了1937年以來日本帝國向外擴張之際，小說裡戀愛、結婚與報國相互接合的時代性。這樣的時代性，與戰時體制成立、國民精神動員、軍夫和志願兵號召的國策宣傳緊密相關，顯示在當時的氛圍下，婚戀小說協力日本國策的壓力。

〔註64〕龍瑛宗，〈創作・午前の崖〉，《臺灣時報》（1941.07），頁155。

　　不過話雖如此，並不代表龍瑛宗此時的婚戀小說，僅僅只有服膺國策壓力之作，1941 年 7 月發表〈午前的懸崖〉的時間點，正值龍瑛宗 1941 年 4 月至 1942 年 1 月被調任至臺灣銀行花蓮分行的時期。〔註65〕研究者王惠珍指出，此一時期，龍瑛宗創作了有關幸福價值系列的小說。〔註66〕或許可以這麼說，在日本帝國強硬置入報國敘述的壓力下，龍瑛宗的小說創作具有「服膺國策／超越國策」的兩面性，關於凸顯幸福價值的婚戀小說，細緻的文本分析與討論容後再述，在此提早說明的，是龍瑛宗同時具備走出國策之外的面向，為當時戰時體制無法全盤收編的一環。

　　然而隨著日本對外戰爭加劇，時局也越發緊縮，因應時局和國策的強化，龍瑛宗仍於 1945 年 2 月，在《新大眾》第六卷第二號發表了〈結婚綺談〉這篇婚戀小說。新大眾的前身為 1940 年 3 月創刊的《台灣藝術》，其大眾化的取向與不斷成長的發行量，成為當時 1940 年代知名的綜合性雜誌。後來隨著戰況的持續惡化，《台灣藝術》不得不抹消具有台灣民族意識的「台灣」兩字，更為了配合時局色彩，將雜誌改題為《新大眾》。〔註67〕至於在高度時局色彩的發刊環境下，龍瑛宗的〈結婚綺談〉又書寫了什麼樣的內容呢？

　　小說中描寫著阿福爺與兒子春雄，兩人獨自經營雜貨店維生，然而事實上這個家庭原先不是兩人的獨自生活，而是四人組成的家庭。之所以會剩下阿福爺與春雄兩人，是因為新竹、臺中兩州的大地震，使得春雄母親不幸身亡，當時年僅七歲的妹妹，自地震之後便行方不明。隨著時間的流逝，春雄逐漸成長，在旁人的建議下，向阿福爺提到家中只有男性，萬事料理都不甚方便，阿福爺也認為自己年事已高，隨時都有可能逝去，在臨死前，希望見到兒子迎娶媳婦，也希望在生前能見到自己的孫子。因此由鄰村的阿春婆向春雄家介紹，春雄偷看過女方的身影後，認為婚姻就照父親的意思，就此搓合了兩方的婚姻相親。然而在正式相親前，阿福爺做了一場惡夢，正如這場惡夢的預言，在相親時果真遇見了負面的結果，阿福爺見到女方後，發現女方右耳下方的黑痣，正如自己失散多年的女兒特徵，經過阿春婆與女方養母的確認後，女方果真是阿福爺

〔註65〕王惠珍，《戰鼓聲中的殖民地書寫——作家龍瑛宗的文學軌跡》（臺北市：國立臺灣大學出版中心，2014.06），頁 180。

〔註66〕王惠珍，《戰鼓聲中的殖民地書寫——作家龍瑛宗的文學軌跡》（臺北市：國立臺灣大學出版中心，2014.06），頁 201。

〔註67〕參閱河原功著，張文薰、林蔚儒和鄒易儒譯，《被攤佈的台灣文學：審查與抵抗的系譜》（新北市：聯經出版，2017.11），頁 313～342。

當年震災時失散的女兒，也正是春雄的妹妹，因為這樣的特殊奇緣，所以這場相親便就此取消。

　　雖然乍看之下，小說的核心骨幹是「相親對象是失散多年已久的女兒和妹妹」，這樣的奇緣設定，但不可看漏的，是流貫在小說角色身上的時局色彩，也就是國家強力逼近的身體鍊成。不同於龍瑛宗〈午前的懸崖〉，張石濤與張石濤妹妹的朋友，是建立在兩人的情感基礎，作為自由戀愛並約定婚約的理想。春雄被設定為事變後志願軍夫，跨越大海，進出大陸，轉戰曠野，具有雄渾精神的少年，之後，更活用戰地體驗，在會社工作之餘，擔任青年團幹部，談論戰地事情。〔註68〕在女性方面，女方是部落的女子青年團團長，在農業工事上成果斐然，夜間則是國語講習所的老師，並能正確地使用國語發音。〔註69〕他們之間的愛情並非僅是以人格作為結合的判準，前提是他們首先被要求擁有一具高度國防建設的身體，這樣的身體是日本帝國在 1937 年後向外擴張的慾望與表象，換句話說，他們是在強烈的國策印記下發展兩性的情感關係。

　　即便事後由父親與媒人角色阿春婆主導相親婚姻，在乍看回歸台灣傳統婚姻制度的形勢下，也充分顯露了戰爭的時局色彩，這一方面可以注意到女方在相親端茶時的姿態。女方因應決戰情勢，服從萬事簡略的原則，以素樸的上衣和モンペ（燈籠褲）現身在相親結婚的舞台。根據洪郁如的研究指出，モンペ原是日本東北寒村的農婦穿著，戰爭期間因為相較和服更為便利，在中日戰爭爆發後，成為一種戰爭時尚逐漸流行，並得到官方與軍部的支持。〔註70〕雖然在殖民地台灣，モンペ的流行在精神的號召上，遠大於實質穿著的意義，因為台灣自身的本島服已足夠便利，自然不需要如日本本土流行モンペ的穿著，然而隨著 1943 年開始，美軍與中國對台的空襲漸增，決戰服與モンペ成為當局鼓勵的服裝，現實中為了防空，也逐漸獲得女性的廣泛接受。〔註71〕因此，或可以說，〈結婚綺談〉這篇小說，正是在敏感反應時局色彩的身體上，書寫

〔註68〕龍瑛宗，〈短篇小說・結婚綺談〉，《新大眾》第 6 卷第 2 號（1945.02），頁 22。

〔註69〕龍瑛宗，〈短篇小說・結婚綺談〉，《新大眾》第 6 卷第 2 號（1945.02），頁 23～24。

〔註70〕洪郁如，〈旗袍・洋裝・モンペ（燈籠褲）：戰爭時期台灣女性的服裝〉，《近代中國婦女史研究》第 17 期（2009.12），頁 50。

〔註71〕洪郁如，〈旗袍・洋裝・モンペ（燈籠褲）：戰爭時期台灣女性的服裝〉，《近代中國婦女史研究》第 17 期（2009.12），頁 59～60。

戀愛結婚與日本帝國擴張之間，情感和政治相互密合的接點，展現了 1940 年代日本帝國的決戰慾望，以及對決戰的強力宣傳。

　　同樣對於戀愛和國策之間，抱有游移曖昧態度的作家還有張文環，張文環與龍瑛宗相似的地方在於，他們具備「服膺國策／超越國策」的兩面性。在服膺國策的戀愛小說方面，張文環曾在 1942 年 3 月，於《台灣文學》2 卷 2 號上發表〈頓悟〉這篇小說。〈頓悟〉有時被研究者定位為以寫實主義的筆法，書寫台灣在地的風土民情。〔註 72〕然而誠如柳書琴所言，張文環在 1941 年 6 月皇民奉公會成立後，受雇擔任臺北支部的參議，在一年左右發表了〈三つの喜び：張文環氏談〉、〈皇民奉公運動と指導者に就いて〉、〈我ら志願兵たらむ：一群の鳩〉等等，一系列為皇民運動、國家動員、志願兵制度進行宣揚的文章。〔註 73〕這一系列文章，柳書琴對此做了精細的分析，指出張文環的文章，表現了推崇志願兵的喜悅，從軍為本島青年帶來鼓舞，使台灣青年成為真正的男兒等意涵。〔註 74〕事實上，考察〈頓悟〉的寫作時間，勢必需要放在張文環介入國策宣傳的時空下，方能解析其中的涵義，那麼〈頓悟〉書寫了怎樣的內容呢？

　　小說中的主角為德到台北的大稻埕，在一家商店裡面從事記帳方面的工作，小說起初描摹了從鄉下到城市的為德，逐漸接觸都市的商業行為，例如借方與貸方的區別、商業資本主義的運作、討好客人的技巧等等。〔註 75〕但這些資本主義交易行為所代表的都會現代性，宛如侵蝕了為德一般，帶給為德苦痛，比起都會現代性，為德更希望在鄉村當名雜工，不過鄉村的工作機會不多，使為德心向鄉土，身體卻束縛在都會現代性之中，〔註 76〕成為進退失據的青年。

　　小說接下來鋪敘為德的幼年回憶，當為德過去住在台北時，與少女阿蘭之間，擁有青梅竹馬般的清純愛戀，如今他想起來阿蘭就在工作地方的不遠處，希望與阿蘭再度談起童年往事。但誠如夾雜在都會／鄉村之間，處在進退失據

〔註 72〕李文卿，《想像帝國：戰爭時期的臺灣新文學》（台南市：國立台灣文學館，2012），頁 76。

〔註 73〕柳書琴，《荊棘之道：臺灣旅日青年的文學活動與文化抗爭》（台北市：聯經出版，2009.05），頁 416～417。

〔註 74〕柳書琴，《荊棘之道：臺灣旅日青年的文學活動與文化抗爭》（台北市：聯經出版，2009.05），頁 402～403。

〔註 75〕張文環，〈頓悟〉，《臺灣文學》第 2 卷第 4 號（1942.03），頁 58～59。

〔註 76〕張文環，〈頓悟〉，《臺灣文學》第 2 卷第 4 號（1942.03），頁 59。

狀態的為德，對阿蘭的情感混沌不明，既愛又恨，在愛戀阿蘭這件事上也顯得
進退失據。〔註77〕為了排解苦悶，為德便看書轉移心境，然而工作之餘看書的
行為，卻失去了店主的信任，怠惰青年的傳言便開始散播開來。

　　就在苦痛倍增的狀態下，為德迎來了戰爭的消息，時局談話、長期戰鬥的
消息傳到店來，此時，政府宣布皇民奉公會成立，接下來更發表本島人的志願
兵制度，收到訊息的為德開始燃起滿腔熱血，在時局的浪潮下決心應徵志願
兵，從苦悶的精神得到飛躍性的轉變，獲取熱血雄渾的戰鬥精神。〔註78〕透過
為德精神的轉向過程，可以看出主角原先在「鄉土／都會」「愛戀／失戀」的
重層夾縫中進退失據，然而就在國家意志的介入後，獲得「精神生活的飛越」，
〔註79〕透過報國的意志，將苦戀變換為雄渾、明朗的人生觀，換句話說，原先
進退失據的青年，已經轉換為雄渾明朗的青年。如同王昶雄〈淡水河的漣漪〉
與龍瑛宗的〈午前的懸崖〉，主角往往在小說最後獲得國家給予的正向號召，
將大半部悲慘的戀愛描寫塗抹殆盡，置換為報效國家的崇高意志，尤有甚者，
從 1939 年的〈淡水河的漣漪〉以至 1942 年的〈頓悟〉，還能看見志願軍夫，
走向成為志願兵的歷史進程。或可以說，分析戰爭時期婚戀小說極具跳躍性的
報國敘述，將能看見當時台人的情感思維，不得不在時局的號召下，與國防國
家的思考緊密結合。至此，戀愛結婚的思考邏輯不再是 1920 年代以來文明啟
蒙的辯證，又或是兩性婚姻裡經濟的平等問題，也不再只是 1930 年代以來對
於戀愛之中的性慾批判，或者是耽溺摩登景觀的情慾執迷，而是在中日戰爭開
始之後，戀愛結婚被強行嫁接到報國的志向，逐步染上日本帝國擴張的慾望。

第二節　尋求大東亞共榮的戀愛結婚話語

　　承接上一節的思路，1931 年滿州事變，1937 年中日戰爭爆發，再次開啟
了日本對華擴張的歷史時刻。1937 年以來，舉國上下進行國民精神總動員，
試圖培養人民盡忠報國的精神，企圖調動人的資源。1940 年第二次近衛內閣
成立，推動新體制方針，企圖打造以日本為首的東亞新秩序。隨後成立大政翼
贊會，目的在於統合國民一億一心，完成國民的臣道實踐，大政翼贊會成立後，

〔註77〕張文環，〈頓悟〉，《臺灣文學》第 2 卷第 4 號（1942.03），頁 63。
〔註78〕張文環，〈頓悟〉，《臺灣文學》第 2 卷第 4 號（1942.03），頁 63～64。
〔註79〕張文環，〈頓悟〉，《臺灣文學》第 2 卷第 4 號（1942.03），頁 64。

不同於戰爭初期抑制文化活動的方針，而是看中文化的政治性，使得地方文化得到復甦的出口。那麼，在這樣的背景下，台灣的漢文雜誌又產生了什麼樣的質變？為什麼在 1937 年廢止漢文欄後，《風月報》能持續發刊？標榜休閒娛樂的《風月報》，在戰爭期間產生什麼樣的變化？考察當時深具代表性的漢文刊物《風月報》，究竟能發現什麼樣國家論與戀愛結婚相互接合的縫隙？以下先就發刊背景進行說明。

一、作為東亞提攜的漢文工具

日治時期深具代表性的漢文雜誌《風月報》於 1935 年發刊，然而在 1937 年中日戰爭爆發後，文壇面臨廢止漢文欄的狀況，事實上，在 1937 年 2 月 27 日，於《大阪朝日新聞台灣版》，便刊出為了以國語（日本語）明徵國體觀念，發布廢止漢文欄的措施，4 月 1 日《台灣日日新報》、《台南新報》要率先廢止漢文欄，6 月開始《臺灣新民報》也要追隨廢止漢文欄。〔註80〕國體此一概念極其複雜，要言之，國體是一個抽象的機軸，維繫宗教信仰薄弱的日本人成為單一民族共同體，其使命在於扮演類似基督教在近代西歐國家的角色，強調天皇是人神、日本是神國。〔註81〕在戰爭期間，日本右翼份子以萬世一系的日本天皇為中心，實行國體明徵，企圖統一國民思想。〔註82〕然而，實際上日本的單一民族神話本身是一場虛妄，眾所周知，日本國內還有蝦夷民族，遑論日後整併的朝鮮與新佔領地的台灣民族。因此，為了彌補國體的破綻，所以需要以國語進行同化，國語的涵義，以語言學家上田萬年的話來說，便是日本人的精神血液，以此邏輯，通過國語教育，便能同化異民族，維護國體打造的擬血緣制國家原理。〔註83〕如果放在 1937 年日本帝國擴張，急速同化並動員台灣人的效用下，的確有必要廢止漢文欄，讓台灣人民學習國語，明徵國體，以成為天皇的赤子，擁有日本人的精神血液。

然而，為什麼在這樣的局勢下，《風月報》又能順利發刊呢？除了《風月

〔註80〕李文卿，《共榮的想像：帝國‧殖民地與大東亞文學圈（1937～1945）》（臺北縣：稻鄉出版社，2010.6），頁 123～124。

〔註81〕陳培豐著，王興安、鳳氣至純平編譯，《「同化」的同床異夢：日治時期臺灣的語言政策、近代化與認同》（臺北市：麥田出版，2006），頁 53。

〔註82〕鶴見俊輔著作，邱振瑞譯，《戰爭時期日本精神史 1931～1945 年》（台北市：馬可孛羅文化，2020），頁 78。

〔註83〕陳培豐著，王興安、鳳氣至純平編譯，《「同化」的同床異夢：日治時期臺灣的語言政策、近代化與認同》（臺北市：麥田出版，2006），頁 48～57。

報》本身就是主打休閒娛樂、創作風月情事等軟性文學內容之外，究竟還有什麼原因，可以讓《風月報》這本漢文雜誌，得以持續發刊呢？究其原因，漢文欄廢止是一個關鍵性的要素，根據陳培豐對殖民地漢文的研究，發現殖民地漢文歷經台灣詮釋共同體的變化，已經逐漸排除日人的視讀空間，造成日人官員檢閱上的困難，禁止漢文欄，實際上是禁止混雜台灣語台灣文的殖民地漢文。〔註84〕與此相反的是，漢文／白話文是日本帝國進出大陸、擴張南支南洋領地的重要工具之一，加上《風月報》不時刊載響應國策立場的文章，自然獲得媒體新寵兒的地位。〔註85〕根據楊永彬的研究，白話文、華語語文、漢詩素養，是帝國日本進出大陸，了解敵方中國的重要語言工具之一，對官方而言，《風月報》的發刊，在時局強化的狀況下，正是日本雄飛中國的礎石。〔註86〕根據以上研究先進的論述，可以得知一方面日本政府廢止各大報刊的漢文欄，希望以日文加速同化台灣人成為日本子民，然而為了應付對華的戰爭局勢，儘管《風月報》時常發行風月情事、維繫傳統漢詩文，但對於日本當局而言，卻又需要漢文、白話文、華文的力量，作為進出中國大陸的工具。當然，筆者認為上述的分析均有精彩的論述，然而卻以島內《風月報》的發刊作為唯一孤例，顯示日本政府對白話文、漢文與華文的渴求與利用，但如果我們放回1937年中日戰爭爆發以至1941年太平洋戰爭爆發期間，日本企望以東洋精神，建立東亞新秩序的時代背景，也就是說，我們勢必得以東亞的格局去思考白話文、漢文與華文之於日本帝國當局的意義。

在這一點上，柳書琴以「日文同化主義」和「漢文同文主義」的概念，分析殖民政府逐步以日語壓縮漢文的教育空間，但在事變後「漢文同文主義」又成為焦點之一，轉變為官方有效利用，作為統合大陸與台灣漢文文化圈的工具。〔註87〕事實上，柳書琴的觀點為我們提示官方以至民間文化人，以漢文作

〔註84〕陳培豐，《想像和界限——臺灣語言文體的混生》（台北市：群學，2013.07），頁247～266。

〔註85〕陳培豐，《想像和界限——臺灣語言文體的混生》（台北市：群學，2013.07），頁269～276。

〔註86〕楊永彬，〈從『風月』到『南方』——論析一份戰爭期的中文文藝雜誌〉，收錄於郭怡君、楊永彬編，《風月・風月報・南方・南方詩集・總目錄・專論・著者索引》（東京：內外書房，1940.10），頁73～75。

〔註87〕柳書琴，〈從官製到民製——自我同文主義與興亞文學（Taiwan, 1937～1942）〉，收錄於王德威和黃錦樹編，《想像的本邦：現代文學15論》（台北市：麥田出版，2005.05），頁63～90。

為自我和他者，共享同文的意識形態，並透過此一意識形態想像民製的興亞目標。然而柳書琴的分析案例如同上述，仍然僅以《風月報》作為唯一孤例，推論官方及民間的漢文同文主義策略。不過透過蔡佩均的論文卻為筆者提示了作為華僑的吳漫沙，在《華文大阪每日》寄稿的事實，也點到 146 期《風月報》改題《南方》以後，以一整頁的篇幅介紹東亞著名的漢文／華文／白話文雜誌。〔註88〕見諸史料，與《南方》相互提攜的報刊有，《大亞洲主義》、《中國公論》、《中日文化》、《國際週報》、《政治月刊》、《國藝月刊》、《東亞聯盟》、《作家》、《僑聲》、《新家庭》、《平議》、《僑務週刊》、《民意》、《更生週刊》、《新江月刊》、《華文大阪每日》等。〔註89〕在 1941 年由《風月報》改題為《南方》後，不僅只在台北市發行，觀看刊物的〈本刊價目表〉，其流通範圍更擴及日本、中國和滿州。〔註90〕如果 1941 年期間，因為日本政府當局意識到戰局即將擴大，變成更為廣大的太平洋戰爭，那麼戰爭就勢必需要運用東亞地區的資源進行持久戰，以漢文／白話文／華文／文言文刊物，流通臺灣、日本、中國和滿州，使用同文的利器，進而打造東亞共同體，對於日本政府而言是必不可缺的。因此，我們不能將事變後的《風月報》、《南方》和《南方詩集》放在台灣島內文壇來思考，而勢必需要重回當時文化人的處境，意識到日本當局，正借用漢文／白話文／華文／文言文統合日滿支東亞共同體的野心。

事實上，放在日本進出東亞的格局上，不僅有台灣島內的《風月報》，以白話文和漢文在 1937 年後強勢發刊。透過日本大阪每日新聞社為例，當時便自 1938 年發刊了以華文為主的《華文大阪每日》，當時的內閣總理大臣近衛文麿便提到，中日兩國應該相互提攜，戮力和平，為了達成這樣的目標，必須建立在相互瞭解的礎石上，以「華文」發行半月刊，扮演中日提攜，確保東亞和平的角色。〔註91〕從《華文大阪每日》的這一段官方聲明，可以得知日本政府企圖透過華文，在中國進行政治性的進出，宣揚中日一體的論述，應付逐漸增強的戰爭情勢。

至於《華文大阪每日》又是一份什麼樣的刊物呢？又與台灣產生什麼樣的關係？根據編輯隨筆下的訂閱資訊，《華文大阪每日》為一份半月刊，由大阪

〔註88〕 蔡佩均，〈想像大眾讀者：《風月報》、《南方》中的白話小說與大眾文化建構〉（台中：私立靜宜大學中國文學系碩士班碩士論文，2006），頁 46～47。

〔註89〕 〈介紹東亞著名雜誌〉，《南方》第 146 期（1942.2）。

〔註90〕 〈本刊價目表〉，《南方》第 133 期（1941.7）。

〔註91〕 〈內閣總理大臣・公爵・近衛文麿〉，《華文大阪每日》創刊號（1938），頁 8。

每日新聞社和東京日日新聞社發行，銷售地點擴及日本、中國和滿州。〔註92〕
從這樣的資訊來看，我們可以知道《華文大阪每日》主要的讀者群為日本、中
國與滿州地區的人民，正符合日本政府企圖打造日滿支共榮圈的策略。

　　在《華文大阪每日》與臺灣的接點上，1940 年第四卷第七期，有中村地
平介紹台灣文學的現狀。1940 年第四卷第九期的〈東亞文藝消息〉，介紹作家
呂赫若十七日赴東京，吳漫沙主持「星光新劇團」赴台南的消息。〔註93〕1941
年第六卷第七期的〈東亞文藝消息〉則介紹台灣的詩人、俳人、歌人、民俗研
究家等等，為樹立高度國防國家，實踐文化新體制運動，組織「台灣文藝家協
會」。〔註94〕足見《華文大阪每日》將台灣的文藝訊息，擴大到東亞的日滿支
共同體。

　　台灣作家余若林，為台人林荊南筆名，〔註95〕也在 1941 年於《華文大阪
每日》撰文，在這一篇〈臺灣的作家要到那裡去？〉，提到台灣的作家活動實在
不興盛，在如今東亞文化圈復甦的時代，台灣能稱得上作家的人寥寥可數，台
灣人實在不能滅自己的威風，甚至直言：「中日文化提攜，南方文化的開發，臺
灣是站在很重要的地位！」，〔註96〕下一段也提到要為作家「開了一條新的路
徑，為中日文化提攜儘些微力！為南方文化開發效勞才好！」。〔註97〕透過林
荊南這段論說的分析，以當時的時代性而言，林荊南的視野不僅限縮在臺灣，
而是通過日本華文的同文政策，放眼東亞、雄飛南方，讓臺灣作家在日本帝國
華文統合的狀況下，積極爭取發言位置。

　　臺灣知名的華僑作家吳漫沙，〔註98〕也曾在 1939 年《華文大阪每日》的

〔註92〕〈華文『大阪每日』半月刊 每冊定價 國幣一角郵費一分〉，《華文大阪每日》
　　　　第 2 卷第 2 期（1939），頁 48。
〔註93〕〈東亞文藝消息〉，《華文大阪每日》第 4 卷第 9 期（1940），頁 29。
〔註94〕〈東亞文藝消息〉，《華文大阪每日》第 6 卷第 3 期（1941），頁 29。
〔註95〕根據柳書琴的考察，林荊南曾以余若林的筆名，在臺灣的《南國文藝》發表作
　　　　品，參見柳書琴，〈文化遺產與知識鬥爭──戰爭期漢文現代文學雜誌《南國
　　　　文藝》的創刊〉，《台灣文學研究學報》第 5 期（2007.10），頁 227；吳漫沙也
　　　　曾提到林荊南的筆名為余若林，參見吳漫沙，〈我們的文學的實體與方向＝台
　　　　灣之部＝〉，《華文大阪每日》第 6 卷第 3 期（1941），頁 6。
〔註96〕余若林，〈臺灣的作家要到那裡去呢？〉，《華文大阪每日》第 6 卷第 5 期（1941），
　　　　頁 36。
〔註97〕余若林，〈臺灣的作家要到那裡去呢？〉，《華文大阪每日》第 6 卷第 5 期（1941），
　　　　頁 36。
〔註98〕吳漫沙為日治時期少數的華僑作家，出生在中國，在青少年時期很早便接觸
　　　　了中國白話文創作的新文學作品，同時也閱讀了鴛鴦蝴蝶派的作品，或可以

第三卷第一期，發表短篇小說〈風雨之夜〉。〔註99〕1940 年上海『興建月刊社』
舉辦『興亞建國運動大徵文』，吳漫沙的〈東方的曙光〉獲得當選，於 1941 年
10 月 10 日發表，〔註100〕雖然原文未見，但根據興亞建國運動的官製口號來
看，小說本身或許染有時局的色彩。在 1941 年《華文大阪每日》的第六卷第
二期，發表〈他的生命〉。〔註101〕以上〈風雨之夜〉和〈他的生命〉均未染上
東亞戰爭的時局色彩，而是在描寫孤苦人物尋求救贖的道路。在 1941 年《華文
大阪每日》第六卷第三期，由《華文大阪每日》向吳漫沙邀稿，〔註102〕吳漫沙
以長篇鉅製的論文，發表〈我們的文學的實體與方向＝台灣之部＝〉，〔註103〕
內文幾乎詳盡介紹了日治時期台灣文學運動的發展史，如鄉土文學論戰、台灣
文藝聯盟的組織和風月報的復刊等等，作家方面也介紹了楊逵、呂赫若、徐坤
泉和賴和等等，可說是相當全面的論文。當然，因應時局的關係，吳漫沙也提
到：「東亞新秩序的建設，中日文化提攜的旗幟飄揚了。今後我們的文學，或
者能由這復興運動而到了隆盛的時期……」。〔註104〕因此不難看見吳漫沙以其
華僑的身分位置，透過東亞漢文／白話文／華文同文主義的統合勢力，爭取他
在文壇的發聲空間，積極響應東亞新秩序的建設。吳漫沙也正是通過台灣、中
國和日本之間的連帶，宣揚日本帝國在大陸的政治性進出，揮舞中日文化提攜
的旗幟。

　　既然《風月報》、《南方》、《南方詩集》與《華文大阪每日》這樣的刊物，
因應國策的關係，同享華文／漢文／白話文的同文主義之便，共有台灣、中國
和日本之間的文藝地盤，那麼具體而言，這兩份刊物又創造了怎樣的內容呢？

　　　　說，吳漫沙的文學素養，在遷移到臺灣前便逐步養成。然而，真正成為作家並
　　　　在文壇發表作品，卻是在遷來台灣以後，與當時《臺灣新民報・副刊》的編輯
　　　　徐坤泉接觸後，才開始嶄露頭角，使得日治時期身為華僑的吳漫沙，開始通過
　　　　台灣文壇，進入東亞文藝生產的場域。參見吳瑩真，〈吳漫沙生平概述〉，收錄
　　　　於黃美娥主編，《臺灣現當代作家研究資料彙編 111 吳漫沙》（臺南市：臺灣
　　　　文學館，2019.12），頁 113～117。
〔註99〕吳漫沙，〈風雨之夜〉，《華文大阪每日》第 3 卷第 1 期（1939），頁 31。
〔註100〕〈文藝消息〉，《風月報》十一月號（1940.11），頁 14。
〔註101〕吳漫沙，〈他的生命〉，《華文大阪每日》第 6 卷第 2 期（1941），頁 38。
〔註102〕〈文藝消息〉，《風月報》第 124 期（1941.02），頁 32。
〔註103〕吳漫沙，〈我們的文學的實體與方向＝台灣之部＝〉，《華文大阪每日》第 6 卷
　　　　第 3 期（1941），頁 5～7。
〔註104〕吳漫沙，〈我們的文學的實體與方向＝台灣之部＝〉，《華文大阪每日》第 6 卷
　　　　第 3 期（1941），頁 6。

　　第一點即是主張日華之間的同文同種，關於同文同種的意義，林淑萍提到在盧溝橋事變後，同文同種論述對日中親善的建立產生一定效力，1937 年在《台灣佛化》上，零哉居々人的〈時局に對する吾等の覺悟〉，便提到日中古來便是同種同文的鄰邦，應該加深日支親善，攜手維護東洋的和平。〔註 105〕另外也提到 1939 年高原逸人在《臺灣地方行政》上發表的〈年頭の辭〉、1939 年平沼騏一郎在《まこと》上刊載的演說，兩者的論說均通過日本與中國，或是日本、滿州、支那之間同文同種的關係，塑造共存共榮，不再相互殘殺的局面，尤有甚者，高原逸人更指出日滿支應該屬於相互提攜的關係，日本擔負解救中國脫離歐美勢力的責任，然而卻被蔣政權利用滿州事變煽動中國，製造破壞東亞和平的抗日意識。〔註 106〕雖然林淑萍的論文透過縱向與橫向的軸線，分析同文同種的論說，但林淑萍也提到，諸多論說仍存在著否認日本、中國、滿州與台灣的連帶關係，然而從部分論述來看，同文同種的說詞，的確具有樹立日支親善、建立日滿支共同體的政治意圖。

　　至於《風月報》、《南方》又呈現什麼樣的主張呢？吳漫沙在 1941 年 7 月的《南方》雜誌上，便發表了〈南方文化的新建設〉一文，內文中引述了汪精衛的談話，提到孫文的大亞洲主義，主張東亞各民族的永久同盟與和平建設，而台灣隸屬於帝國的南方，與中國華南一衣帶水，是南方的據點，是日中提攜的一環。〔註 107〕吳漫沙更提到：「……因為日華兩國早就稱同文同種的兄弟之邦。我們南方，更有特殊的關係。」，〔註 108〕從這樣的主張來看，其內容宣稱日本與中國之間擁有「同文同種」的連帶關係，將中日戰爭的衝突，以親人兄弟般的血緣關係化解，追溯兩者的共同處，而台灣也位處於提攜中日，與中日共同打造東亞共同體的南方地緣。這樣的說法，正是將台灣整併於華南的地緣政治環境，創造中日提攜，建設新東亞的礎石。

　　在 1942 年 5 月，徐坤泉以筆名老徐，在《南方》發表了〈滄海桑田〉一文，內文提到日華事變以來，因歐美勢力與蔣介石軍力的同盟，犧牲了東方國

〔註 105〕林淑萍，〈台灣日治時期「同文同種」關鍵詞研究──以《臺灣日日新報》與「日治時期期刊影像系統」為中心〉（台北：國立臺北教育大學人文藝術學院台灣文化研究所碩士論文，2018），頁 39～40。

〔註 106〕林淑萍，〈台灣日治時期「同文同種」關鍵詞研究──以《臺灣日日新報》與「日治時期期刊影像系統」為中心〉（台北：國立臺北教育大學人文藝術學院台灣文化研究所碩士論文，2018），頁 42～43。

〔註 107〕吳漫沙，〈南方文化的新建設〉，《南方》第 133 期（1941.07），頁 8。

〔註 108〕吳漫沙，〈南方文化的新建設〉，《南方》第 133 期（1941.07），頁 8。

家的利益，歐美勢力打算支持蔣介石，等到蔣介石勝利，再回收東方國家的巨利，做出更大規模的東方侵略。〔註109〕從這段論述中，可以看到對中日戰爭的詮釋，視為歐美勢力與蔣介石瓜分中國利益的結盟，並對此大加批判。接著老徐談到汪精衛與日本合作的和平建國運動：

> 汪先生早覺得日華兩國的民族，是同文同種，無論如何爭戰，終要走上提攜親善的大道，認為同負有東亞興亡的責任，所以由重慶脫出，發出艷電，招集真實愛國的同志，作那「自助者人亦助之」的和平運動。〔註110〕

在此中日戰爭並非蔣介石一派的抗戰邏輯，在日治末期，具有東亞漢文統合之便的台人，諸如徐坤泉和身為華僑的吳漫沙，從他們的視角來看，蔣介石是敵方，由汪精衛代表的政權才是合法政權，而日華兩國更是作為同文同種的民族，由於同文同種，產生了民族血緣的連帶感。因此兩國並不是敵對關係，中日戰爭的裂痕從上述的邏輯中逆反為「提攜親善的大道」，並創造東亞場域的和平。在此我們可以看到官方的日華親善，借助同文同種的修辭，豎立東亞共榮圈的協同，創造新中國，也創造日華一體的和平。

在吳漫沙著名的〈黎明了東亞〉，這部長篇連載小說的第十三回，也有一段關於同文同種的對話，這一段落是名叫秀子、春曼和湘雲三名角色之間的談話，秀子的背景來自於台灣，她來到中國並希望在中國念書，春曼問起秀子為何想要來中國念書，秀子便談到，她並沒有什麼大希望，她只希望研究學術和社會知識，做一個女作家，介紹日華兩國的文化，促進文化提攜，向真實的親善大道邁進。春曼更肯定道：「我相信中日兩國有一天是會合作的，因這是同文同種的民族也許這事實將要實現了。」，〔註111〕從這一段話中，我們再次看到中日戰爭的裂痕，以同文同種的修辭加以修補，企圖拉近彼此之間語文、民族及血緣的連帶，小說中安排來自台灣的秀子，想要增進社會知識，目的在於以台灣的身分介入中日提攜的縫際，形成日治時期台灣人與支持日方的中國人，相互協力，宣揚日華的同文同種，打造嶄新的東亞共同體。

關於第二個國策宣揚的重點，即是宣揚東亞地區的和平論述，《風月報》第126期3月號，有〈文學青年聯合起來〉一文，內容質問「文學是什麼？」

〔註109〕編輯室啟，〈編輯室啟事〉，《南方》第151期（1942.05）；老徐，〈滄海桑田〉，《南方》第152期（1942.05），頁15。

〔註110〕老徐，〈滄海桑田〉，《南方》第152期（1942.05），頁15。

〔註111〕吳漫沙，〈黎明了東亞〉，《南方》第148期（1942.03），頁30。

的問題，在這樣苦悶的社會，文學之路充滿荊棘，因此必須胸懷寬大，了解自我是東亞共榮圈建設的新人，在時代轉變之下，別去寫無為的文字，應該要發揮東亞人的精神，宣傳和平工作。〔註112〕在這篇聲明中，應是服膺日本帝國的大政翼贊政策，發揮文藝的政治效用，以白話文的創作，企圖介入東亞場域的文化建設，並樹立東亞和平。《華文大阪每日》也刊載了〈中日和平之途徑〉一文，認為中日之間不應該交惡，過去的戰爭誠屬誤會，應由汪精衛代表與日本方面講和，樹立中日之間的和平之道，而非以抗戰的形式造成人民的生靈塗炭。〔註113〕這篇文中依然以和平作為訴求，認為中日之間應該以「提攜」，而非以戰爭的形式造成摩擦，進一步用和解的方式，建立東亞的和平。當時的汪精衛政權，也發表了和平宣言，談到以其中華民國國民黨主席的位置，主張與日本講和，原因在於中日戰爭大動干戈，人民死傷慘重，抗日的抗戰勢力使中國國力耗損，如今應與日本互相理解、相互親善並重建中國，發展東亞的和平與繁榮。〔註114〕因此中日戰爭之間的情況，以日本華文刊物的宣傳角度來說，是建立在反對抗日勢力，並謀求扶植汪精衛為首的新中國，創造中日提攜的連帶，樹立東亞地區的和平。在《風月報》也有一詩〈賣金報國〉提到：

> 為謀東亞得和平。。師旅糧精各增額。。愛國扶桑銃後民。。純金
> 賣出休潛積。。應教無用化有用。。慎勿死藏任追迫。。皇軍勇敢
> 赴中原。。臨陣衝鋒身不惜。。雄長瓊球爭此時。。不為秦欺完趙
> 壁。。國際重銀更重金。。籫環玩物留何益。。顧迷執拗沒忠心。。
> 地滅天誅真合適。。試看全邦總動員。。勤勞困事忘朝夕。。欲教
> 白禍不潛滋。。打倒妖魔蔣介石。。得成大業樂春秋。。絕勝黃金
> 藏自宅。。〔註115〕

從這篇淺白的詩文可以知道，台人以詩唱和謀求東亞和平的希望，希望賣出純金作為國防現金，此外，更誇耀皇軍的雄渾勇武，並呼籲打倒日本在大陸戰場的敵方蔣介石。事實上，對於當時的台人而言，由中日提攜、中日和平建國的邏輯來看，中日戰爭被官方渲染為蔣介石以抗日之名破壞東亞和平，因此需要協力「打倒妖魔蔣介石」，才能「得成大業樂春秋」，最終的目的，仍是以日華提攜的視角，反對蔣介石的抗日勢力，高呼東亞和平的論述。

〔註112〕〈——文學青年聯合起來——〉，《風月報》第 126 期 3 月號（1941.03），頁 6。
〔註113〕孫翬祈，〈中日和平之途徑〉，《華文大阪每日》第 4 卷第 4 期（1940），頁 2。
〔註114〕汪兆銘，〈和平建國宣言〉，《華文大阪每日》第 4 卷第七期（1940），頁 2。
〔註115〕溪湖尤瑞，〈賣金報國〉，《風月報》第 89 期 7 月號（1939.7），頁 25。

在《風月報》改題《南方》後，甚至連知名仕紳林獻堂，也得為官方的大東亞戰爭背書。林獻堂在解釋大東亞戰爭與支那事變的原由時，提到日本為排除英米對東亞的榨取，擁護東亞的共榮和平，採取對華戰事個別擊破的戰略，首先擊破東三省的張作霖，為滿州事變，再擊破大陸主力蔣介石，謂支那事變，繼而由此痛擊英國和美國在中國大陸的勢力，就是所謂的大東亞戰爭。〔註116〕事實上，反蔣與反英美勢力，進而解放中國，達到中日提攜，共同樹立東亞和平的論述，自1939年便由官方開始製造。在《華文大阪每日》上，秦鈞便提到中日兩國應相互提攜，建立軍事上的國防同盟，而兩國同心協力的敵人，即是共產蘇聯及侵略東亞的歐美勢力，而蔣政權的抗日行動，不過是蘇聯與歐美利用來對付日本而已，在中日兩國之間，重要的還是在戰爭結束之後，達到中日親善的基礎。〔註117〕而大阪每日新聞社也提到汪精衛政權的聲明，聲明中認為中日事變的真相，是在英美資本主義與蘇聯共產主義扶持的蔣政權，正面與日本對立，目前的抗戰勢力正與共產勢力相互結合，因此汪精衛在日本東亞新秩序的號召下，與抗戰勢力產生分裂。〔註118〕1939年東京帝大的教授本位田祥男也提到，日本的對華政策，是為中國從白種人的桎梏下解救出來，而日本皇軍現下對抗的，正是受英國和蘇聯扶持的蔣政權，因此在對抗蔣政權的同時，也正是防堵蘇聯共產勢力與歐美資本主義勢力支配中國。〔註119〕因此從官方對華戰爭論述中，製造了一套邏輯，日本軍隊正在驅除中國境內的蘇聯、英國和美國勢力，而這些勢力又與蔣介石的武力掛勾，所以日本必需與共謀於西方勢力的蔣政權對抗，一併掃除共產蘇聯與英美資本，解放中國，建立東亞和平。如果這樣的說法可以成立，那麼林獻堂的大東亞宣言，恐怕與這一系列的官制論述相關。

總而言之，在同文同種與東亞和平論的宣揚底下，《風月報》、《南方》、《華文大阪每日》，以華文／白話文／漢文，產製了一套官制說法，中日戰爭事實上是一場誤會，因為日本和中國本來就是同文同種，藉由這套修辭拉近了語言、血緣和民族的親近感，修補戰爭的傷痕並主張日華一體。再者現今之所以

〔註116〕 林獻堂，〈大東亞戰爭之意義與島民之覺悟〉，《南方》第159期（1942.9），頁2。
〔註117〕 秦鈞，〈大亞細亞主義與中日提攜〉，《華文大阪每日》第2卷第7期（1939），頁7。
〔註118〕 大阪每日新聞社論，〈事變第二年的回顧 汪精衛聲明之意義〉，《華文大阪每日》第2卷第2期（1939），頁18。
〔註119〕 東京帝大教授本位田祥男，〈日本對東亞再建的使命〉，《華文大阪每日》第2卷第2期（1939），頁5。

有抗日、有戰爭，是源自於蘇聯和英美勢力的介入，還有蘇聯與英美勢力扶持的蔣介石勢力所造成，蘇聯、英美與蔣介石勢力的共謀，正是希望瓜分東方民族的利益，因此日華之間必須反對這樣的勢力，在同文同種的連帶感之中，樹立東亞和平的共榮圈。

二、愛人之前必先愛國

在上述的論述背景下，我們明白了此時日本帝國正以高度國防國家的力量，通過華文／白話文／漢文，強勢操作文藝的政治效用，因此，不難想見，即將會有響應國策的文學作品呱呱墜地，在此不得不提的便是吳漫沙的長篇連載小說〈黎明了東亞〉。

在 1941 年 6 月 15 日的《風月報》，豫告了即將改題為《南方》，必需再順應時代的要求，做點東亞共榮的宣傳工作，發揮南方地緣環境的使命。〔註120〕在 1941 年日本即將引爆太平洋戰爭之前，可以觀察到時局愈發緊縮的特徵，也誠如上一段落所示，日本政府正有意以華文／白話文／漢文這樣的語言工具，去統合東亞場域並進出南方和中國。同時，在這一期也以相當大的篇幅，豫告了吳漫沙將以白話文書寫長篇大作〈黎明了東亞〉，全篇十二萬字，可說是相當分量的小說連載。豫告中提到這將是以南華與本島為背景，繪述日華親善的故事，是東亞共榮的美談。〔註121〕從上述這段文字中，可以看到這是一篇積極響應國策的小說作品，有關吳漫沙此篇小說的論文探討，可說是相當豐富。例如陳建忠的〈大東亞黎明前的羅曼史──吳漫沙小說中的愛情與戰爭修辭〉，檢討了吳漫沙以中國白話文寫作皇民文學的特殊性，並描述了〈黎明了東亞〉裡戀愛讓位於國家的敘述，順從日華親善的邏輯。〔註122〕林芳玫也從臺灣三〇年代大眾婚戀小說的啟蒙論述與華語敘事，談到吳漫沙的〈黎明了東亞〉，並非書寫日治殖民統治的台灣人成為皇民的過程，而是將背景設定在中國，主角一平在濃厚的中國民族意識裡，推崇日本的進步，並對表妹談到這不是戀愛的時代，而是國家民族為重的時代，現在所要做的，正是要建設新東亞

〔註120〕〈豫告〉，《風月報》第 132 號 6 月號（1941.06），頁 12；〈小啓〉，《風月報》第 132 號 6 月號（1941.06），頁 12。

〔註121〕〈豫告〉，《風月報》第 132 號 6 月號（1941.06），頁 15。

〔註122〕陳建忠，〈大東亞黎明前的羅曼史 吳漫沙小說中的愛情與戰爭修辭〉，收錄於黃美娥主編，《臺灣現當代作家研究資料彙編 111 吳漫沙》（臺南市：臺灣文學館，2019.12），頁 151～184。

拯救中國。〔註123〕同樣的，我們也能從林芳玫的論文中，讀到吳漫沙操作愛情讓位給國家至上的邏輯，換句話說，在男女談愛情之前應以國家為重。黃美娥則認為吳漫沙的戀愛書寫，是一種將戀愛日常化的技藝，並在小說文本中流竄，因此在過剩的言情敘述下，〈黎明了東亞〉或後來出版單行本的《大地之春》，即便披上東亞新建設的外衣，言情仍是其中的主軸。〔註124〕徐孟芳針對戰爭非常時的戀愛，也舉出〈黎明了東亞〉裡，國家的大愛取代私我的小愛，並且在小說中鋪陳了戰爭浪漫化的言情敘事，使東亞和平建設的論說，與戀愛話語相互會通。〔註125〕然而徐孟芳所否定的是，談情的部分佔絕大多數，報國的意志卻像作者強行置入般，顯得空洞化、膚淺化，削弱了文學報國的效力。從上述的研究來看，〈黎明了東亞〉或後來出版的單行本《大地之春》，以中國白話文，描繪中日戰爭的局勢，書寫東亞和平的建設，牽扯著言情、戀愛與國家的混雜論述，可說是千絲萬縷，難分難解，相當受到當代台灣文學研究者的關注。

即便來到 2019 年，吳漫沙的三女吳明月，對於這篇原為〈黎明了東亞〉，後來集結為《大地之春》的小說，也有平反之詞。吳明月提到當時前衛出版社為父親再版日據時期小說時，對於《大地之春》與《黎明之歌》的出版並不那麼同意，對此吳漫沙說到那是亂寫的，為了生存下去亂寫的。〔註126〕因此，直到 2019 年，這篇原為〈黎明了東亞〉，後來集結為《大地之春》的小說，不僅對於台灣文學界，對於作者和家屬，仍是極具爭議性的小說，可以看出這篇小說無論在研究上，或是現實出版上都極具爭議性及代表性。

對家屬而言，筆者的用意不在於揭發傷口，批判戰爭時期服膺皇民意識的知識人，對於前行研究而言，筆者也贊同戀愛讓位於國家至上的邏輯，但我認為要理解這篇小說的國策修辭，要理解當時吳漫沙以戀愛會通戰爭修辭的筆

〔註123〕林芳玫，〈臺灣三〇年代大眾婚戀小說的啟蒙論述與華語敘事——以徐坤泉、吳漫沙為例〉，收錄於黃美娥主編，《臺灣現當代作家研究資料彙編 111 吳漫沙》（臺南市：臺灣文學館，2019.12），頁 215。

〔註124〕黃美娥，〈從「日常生活」到「興亞聖戰」——吳漫沙通俗小說的身體消費、地誌書寫與東亞想像〉，收錄於黃美娥主編，《臺灣現當代作家研究資料彙編 111 吳漫沙》（臺南市：臺灣文學館，2019.12），頁 244。

〔註125〕徐孟芳，〈「談」情「說」愛的現代化進程：日治時期臺灣「自由戀愛」話語形成、轉折及其文化意義——以報刊通俗小說為觀察場域〉（台北：國立臺灣大學臺灣文學研究所碩士論文，2010），84～86。

〔註126〕吳明月，〈從《大地之春》談起〉，收錄於黃美娥主編，《臺灣現當代作家研究資料彙編 111 吳漫沙》（臺南市：臺灣文學館，2019.12），頁 101。

法，勢必要回到《南方》的史料脈絡中，更要回到日本帝國操作漢文／白話文／華文統合東亞場域，製造中日和平建設的論述場域當中。另一方面，也要將吳漫沙的華僑身分一併考慮在內，這麼一來，才能充分解讀〈黎明了東亞〉這篇長篇小說。接著，筆者也要與台灣文壇中，以日文書寫戀愛結婚報國的小說進行比較對話，因為在臺灣這樣的特殊環境下，戀愛結婚加上報國的敘述並非單軌進行，而是以日文小說／中國白話文小說，雙軌生產戀愛結婚的報國敘述，其中的報國邏輯有什麼差異？又或者兩者之間有什麼相同？是一個值得思考的面向。

　　首先，〈黎明了東亞〉究竟書寫了怎樣的內容？〈黎明了東亞〉前半部書寫著青年一平、春曼、蘇亞與劍光等人，在中國發生學生聯合會的鬥爭事件，在鬥爭事件之中，穿插著一平的妹妹秀娟，試圖促合哥哥一平與湘雲之間的戀愛，值得注意的是，一平起初認為湘雲是屬於禮教遺毒薰染的女性，他與春曼說道：「……不過她自己很癡呢！今日中國的女子，多半還是給禮教的遺毒薰染着哩，這也許是中國女性的天性吧？」，〔註127〕春曼也答道：「……就是那些受過高等教育的女性，也仍舊脫不出禮教的牢網，令表妹就是這牢網裡的一個，這是很痛惜的事！……」，〔註128〕因此，或可以說，起初阻擋在戀愛結合的原因之一，是抽象的、負面的封建禮教，是以文明視線批判的傳統舊習。然而隨著故事進展，作者引導著讀者進入弟弟一鳴與妹妹秀娟的對話，並從對話中窺視了一平表面之下的內心世界，也就是一平的日記，妹妹秀娟談到她偷窺了一平哥哥的日記，裡面對湘雲傾訴如此的心意：「她是我黑暗前途中的一盞明燈。我當時錯認她是一個奢華的小姐，這都我心胸狹窄的罪過！到今天，才明白她和我是意志相投合的新女性！」，〔註129〕所以實際上，在一平的觀念中，湘雲並非禮教傳統薰染的「舊」女性，而是擁有散發近代性的「新」女性，正是日治時期 1920 年代以來，自由戀愛論說裡的理想之佳人。

　　更有甚者，兩者之間的愛情是情投意合，這樣相互投合的愛情，是受到父親及叔父的意見所容許，值得注意的是，父親與叔父是站在諮詢者的角色，詢問一平對於湘雲的愛情及日後婚姻的看法，〔註130〕而一平也是站在遵照長輩

〔註127〕吳漫沙，〈黎明了東亞・五〉，《南方》第 137 期（1941.09），頁 26。
〔註128〕吳漫沙，〈黎明了東亞・五〉，《南方》第 137 期（1941.09），頁 26。
〔註129〕吳漫沙，〈黎明了東亞・五〉，《南方》第 137 期（1941.09），頁 29。
〔註130〕吳漫沙，〈黎明了東亞・八〉，《南方》第 141 期（1941.11），頁 37。

的意思。〔註131〕換句話說，〈黎明了東亞〉並沒有王昶雄〈淡水河的漣漪〉裡，阿川與明珠之間父母之命的難題，也沒有龍瑛宗〈午前的懸崖〉裡，張石濤父親撕裂自由戀愛的把戲，更沒有張文環〈頓悟〉裡無法言喻的苦戀。也就是說，一平與湘雲本身就處在文明化意識下，產生意志投合的愛情，其中完全沒有父母之命的阻隔，更沒有1930年代吳漫沙寫作《韭菜花》時，所運用的情色罪惡之筆法。

　　然而為什麼吳漫沙要書寫一段文明的自由戀愛，並廢棄《韭菜花》時期沾染情色並走入罪惡的書寫呢？我認為最主要的原因，不在於沒有阻隔，而在於他要鋪陳一個更大的阻隔框架，換句話說，他如同王昶雄、龍瑛宗和張文環等人一樣，要在戀愛結婚的情節裡，鋪陳負面的障礙。阻隔在這場文明戀愛之前的高牆，便是國家。如果翻開小說，只要作者寫到一平與湘雲之間的愛情，彷彿就如傳聲筒般開始講述一套國家至上的邏輯，在第一回一平就這麼提到：「……這個時代，不是講戀愛的時代了，我們做這時代的青年；是要覺悟起來，向着建設改革的大路邁進，努力創造和平，這樣纔是東亞青年的本分！」，〔註132〕在這裡，戀愛的話語完全轉移到國家建設的話語，也就是說，愛情並非這個時代所追求的事物，愛人之前必先愛國。但值得注意的是，這邊的國家建設論述，雖是從東亞青年的身分出發，然而愛人讓位給愛國的「國家」，所指的是中國建設。事實上，從一平參與的學生聯合會鬥爭事件來看，描寫的幾乎都是中國人之間，不同勢力的對抗，在第二回裡，我們可以看到這場事件中，同伴蘇亞的談話：「今天的大會，恐怕要鬧出岔子，聽說A校的同學，受了白歐的煽動……也有暴動的計劃，照這樣的消息看起來，今天的會，就有相當的危險性了！」，〔註133〕從這段文字裡，其實能發現，吳漫沙起初鋪陳的國家建設論，是在中國境內發生的中國人鬥爭，唯有解決這場鬥爭，愛情才有成立的可能。例如第七回，劍光受到槍擊，推論是白歐勢力煽動學生的行動，在受傷送進病院後，劍光提到：「……中國的青年像我這樣的流血的不知幾多呢？我們要打倒惡勢力，我們要拯救無數被壓迫的群眾……」，〔註134〕事實上，從劍光的話語中，能看到一平與劍光正在與中國的惡勢力對抗，需要打

〔註131〕吳漫沙，〈黎明了東亞‧九〉，《南方》第142期（1941.11），頁25。
〔註132〕吳漫沙，〈黎明了東亞‧一〉，《南方》第133期（1941.07），頁63。
〔註133〕吳漫沙，〈黎明了東亞‧二〉，《南方》第134期（1941.07），頁30。
〔註134〕吳漫沙，〈黎明了東亞‧七〉，《南方》第139期（1941.10），頁27。

倒這些惡勢力，解救中國境內的民眾。不同於前行研究，認為吳漫沙僅是單方面將愛人讓位給愛國，而愛國又與日本指導的東亞和平建設論相關，但我認為吳漫沙接合愛情與愛國的修辭可以二分為兩種層次，在小說裡可被區分為「中國式的愛國」以及「日本式的愛國」。而上述我所提及的部分，正是吳漫沙表露「中國式的愛國」的部分，之所以會如此表現，我認為跟吳漫沙作為華僑的身分相關，因為吳漫沙在移居到台灣之前，無論是成長環境、政治認知或是文學素養，幾乎都是在中國逐漸養成的。根據吳漫沙在戰後發表的回憶性散文《追昔集》，便曾提到自己七歲時，面臨中國處在軍閥割據的時期，使得自己的家庭也受到軍閥勢力的波及，〔註135〕甚至也提到自己在中國的少年時期，曾經參與反日運動及五三慘案的抗爭運動。〔註136〕所以對於吳漫沙而言，童年歷經過中國的軍閥割據之亂，少年時期也曾參與過守衛中國的抗爭行動，因此，在〈黎明了東亞〉裡，才會出現中國學生與所謂的中國惡勢力鬥爭，祈求中國和平建設的言詞，這樣的愛國橋段及愛國說詞，或許與吳漫沙的中國經驗相關，也就產生了一平的愛人之前必先愛國，但首先是以「中國式的愛國」登場亮相。

　　然而錯亂的處境在於，吳漫沙發表作品的場域，又是以殖民地台灣的文壇出發，去介入日本帝國以漢文統合東亞文藝的情境。因此作品中的愛人之前必先愛國，又混雜了「日本式的愛國」，一平在〈黎明了東亞〉第四回，跟湘雲提到：

> ……我自己的環境，我自己的心情，誰會知道？雲妹！這個時代的中國青年，不是講戀愛的時代了；我們要先找自己的出路，和環境奮鬥，到那時候，一切都可以迎刃而解。我不是因為有了別的女性而放掉了你！我不能接受你的愛，不敢在你面前表示愛意，你可知道我的心是怎樣難過呢？我是要征服環境，改造生活，在這個期間裡，是我努力的時期。我想要到日本去留學，研究日本的政治和教育，以及交通衛生的施設……〔註137〕

　　在這一大段引述中我們可以發現兩件要點，第一，為了中國、為了與環境奮鬥，愛人之前必先愛國，換句話說，一平並非不愛湘雲，一平與湘雲正是1920

〔註135〕吳漫沙，《追昔集》（新北：新北市政府文化局，2002.11），頁11～13。
〔註136〕吳漫沙，《追昔集》（新北：新北市政府文化局，2002.11），頁27～29。
〔註137〕吳漫沙，〈黎明了東亞・四〉，《南方》第136期（1941.08），頁28～29。

年代以來台灣知識份子所憧憬的自由戀愛，但在自由戀愛之前，必需為國家奮
鬥，國家的大愛應該處於優先的位置；第二，改造中國環境的方法，則是到日
本留學，研究政治、教育及交通衛生，在一平的說法裡呈現了一種優劣意識，
也就是中國劣等、日本進步，一種國家之間的光與影，一平的建設論必需汲取
日本的近代之光，改造中國的落後之暗。從這一段論說來看，一平將愛人讓位
給愛國，而愛國又與日本的近代文明產生接點，產生日本指導中國建設的政
治意識，由日本出發的愛國論述，就這麼順理成章地先行於男女之間的自由
戀愛。

在第二章中，故事迎來了中日戰爭，一平和劍光等人前去戰場戰鬥，在戰
鬥中，不時像政令宣導般，敘說東亞戰爭的威力，足以驅散英美勢力，使英美
人心驚膽跳，共服東亞民族的力量。然而在槍林彈雨中，劍光中了槍，被救護
隊送到戰線的傷兵病院。在傷兵病院，竟然恰巧遇到秀鵑與春曼，因為她兩人
在此病院當看護，在春曼照顧受傷的劍光時，突然浮想連篇，癡癡地幻想：

> ……我倆的命運，也許已註定了是一對戰地的鴛鴦，亂世的鶼鰈，
> 也許是血和淚構成的姻緣？要在鎗林彈雨中完成了我倆的愛，不管
> 它是生是死，我們已是愛的花園，不，愛的沙場的伴侶！不管它要
> 做花園裡的仙子，不管它要做沙場的橫屍，我倆的愛，是天長地久
> 永不毀滅了！願和平之神早些降臨，給我倆同唱東黎亞明之歌，給
> 我倆同唱愛之凱歌！〔註138〕

從這一段長篇的引述當中，我們看到劍光與春曼的愛情，是透過戰爭完成，
以戰爭加上戀愛的敘述方式，讓愛情與戰爭得到連結，徹底宣揚了戰爭的浪漫
與愛情的浪漫，更重要的是，角色們也宣揚了東亞黎明論述的浪漫。而這份東
亞黎明論述的浪漫，則是在中日戰爭爆發後，逐漸浮顯的「日本式的愛國」，也
就是切換為由日本指導東亞民族，驅散英美勢力，達到東亞場域和平的建設論，
這樣的邏輯轉換，也恰恰符合了日本帝國企圖統合東亞場域的戰爭說詞。

因此，我們得以看到吳漫沙〈黎明了東亞〉裡愛情的變化邏輯，首先愛人
之前必先愛國，但愛國卻可二分為兩種模式，一種為「中國式的愛國」，另一
種為「日本式的愛國」，在小說前半部還能看見「中國式的愛國」，但故事越往
後推進，「日本式的愛國」漸漸主宰了小說的情節。這樣錯置的書寫模式，正

〔註138〕吳漫沙，〈黎明了東亞·十六〉，《南方》第 151 期（1942.05），頁 26。另外，
原文為東黎亞明之歌，應是東亞黎明之歌的誤植。

與吳漫沙身為中國華僑，卻又在日治的台灣文壇場域出發，介入日本帝國以漢文統合東亞文藝場域的狀況習習相關，一方面吳漫沙有其成長於中國的苦難經歷，另一方面又礙於寫作時的發表環境，因此導致愛情讓位給愛國時，愛國的「國」，宛如拼貼式地混雜「中國式的愛國」及「日本式的愛國」。

如果日語的戀愛結婚報國小說和中國白話文的戀愛結婚報國小說，以雙軌並進的方式在台灣文壇場域生產，那麼吳漫沙〈黎明了東亞〉與王昶雄的〈淡水河的漣漪〉、龍瑛宗的〈午前的懸崖〉和張文環的〈頓悟〉相通的是，小說裡往往在戀愛結婚中強行置入報國的論說。但不同的是，王昶雄的〈淡水河的漣漪〉、龍瑛宗的〈午前的懸崖〉和張文環的〈頓悟〉，角色們往往歷經一段苦戀的過程，最終體會相較小情小愛，應該擁有更加崇高的國家使命，因此投入抽象的志願報國。然而吳漫沙〈黎明了東亞〉起先便沒有苦戀的描寫，而是不斷提倡建設東亞和平，才能完成個人的戀愛。其中呈現「苦戀→抽象的報國意志」vs「東亞和平建設→戀愛」，兩種不一樣的方向性。細緻來看，王昶雄、龍瑛宗和張文環，都是日治時期的台灣人，在他們所處的情境下，幾乎是以台灣人的視角，書寫苦戀到志願報國，雖然報國的內涵並不明確，但志願的處境，是與日本政府對殖民地台灣人，所實行的一連串動員政策相關，具體而言，便是從軍夫到志願兵的政策變換。但是吳漫沙身為中國華僑，成長環境與身份位置便與台灣人有所不同，其中牽涉了吳漫沙的中國經歷及其寫作時的發表場域，在錯置的身份與發言位置上，因此產生了雜揉「中國式的愛國」和「日本式的愛國」的雙重報國邏輯。

雖然多數研究者點出吳漫沙〈黎明了東亞〉裡，顯而易見的戀愛報國邏輯，但身處於日治時期的知識份子，其實在寫作的面向上，都具有游移在服膺國策／超越國策的兩面性。

1942 年 7 月，吳漫沙在《南方》第 155 期，開始連載短篇小說〈心的創痕〉，小說裡主角我，離開北國的故鄉，來到南方教書，遇見了一位女同學，短短半年間的教書生涯，女同學和我就慢慢「生出了一種美的感情」。〔註139〕主角我因為逃離北國的故鄉，逃離了家人，但事實上心中非常掛念家人，卻又遲遲不敢回去探望家人。這樣苦悶的心事被女學生看穿了，於是兩者相約夜晚暢談心事。

在對話中女學生認為，主角已經漂流了三年多，應該回去看看家人，並且

〔註139〕吳漫沙，〈心的創痕〉，《南方》第 155 期（1942.07），頁 24。

隱諱地告訴他：「你可想過帶一做媳婦去給你的媽麼？」，〔註140〕接著更清楚地向男主角表白：「你不想娶一個太々嗎？」。〔註141〕事實上，女學生與主角我已經清楚地說明愛意，兩人也在相處的過程中，漸漸成為愛侶，或可以說，吳漫沙再次使用了文明化的自由戀愛之筆法，敘述了兩性的情感關係。

雖然兩者已經成為了「精神上的知己了」，〔註142〕然而在南方卻受到他人的閒言閒語，換句話說，在南方的土地上，並不接受老師與學生之間，擁有自由戀愛的關係，這樣的書寫方式，是利用 1920 年代以來，文明戀愛與社會舊習之間的矛盾，書寫兩性結合的難題。但解決這場矛盾的方法，並非改革社會的舊習，而是逃離南方再度回到北方。

回到北國後，男女主角順利結了婚，同樣地沒有經過父母之命的干涉，而是心意相投的結婚，但本該就此過著幸福美滿的生活，七七事變卻爆發了。主角在時局下從事前線記者，妻子與家人開始紛紛逃命，故事中描摹了戰場的硝煙、子彈與砲火，寫下了戰爭的殘酷與喧囂。在戰爭的烽火逼近故鄉後，主角再也忍不住，決定離開戰火前線，回到故鄉看妻子與家人的狀況，在男主角的視線中，城鎮幾乎滿目瘡痍，從故鄉逃出的難民告知他，他的家人也逃出來了，只是無法確知他們的處境。

就在主角尋找家人的過程中，他來到一個破落的家屋，突然間，他聽到斷續的呻吟聲，向聲音尋找過去，看見一個女人並聞到了血腥氣。沒想到，居然是自己已經受孕的妻子生下孩子，兩者的婚姻在戰爭的摧殘下，好不容易才有了愛的結晶，但晴天霹靂的是，女主角告訴男主角，他的母親已經死亡，在這裡，吳漫沙透過女主角的話語，對戰爭發出了批判之聲：「雄！戰爭！戰爭就是這樣的淒慘！……它，它給我們的教訓太殘酷了！……雄！我們簡直不是過著人的世界……」，〔註143〕在此，不同於〈黎明了東亞〉，吳漫沙用心意相通的婚戀敘述，並產下愛的結晶之情節，在戰火連天的氣氛下，對中日戰爭發出批判之聲，放在 1942 年《南方》充斥著國策宣言的文化場域下，可說是難得的戰爭控訴，讀者讀到這邊，幾乎會感受到中日戰爭的悲涼與殘酷，看見吳漫沙超越國策收編，並批判中日戰爭的傾向。

顯而易見的是，在〈黎明了東亞〉裡，由日本作為指導中心，越發強化的

〔註140〕吳漫沙，〈心的創痕〉，《南方》第 155 期（1942.07），頁 26。
〔註141〕吳漫沙，〈心的創痕〉，《南方》第 155 期（1942.07），頁 26。
〔註142〕吳漫沙，〈心的創痕〉，《南方》第 156 期（1942.07），頁 17。
〔註143〕吳漫沙，〈心的創痕〉，《南方》第 157 期（1942.08），頁 25。

東亞和平建設論，已經在這篇小說消退，言情的成份增加不少，控訴戰爭的情節也增添許多，或可以說，作者正在逐漸削弱小說裡，戀愛結婚接合報國的邏輯，轉向控訴戰爭的描寫。然而在《南方》第 172 期，吳漫沙又開始出版國策宣傳小說《莎秧的鐘》，〔註 144〕《莎秧的鐘》是由政府當局表揚原住民少女莎秧，為日本人恩師搬運行李而喪生，所製造的一個愛國故事，根據下村作次郎戰後以書信訪問吳漫沙，吳漫沙提到自己並沒有讀過村上元三氏的故事版本，僅看過日本新劇團在台北演出，覺得劇情可愛，便憑其梗概構想寫作，出版後受讀者好評。〔註 145〕因此，我們或許可以推論吳漫沙看了演出，並在《南方》高度宣揚國策的氛圍下，再次書寫了愛國的小說，從吳漫沙的案例，或許能看到在戰爭時期，因身份位置及寫作環境，於服膺國策與超越國策的兩面性之間，不斷游移變換的作家身影吧。

第三節　走出報國之外的戀愛結婚小說

誠如前兩節所述，在日本帝國驅動文藝的政治效用時，作家不得不寫下戀愛加上報國的婚戀小說，但正如前一小節吳漫沙的案例所示，其實在 1937 年至 1945 年漫長的戰爭期當中，小說家不斷地在國策的壓力下游移變換。事實上，諸多作家都存在著超越國策的一面，本節的主要核心就在探討，在戰爭期間，在報國之外作家寫下的婚戀小說，究竟書寫了什麼樣的內容？以下我將以三個段落，說明日人與台人作家在走出報國之後，又開啟文明啟蒙、幸福論述與女性視野的路程。

一、走入啟蒙之中

誠如張文環的研究者野間信幸所言，張文環其實存在著描摹台灣鄉土之愛與積極協力國策的二面性，〔註 146〕事實上，根據上一節對於〈頓悟〉這篇

〔註 144〕吳漫沙，〈『莎秧的鐘』小說刊行的前言〉，《南方》第 172 期（1943.04），頁 17～18；〈新書出版〉，《南方》第 172 期（1943.04），頁 41。

〔註 145〕下村作次郎，〈日本から逆輸入された『サヨンの鐘』の物語〉，收錄於藤井省三、黃英哲、垂水千惠編，《台湾の「大東亜戦争」文学・メディア・文化》（東京：東京大學出版會，2002.12），頁 201。

〔註 146〕野間信幸，〈張文環の戦争協力と文学活動〉，收錄於藤井省三、黃英哲、垂水千惠編，《台湾の「大東亜戦争」文学・メディア・文化》（東京：東京大學出版會，2002.12），頁 110。

小說的分析，我們看到了對於愛情進退失據的青年，如何在志願的浪潮下，忽然間得到精神性的飛越，獲取雄渾明朗的人生觀。實際上，在 1941 年 5 月，張文環尚未成為皇民奉公會臺北支部參議以前，是以〈藝妲之家〉，在雜誌《臺灣文學》發表戀愛結婚相關的小說。那麼該篇小說又書寫了怎樣的內容呢？

小說一開始敘述著男主角楊秋成，從台南跑到台北找心儀的藝妲采雲，作者提到楊秋成與采雲之間，是站在兩人心意相合的基礎上戀愛，然而楊秋成卻在意采雲操持著藝妲，這樣看似不潔的職業，因此對於采雲的愛情感到猶豫不決。〔註 147〕而這樣的操作，一樣是張文環擅長使用的進退失據之青年角色，自張文環 1933 年發表〈貞操〉，以及 1940 年連載的〈山茶花〉以來，便時常使用這樣的寫作手法。對於采雲來說，其實也打從內心愛著秋成，但橫亙兩者之間的是看似不潔的藝妲身分。對汙穢的精神肉體感到嫌惡的秋成，甚至以譏刺的言語，質問采雲究竟還要當藝妲多久？〔註 148〕采雲因此發怒並苦惱著，她知道「得到一個男人的愛情，是比獲得數百位男人的羨望，或許更困難數十倍。但是相較於被眾多男人愛慕，被一個男人打從心底愛著，是更加幸福的事。采雲雖然想過這點，但一望見楊的煩惱，就想草草算了，反正自己是被推入不幸深淵的女人。」〔註 149〕從這段采雲內心的告白，可以看到采雲也立足於精神上的愛情基礎，想好好把握一個男人打從心底散發的愛意。因此在小說中，看似不潔的藝妲身分，似乎就是兩人愛情之間的鴻溝，那為什麼采雲會變成藝妲呢？

追溯過往，采雲的生家經濟狀況欠佳，家計相當貧窮，為了家庭，所以被販賣到另一戶家庭。不過雖然被販賣到另一戶人家，卻並沒有受到苛刻的對待，甚至送采雲去公學校就讀。當采雲公學校畢業，十四歲的時候，母女就開始到福興茶行從事選茶的工作，〔註 150〕由於采雲到了十六歲之後，越發變得

〔註 147〕張文環，〈藝妲の家〉，《臺灣文學》第 1 卷第 1 號（1941.05），頁 49。
〔註 148〕張文環，〈藝妲の家〉，《臺灣文學》第 1 卷第 1 號（1941.05），頁 54。
〔註 149〕張文環，〈藝妲の家〉，《臺灣文學》第 1 卷第 1 號（1941.05），頁 55。
〔註 150〕根據許佩賢的研究，1920 年代至 1930 年代，公學校畢業生有兩種出路，一種為畢業後即就業，通常以勞力工作的農業、水產、礦業等等為主，另一種為升上公學校高等科，求取比一般公學校更高等的學歷。參見許佩賢，《殖民地臺灣近代教育的鏡像──一九三〇年代臺灣的教育與社會》（新北：衛城出版，2015.12），頁 79～86。以文內采雲的狀況來看，應是公學校畢業後，就立即跟隨母親到福興茶行從事勞力工作，未繼續升上公學校高等科求取更高學歷。

美麗，受到眾人的注目，母親也因此感到驕傲，雖然並非是自己的親生女兒，卻好像擁有生產腹痛的回憶一般，所以感到相當歡喜。

在工廠的阿春婆就來向采雲的母親遊說，提到茶行的主人迷上了采雲，但茶行主人已經六十歲了，實在不方便講明，如果方便的話，可以讓采雲與主人在別莊住上三個晚上，主人將會送六百元現金，以及贈送一對金手環。

雖然母親的心裡曾想過這樣的交易，將會對采雲造成傷害，但魅惑於金錢的魔力底下，母親下定決心要得到這筆錢財，甚至抓緊機會，便帶采雲從茶行主人面前通過，並為采雲化妝打扮，帶采雲到化妝品店與吳服店。〔註 151〕最後阿春婆性急難耐，再次與采雲的母親洽談這筆交易，采雲的母親以委婉的說法提到：「這件事情，跟我們沒有關係。」。〔註 152〕事實上是默許了這筆性交易，條件是帶采雲到別莊時，先給一半的錢，三個晚上過後，母親要帶回采雲時，再獲得剩下全部的錢。實際帶到別莊的慘狀，連張文環自己都從小說中跳出來，以作者的身分，說到這段殘酷的行徑，實在不敢書寫下去。〔註 153〕從這一段落中，其實家庭裡的父親角色並沒有出現，因此家庭的權力壓迫移轉到母親這名角色上，母親貪慕金錢，與阿春婆和茶商主人共謀了性交易，正是刻劃了母親充分掌握家庭的權威，貪戀金錢，並走向謀害自己女兒的殘忍現實，恰恰表現了采雲新家庭的母親，對於女兒的權力壓迫。在資本的中介中，並非1930 年代的婚戀小說，以露骨的筆法展現桃色豔情，再逐步邁向自我的墮落之道，而是對於家庭權力充斥的封建社會，寫實地揭露批判的訊息。

在那之後，采雲度過了一陣痛苦的日子。在逐漸釋懷後，她與公學校的友人秀英，在淡水河岸，往大龍峒散步，比起采雲，秀英的頭腦聰明開化，時常談到資本家的榨取和戀愛至上主義的問題，尤其對於戀愛問題了解得相當透徹。關於戀愛問題，「一定要理論與實踐相符一致才行」，〔註 154〕秀英這麼說道。如果我們讀到戀愛至上主義這個關鍵詞，那麼就不能不想到 1920 年代以來，台灣知識份子一直強調的戀愛論述，那就是愛情是建立在兩者精神上的理解，對於肉慾為主的愛情採取否定的姿態，唯有精神之愛，才確實傳達了「近代」的戀愛。因此，與前一段母親以親權合謀詐取采雲肉體性的關係，正是表現了相反的情感邏輯。用母親和秀英對比，傳達了以秀英為主的戀愛至上主義

〔註 151〕張文環，〈藝妲の家〉，《臺灣文學》第 1 卷第 1 號（1941.05），頁 63～64。
〔註 152〕張文環，〈藝妲の家〉，《臺灣文學》第 1 卷第 1 號（1941.05），頁 64。
〔註 153〕張文環，〈藝妲の家〉，《臺灣文學》第 1 卷第 1 號（1941.05），頁 66。
〔註 154〕張文環，〈藝妲の家〉，《臺灣文學》第 1 卷第 1 號（1941.05），頁 67。

之近代性，和僅想透過女兒肉體獲取錢財的封建性，而采雲就在這場封建性和近代性的夾層中擺盪，並在接下來的情節中進退失據。

　　接著，采雲在秀英的介紹下，來到大稻埕太平町的日進雜貨店工作。〔註155〕有一天秀英與采雲兩人在孔子廟暢談戀愛結婚問題，提到男子似乎沒有像女子一般，擁有堅定可靠的愛情，秀英談到：「小說中寫作是有的，但還是依照教養和人格吧。」，〔註156〕談到教養與人格，兩人開始談論起店內的流言蜚語，接著廖清泉這名角色便從談話中登場了，廖清泉是一名時常來店面拜訪的客人，因為與主人的兒子同年級，所以經常前來，是一名沉默寡言又有點神經質的年輕人，從小說的線索中，主人的兒子似乎已經身亡，也許看到這位青年就會想起已死的兒子，所以經常邀請廖清泉來客廳坐。廖清泉一週會來拜訪一次，這時他會在客廳坐著看內地的新聞。事實上，讀新聞這件事，在小說中象徵著汲取近代知識的能力，在先前采雲與秀英大談資本榨取與戀愛問題時，也特別強調秀英具備閱讀新聞的能力。〔註157〕在此之上，廖清泉又是閱讀內地的新聞，其實讀者若從采雲僅只公學校學歷，未繼續升上公學校高等科，畢業後就立即從事勞力活動，以這樣的智識能力而言，采雲望向廖清泉的視線中，廖清泉幾乎散發著汲取近代文明的知識份子之魅力，換句話說，如果采雲戀慕廖清泉，廖清泉可說是代表文明的理想之佳人。

　　在老闆娘的作媒下，小說中逐步促成采雲與廖清泉的婚姻，在秀英的幫助下，采雲和清泉第一次擁有了私下碰面的機會。但采雲實際上對自己並沒有什麼自信，覺得自己是貧窮人、是不幸的人，她在碰上清泉時就強調：「我覺得很幸福，像我這樣毫不足道的女性，果真能夠遇見幸福的境遇，非常感謝。」，〔註158〕清泉回應道：「采雲，不能自卑，貧窮不是可恥的事，世間中還有更可恥的事情。那就是男女沒有節操。也就是說，要知道禮義廉恥。」，〔註159〕其實從這句話，我們就能略為推測張文環所設下的伏筆，清泉認為男女要有節操，沒有節操才是真正的可恥，或許節操在這個脈絡中，可以當作排除肉體性的精神之愛吧。

〔註155〕從采雲不斷從事勞力工作的狀況來看，也可看出采雲在公學校畢業後，就沒有繼續往高等科升學，遑論受到更為高等的教育，獲得新知，因此采雲的身份處於公學業畢業即就業的智識階層。

〔註156〕張文環，〈藝妲の家〉，《臺灣文學》第1卷第1號（1941.05），頁70。

〔註157〕張文環，〈藝妲の家〉，《臺灣文學》第1卷第1號（1941.05），頁67。

〔註158〕張文環，〈藝妲の家〉，《臺灣文學》第1卷第1號（1941.05），頁73。

〔註159〕張文環，〈藝妲の家〉，《臺灣文學》第1卷第1號（1941.05），頁73。

事實上，節操這個說法，很快地便引爆采雲和清泉的衝突，有一天清泉臉色蒼白地來到采雲的店，並交給她一張紙片，紙片中邀請采雲往大橋畔走去，隨著清泉的步伐，兩人走進甘蔗田中。突然間，清泉回頭，對采雲使勁大叫：「你是背叛者。」〔註160〕之所以清泉稱采雲為背叛者，是因為以前的同窗好友陳得秀，目前在東京醫專就讀，暑期回台時總會跟清泉遊玩，清泉跟得秀提到他目前的婚約，結果得秀看了那名店員後，發現那不正是自己中學四年級時，所單戀的選茶女嗎？而那名選茶女早已被自己的叔父侵犯，是一名被金錢束縛的女性，對那樣以金錢為目的的女性而言，除了輕蔑以外無話可說。清泉知道了這個消息後面臨崩潰，對於清泉這名以近代知識為模範的青年，勢必對戀愛以個人精神結合，而非用金錢的肉慾結合，是再熟悉不過了，加上清泉侃侃而談男女要有節操，必需知道禮義廉恥的說法，更確信清泉的戀愛理想，便是排除金錢肉慾，懷抱純潔無垢的精神之愛。到了這個境地，無論是站在清泉的視角，又或采雲的視角，精神之愛的理想早已面臨崩壞的結局，飄盪在甘蔗田的風中，唯有絕望與悲哀的嗚咽。日後，清泉赴內地留學，采雲為了離開台北這個令人傷心的地方，來到台南開始從事藝妲行業，這也就是采雲成為藝妲的原因。

采雲來到台南後，學習了各種藝妲的知識與技巧，在接待客人的過程中，遇到了小說一開頭描述的，一位純情的青年楊秋成，楊秋成是中學畢業的直率青年，主要自行經營雜貨店，會來藝妲間也是為了與商業上的夥伴交際應酬，但不太喝酒而且沉默寡言，即便大家吵鬧不休，他也仍舊擺出沉默的姿態，因為在他腦海中盤旋的，只有采雲的幻影。〔註161〕

楊秋成三番兩次希望采雲放棄操持藝妲的行業，即使采雲有資格回到台北當上一流藝妲，楊秋成仍舊從台南寫信，催促采雲，希望她辭掉藝妲工作，與他結婚。但橫亙在兩者之間的藝妲身分，背後存在著母親壓迫采雲的成分，壓迫采雲的並非是家中的父權，而是轉移至母親的權力慾望，並充分散佈在采雲的藝妲職業之中，希望利用采雲的姿色賺取錢財，在母親象徵的封建性權力，和楊秋成以純愛作為基準的近代性之間，使得采雲「進退兩難內心空無」，〔註162〕在采雲的進退兩難之間，最終采雲看向河面，發現原來河面沒有加蓋，

〔註160〕張文環，〈藝妲の家〉，《臺灣文學》第1卷第1號（1941.05），頁74。
〔註161〕張文環，〈藝妲の家〉，《臺灣文學》第1卷第1號（1941.05），頁82。
〔註162〕張文環，〈藝妲の家〉，《臺灣文學》第1卷第1號（1941.05），頁86。

在這樣的社會，自殺是唯一的解決之道吧。事實上，張文環充分描寫了這種困於封建／近代、傳統／現代的人物，在〈藝妲之家〉裡，更深刻地勾畫台灣在地的封建傳統，與戀愛至上主義的精神性理想，產生矛盾與對抗的衝突。這樣的書寫手法，實際上可以看做是 1920 年代以來新知識份子，對於台灣在地鄉土是否能夠實踐自由戀愛的提問，很顯然在張文環的筆下，給出了否定的答案，並充分顯露女性情感無法自主的悲哀，因此，在這隱然的哀愁中，張文環對突破封建壓力的戀愛自由，發出了文明啟蒙的訊息。

但實際上〈藝妲之家〉的刊出，我們必須放回戰時體制的脈絡來閱讀，1940年日本第二次近衛內閣成立，日本政府因應新體制推動大政翼贊運動。大政翼贊運動誠如先前所述，其特徵在於高度活用文化的政治效用，使得台灣殖民地文壇因為文化運動的復甦，而得到再次活絡的機會。因此透過這樣的振興機會，張文環在尚未被編入皇民奉公組織前，利用文藝振興的效應，書寫並繼承了台灣新知識份子自 1920 年代以來，一直反覆探究的自由戀愛問題，其中絲毫沒有報國精神的意識介入，而是張文環擅長操作的封建性與近代性之間，遊走徘徊、進退失據的筆法。從這樣的戀愛思考脈絡中，正表現了張文環在戰時體制的婚戀小說裡，書寫走出報國之外，和走入封建，並望向近代文明的啟蒙之路。

同樣書寫家庭親權壓迫，投入戀愛近代性的啟蒙性作家，不只是日語作家的專屬權利。事實上，在《風月報》與《南方》執筆的小說家徐坤泉，也書寫了長篇連載小說〈新孟母〉。〈新孟母〉從七七事變後，於 1937 年 10 月 16 日開始連載，其流行的程度，甚至有讀者來信詢問是否會發行單行本。[註163]雖然因 1939 年徐坤泉身兼數職，導致〈新孟母〉一度停止連載，[註164]《風月報》時常刊登徐坤泉因過於繁忙，使得〈新孟母〉連載狀況不甚穩定，[註165]甚至從 1939 年開始暫停連載，但是自《風月報》改題為《南方》後，自 1942年 5 月又再度強勢連載。然而不知道是徐坤泉自身的外務，又或是《南方》受到戰爭局勢緊縮的影響，〈新孟母〉自三十四回的綴網蜘蛛篇後，便沒有下一回了，不過從小說不斷連載，又獲得讀者支持的狀況來看，實有探討的必要性。

[註163]〈來信〉，《風月報》第 60 期 3 月號下卷（1938.04），頁 23。
[註164] 老徐，〈一筆的舊帳〉，《風月報》第 77 期正月號上卷（1939.01）。
[註165] 編輯部，〈編輯部謹告〉，《風月報》第 78 期正月號下卷（1939.01），頁 16；〈編輯室〉，《風月報》第 79 期 2 月號上卷（1939.02），頁 12。

　　〈新孟母〉將要連載時，在《風月報》打著響亮的標語：「是一部純家庭社會可歌可泣的新小說，描寫新女性受舊家庭社會摧殘的慘史」，〔註166〕從標語來看，大致能猜出小說的母題，將會圍繞在「新女性」與「舊家庭」的對抗，這樣的母題，其實也是 1920 年代以降，台灣知識份子思考的新舊對抗、新舊混雜與新舊調和的問題。在前行研究中，有研究者已經點出〈新孟母〉中徐坤泉意欲建構的賢妻良母形象，批判新女性，以及小說中男尊女卑的雙重標準。〔註167〕僅管研究者有指出徐坤泉的賢妻良母觀念，跟日治末期國家所期待的家政報國相關，〔註168〕但尚未進一步進行文本分析，尚未論述戰爭時期徐坤泉所建構的良妻賢母形象，究竟跟國家動員有什麼樣的接點？又或者擁有超出國家政策的可能？筆者認為如果要解讀該篇小說，應將小說放回 1937 年七七事變爆發後，將國家對女性的報國要求，與〈新孟母〉之間的情節，交互比對，進行文本分析，方能理解小說文本生產的時代性。

　　在小說第一回，作者設定葉秀慧、林碧霞和許月雲等女主角們，是 S 高等女學校的學生。根據洪郁如的研究，隨著女子高等教育制度的完備，在 1920 年代以降，殖民地「新女性」所指的是高等女學校的在校生、畢業生，有時也因應殖民地情況而有所不同，因為在殖民地台灣，初等教育階段便已呈現菁英教育的性格，所以殖民地台灣的新女性集團，同時也囊括小學校及公學校出身者。〔註169〕在第二次《台灣教育令》發布後，高等女學校的方針逐漸確立，養成台灣高女日本化的近代知識及教養。〔註170〕在〈新孟母〉的故事中，葉秀慧、林碧霞和許月雲等女主角們，的確是受高女教育的新女性，透過林玉山的插畫，我們也能看到三位女主角，腳踏皮鞋，身穿水兵服的模樣。浮現在讀者眼簾的，便是受殖民地新式教育的新女性樣貌。然而徘徊於十字街頭的問題，誠如秀慧的心理空想所言：「……自己所受的教育是新的，家庭是舊的，社會環境，又是半新半舊，使她時時自己發生懷疑的念頭，不知道要怎樣做一

〔註166〕〈連載長篇小說〉，《風月報》第 50 期 10 月號下卷（1937.10）。

〔註167〕林姵吟，《台灣文學中的性別與族裔：從日治到當代》（臺北市：國立臺灣大學出版中心，2021.08），頁 71～73。

〔註168〕林姵吟，《台灣文學中的性別與族裔：從日治到當代》（臺北市：國立臺灣大學出版中心，2021.08），頁 65～66。

〔註169〕洪郁如著，吳佩珍、吳亦昕譯，《近代台灣女性史：日治時期新女性的誕生》（台北：臺大出版中心，2017.6），頁 166～167。

〔註170〕洪郁如著，吳佩珍、吳亦昕譯，《近代台灣女性史：日治時期新女性的誕生》（台北：臺大出版中心，2017.6），頁 192～196。

個時代真實的女性……」，〔註171〕從這段引述，又再次把小說核心的命題點出來，就是新女性如何與舊家庭縫合，新舊之間會產生怎樣的變化？事實上，從秀慧與碧霞之間關於婚姻的對話中，能得知碧霞的婚姻是由父母主婚，在舊社會的束縛下，「……就是有戀愛之名，亦無戀愛之實，凡事總要經過父母的承認，否則斷然不能成為美滿的婚姻的呀！……」，〔註172〕從這段話來看，在戀愛結婚的問題上，一樣表現了「新式」戀愛與「舊式」父母主婚的齟齬。

值得注意的是，在小說第二回的時候，有一段非常冗長的校長訓話，首先校長提到徐坤泉筆下一貫的反摩登論述，接著重要的是，校長提到：「……處在這非常時的女性，更不得不進一步認識，家庭的服務，完全就是你們對國家社會莫大的貢獻……」。〔註173〕若我們放回發表小說的年代，正是中日戰爭爆發後不久，因此在這個戰爭緊繃的年代，在這個「非常時」的年代，女性必須認識家庭服務，以此報效國家。換句話說，這裡以校長的官方訓話，表徵官方的立場，企圖動員具備日本化、近代化的高女集團，擔負守護家庭的職責，在守護家庭這個單位的同時，便能往外擴及，守護國家這個更大的組織。校長更提到：

> ……這個時代「賢妻良母」的意義，和昔日的所謂「賢妻良母」的
> 意義，有些不同了，絕不是只有「三從四德」就可以了責的，必有
> 正確認識時流的思想，不要把家政的原理，視為一種抽象的觀念，
> 須有實際的訓鍊，如家庭衛生，家庭藝術，（則家庭裝飾），嬰孩保
> 護法，兒童心理，烹飪，縫紉等，都是女性不能不具的基本智識，
> 要怎樣把一個家庭變成兒女丈夫的樂園，是你們畢業後惟一的重大
> 使命……〔註174〕

從這段長引文當中，賢妻良母的定義，從校長官方的立場而言，產生了現代化的詮釋，也就是說，賢妻良母並非舊式的三從四德，而是具備科學的家庭衛生、兒童保護與兒童心理，並兼顧烹飪和縫紉等職能，是一種具備「近代」

〔註171〕阿Q之弟，〈新孟母・空思夢想談婚姻（一）〉，《風月報》第50期10月號下卷（1937.10），頁31。

〔註172〕阿Q之弟，〈新孟母・空思夢想談婚姻（一）〉，《風月報》第50期10月號下卷（1937.10），頁32。

〔註173〕阿Q之弟，〈新孟母・客裏同窓直到今，他山借助五年深，【2】〉，《風月報》第51期11月號上卷（1937.11），頁37。

〔註174〕阿Q之弟，〈新孟母・客裏同窓直到今，他山借助五年深，【2】〉，《風月報》第51期11月號上卷（1937.11），頁37。

視野的賢妻良母。通過這種近代化改造的家庭守護法則,在「非常時」的戰爭階段,企圖動員殖民地新女性進行護家報國。

事實上,自1919年臺灣教育令發布後,女子教育便與貞順溫和的女子養成掛勾,到了1922年,無論是台人女子學校或日人女子學校,均改為高等女學校,目的在於實施高等普通教育、涵養婦德與貫徹國民精神,1930年代的私立女子高等學院也以涵養婦德為方針。〔註175〕可以說,自1919年臺灣教育令頒布開始,女子教育便與培養賢淑的女學生為目標,將女學生培養為未來的賢妻良母。另外,為貫徹同化臺灣人的目的,也使女學生加強日語學習並涵養國民精神。到了戰爭時期,總督府也重視女學生與年輕女性的戰時教育,在1935年至1940年之間,女子中等學校增加了鍛鍊皇民精神的公民科目,台北第二高女在1938年也出現時局相關的考題,目的在於增強女學生的皇民精神。〔註176〕另一方面,政府也透過女子青年團的組織,在戰爭爆發後,女性需接受急救法的訓練、洗滌衣物、幫忙煮飯等等,從青年團幹部及團員的訓練中,也可以看到皇國精神的教養,例如參拜神社,或者藉由茶道和插花等訓練,以女性作為皇民精神的載體,編入台灣人家庭,進行家庭改善。〔註177〕雖然徐坤泉〈新孟母〉中的校長訓話,與實際的女學生訓練或者女子青年團訓練並不完全相同,小說中的校長訓話缺乏皇民精神的灌輸,然而透過女性的精神鍛鍊與日常勞動改造,達到時局之下改造家庭,進而達到國防國家的目的,基本上是殊途同歸。

在校長的長篇訓話後,烙印在秀慧腦海的,便是「希望做能做個真實的賢妻良母」〔註178〕和「做個時代真實模範的女性」,〔註179〕然而徐坤泉真如複製官製論述般,闡揚近代化護家報國的女性典範嗎?實際上,當秀慧回到家

〔註175〕游鑑明,〈日據時期臺灣的女子教育〉(台北市:國立師範大學歷史研究所碩士論文,1988),頁55。

〔註176〕楊雅慧,〈戰時體制下的台灣婦女(1937〜1945)——日本殖民政府的教化與動員〉(新竹市:國立清華大學歷史研究所一般史組碩士論文,1994),頁24〜25。

〔註177〕楊雅慧,〈戰時體制下的台灣婦女(1937〜1945)——日本殖民政府的教化與動員〉(新竹市:國立清華大學歷史研究所一般史組碩士論文,1994),頁26〜27。

〔註178〕阿Q之弟,〈新孟母‧客裏同窗直到今,他山借助五年深,【2】〉,《風月報》第51期11月號上卷(1937.11),頁38。

〔註179〕阿Q之弟,〈新孟母‧客裏同窗直到今,他山借助五年深,【2】〉,《風月報》第51期11月號上卷(1937.11),頁38。

後，開啟了媒人賜嫂仔的媒妁之言篇章，極盡表現媒人賜嫂仔為了錢財，而介紹婚姻的手段。但故事中，秀慧其實已經與清德默默通信，交換彼此的心意。在秀慧的家人方面，母親、父親與哥哥也是站在如下的立場：需以秀慧本人的意志為依歸。在這裡便呈現了媒人賜嫂仔中介婚姻的封建性，與支持秀慧本人意志的文明性，而這裡的對抗構圖，則由尊重個人意志的戀愛畫下句點，表現了秀慧與清德之間透過信件的心意溝通，在舊社會的環境下，達到自由戀愛並邁入婚姻自主的理想。

然而故事一波未平一波又起，因為賜嫂仔作媒不成，便抱恨在心，決心要訪問清德的母親國嫂仔，存心中傷秀慧的素行。通過賜嫂仔對國嫂仔的言語煽動，讓國嫂仔對秀慧有了負面印象，因此引爆激烈的婆媳糾紛，秀慧遭到賜嫂仔與國嫂仔的毒罵，然而秀慧的回應，居然是萬事都是自己的不是，一定要尊崇母親的意見從事作為人婦的本份。甚至賜嫂仔更為國嫂仔獻計，要國嫂仔裝病，不要秀慧下跪道歉絕不起來。雖然在清德的心裡認為：「……無論如何他是不願給秀慧做出這樣封建時代的事的……」，〔註180〕但是秀慧卻說：「……那是沒有什麼奇怪的事，而且亦沒有不應該的事，臺灣的新女性，只知自己的新，自作聰明，而不知全家和平的幸福，所以常常鬧起事來，這完全是媳婦的責任，德請你要明白這一點！……」，〔註181〕因此秀慧真的走到清德母親的房裡，下跪道歉。在秀慧的故事線中，再次充分描寫媒人賜嫂仔這名角色，不斷介入家庭，加重家庭封建性的機能，使得這條敘事線不停暴露醜陋的家庭紛爭，使秀慧不斷重回孝順翁姑的循環，產生新女性承擔舊倫理的責任，塑造秀慧完全屈從母親的權力壓迫，一心一意成為賢妻良母的角色。

然而這裡的賢妻良母，與官方製造的近代化家庭守護，以至於上達國家守護的意涵有所區別。基本上這裡的賢妻良母議題，仍然是台灣人傳統家庭的婆媳糾紛，秀慧是透過女性的近代身體與精神，去守護傳統的孝順父母倫理，維護舊家庭的規範秩序。不同於校長訓示的，學習近代化、科學化的日常勞動，進行家庭改造，徐坤泉是以同一個賢妻良母的修辭，從國防國家的目的，置換為暴露封建家庭的問題，以及秀慧此一新女性，如何在封建性濃厚的媒人與母

〔註180〕阿Q之弟，〈新孟母・如此賢婦【19】〉，《風月報》第70期8月號下卷（1938.08），頁18。

〔註181〕阿Q之弟，〈新孟母・如此賢婦【19】〉，《風月報》第70期8月號下卷（1938.08），頁18。

親之權力下，調解新舊倫理的價值。換句話說，徐坤泉等於在小說的第二章，披上一層以女性守護家庭保衛國家的賢妻良母論，看似達到國策動員高女集團的目的，然而小說越往後推進，卻越能看見徐坤泉意欲暴露的封建家庭問題，以及新舊價值之間的齟齬。

　　在小說裡，秀慧的地位幾乎位於上流家庭，既是高女畢業，先生又是醫生，然而為了維護家庭的封建構造，秀慧極盡所能地勞動，盡其所能地完成孝順翁姑的使命。然而作者徐坤泉又安排了一場家庭紛爭的事件，當秀慧正在拿母家送來的雞鴨時，國嫂仔便起了疑心，偷看秀慧有沒有偷吃東西，媒婆賜嫂仔趁廳裡四下無人，便偷走了清德的錢包。發現錢包被偷後，國嫂仔懷疑是秀慧與送雞鴨來的明珠裡應外合，偷偷拿走了清德的錢包。因此開啟激烈的婆媳糾紛，國嫂仔甚至跟清德揚言，只有兩條路，有了秀慧就沒有母親，有了母親就沒有秀慧。家庭內母親的權力壓迫在此達到極致，但是為了家庭和睦，為了極盡孝道，秀慧仍然扮演退讓的角色，與翁姑道歉，被趕回母家。從秀慧這名角色來看，讀者能看到，秀慧不斷自願承受翁姑的權力壓迫，不斷以其近代的精神與身體，去調和、去維護舊家庭的傳統秩序，完全表現了傳統價值的賢妻良母。另一方面，在一場又一場的家庭紛爭中，又極盡所能地暴露媒婆賜嫂仔與翁姑國嫂仔，兩人幾乎合作無間地，摧毀清德與秀慧建立在兩人心意相通的戀愛結婚，因此讀者又能窺見台灣社會濃厚的封建性。在文明結婚與舊式家庭的衝擊之下，讀者能從新知識份子清德的視野，產生批判臺灣封建社會的感覺結構。在戰爭時期徐坤泉發表的這篇〈新孟母〉，其中巧妙的構圖，恰恰是在小說開頭披上國策宣傳的賢妻良母外衣，然而小說情節越是往後推進，越能看見主角脫去國策的外衣，表現舊式家庭的賢妻良母形象，書寫新式婚姻與舊式家庭的衝突，展現批判封建傳統的文明觀念。徐坤泉通過這篇小說，正是以迂迴的路徑，走出國策之外，又再走入啟蒙批判之中。

二、走入幸福之中

　　除了延續戀愛、婚姻、家庭交相衝突的小說架構，以及透過這樣的書寫架構，傳達文明啟蒙的訊息，作家龍瑛宗也開啟了尋求人生幸福的書寫議題。雖然龍瑛宗於 1941 年 7 月，發表了沾染高度時局色彩的作品〈午前的懸崖〉，不過根據研究者王惠珍的考察，1941 年 4 月至 1942 年 1 月左右，龍瑛宗被調任

至臺灣銀行花蓮分行，在花蓮待了十個月之久。〔註182〕在花蓮的龍瑛宗，應是遠離帝國意志的喧囂，遠眺太平洋，叩問生命的意義，發掘另一個文學創作的母題，尋找「幸福」的意義。〔註183〕1942年9月在《文藝臺灣》第四卷第六號，龍瑛宗便發表了〈不為人知的幸福〉，故事中，講述一對貧窮的夫妻，因為丈夫病倒了，無法工作，妻子也勞心勞力地照顧丈夫。見到此一情狀的每個人，都說妻子是陷於不幸當中。從旁觀者的眼光來看，夫妻的生活確實相當悽慘，第一是貧窮，第二則是丈夫臥病在床。但妻子並不那麼想，她認為自己擁有人人稱羨的幸福。

在她的村莊中，有自幼便如掌中明珠般養育，從女學校畢業，令人神往的美人。後來美人嫁給了十數萬元的資產家，丈夫儼然是內地學校畢業的貴公子，兩人的婚姻，簡直是羨煞旁人的神仙眷侶。然而不過兩三年的時間，丈夫便愛上其他女子，有錢的他會愛上其他女人不是沒有道理。後來事業起起伏伏，說到底，這樣的男人無法將全部的愛情奉獻給一名女人。而且女方因為嫁給資產家，連零用錢的使用也不自由，只是美其名的幸福罷了。每當自己遇到那名朋友，那名朋友就會談到她的苦悶生活，哀嘆自己是不幸的女人。

因此，相較於財富滿盈卻精神貧乏，丈夫無法全心全意只愛自己的朋友，女主角雖然沒有可資匹配的財富，卻擁有鍾情自己的丈夫，所以比起嫁入豪門，女主角在愛情的精神上，過得更加幸福。

再者，女主角也有一段不幸的過去，女主角原本出生於王家，但因為養育費的問題，在二歲的時候便以媳婦仔的名義送給梁家。但是在梁家不僅沒有過上幸福的生活，每日操勞損害健康，甚至會被未來即將成為自己丈夫的阿良欺負。在女主角十六歲，阿良十八歲時，兩人必須結婚，不然自己就會被姑姑賣去娼家，因此勢必走向苦痛的婚姻生活。結婚後女主角一樣操勞身體，當自己不舒服時，原本舅舅想要請醫生醫治，卻遭到姑姑的誤會，到處謠傳舅舅與自己授受不親的言論。更有甚者，丈夫酒醉後還對女主角施暴，使女主角不堪忍受這樣的生活。因此，女主角辦理離婚勝訴，來到台北工作。

最後，女主角在因緣巧合下與男主角相遇，而男主角也有相同的不幸遭遇，男主角的父親嗜酒，晚年時著迷於女人，欠下巨額債務死去。為此，男主

〔註182〕 王惠珍，《戰鼓聲中的殖民地書寫——作家龍瑛宗的文學軌跡》（臺北市：國立臺灣大學出版中心，2014.06），頁180。

〔註183〕 王惠珍，《戰鼓聲中的殖民地書寫——作家龍瑛宗的文學軌跡》（臺北市：國立臺灣大學出版中心，2014.06），頁197～199。

角沒有就學，開始在會社工作，領取微薄的薪水還債，並照顧病入膏肓的母親。如此勞苦的生活，造就健康出了問題，想當然耳，也沒有女性願意嫁給男主角。

但女主角卻從他身上看到堅忍樸實、認真生活的情感，相較於過去摧殘自我的封建家庭，男主角象徵著貧苦但真誠的人生價值。另一方面，或可以說，兩者都因為不幸的過往，所以連帶擁有同病相憐之感，使得兩人即使貧病無依，還是願意結婚生子，帶著樸實懇切的心，努力生活下去，創造一段「不為人知的幸福」。

值得注意的是，此一小說發表年代，正是 1941 年太平洋戰爭開戰以後，殖民當局成立皇民奉公會，加緊利用文化政治效用的時代。然而，從整體內文來看，絲毫沒有沾染時局報國的色彩，相對於〈午前的懸崖〉，可以說〈不為人知的幸福〉脫離了國家的掌控，抗拒統治者的壓力，素描中下階層人們的戀愛與結婚，從他們悲苦的身世，日後的同病相憐，以至於抓緊素樸的心緒，走向幸福的婚姻，正是龍瑛宗在花蓮時期，寫下戀愛結婚獲取人生幸福的母題，表現了龍瑛宗在戰爭時期小說書寫的兩面性，一方面發表呼應國策的戀愛結婚小說，另一方面又發表思索戀愛結婚的幸福小說。從龍瑛宗身上，再次看到作家的小說創作，在戰爭時期的戀愛結婚與國家論之間，不斷徘徊、遊走並細密思索，如何在國家介入文藝生產的環境下，走出報國之外，又走入幸福之中的書寫身影。

三、走入女性視野之中

在戰爭時期，不僅男性作家書寫戀愛結婚與國家論的糾葛，女性作家也透過女性的視野，對愛情與戰爭，做出深刻的剖析，其中刊載於《台灣文學》第三卷第二號的〈燈〉，便是日本在台女作家坂口䘥子的力作。

坂口䘥子 1914 年於熊本縣八代出生，1927 年進入八代高等女學校，1938年渡台後於台中州北斗郡的北斗小學校工作，之後因為同鄉的台灣新聞社社長的關係，認識了《台灣新聞》的田中保男。〔註184〕因此坂口開始寄稿，但後來因為支氣管炎的關係，於 1939 年返回故鄉熊本。〔註185〕1940 年再度渡

〔註184〕中島利郎和河原功編，《日本統治時期台湾文学・日本人作家作品集・第五卷》（東京都：綠陰書房，1998.07），頁 567～569。

〔註185〕中島利郎和河原功編，《日本統治時期台湾文学・日本人作家作品集・第五卷》（東京都：綠陰書房，1998.07），頁 569。

台，與台中小學校的坂口貴敏結婚，〔註186〕開始在台灣定居，因應台灣放送局十周年紀念徵稿，寄稿的〈黑土〉獲得特選，聽聞此事的《台灣時報》編輯長植田富士太郎，向坂口邀稿，坂口褛子因此執筆了以台南農業移民為主題的〈春秋〉，開始在文壇嶄露頭角。〔註187〕

坂口褛子日後在台發表的作品有 1941 年的〈鄭一家〉，講述台灣人家庭皇民化狀態的故事。1942 年 7 月以故鄉熊本八代為背景，從一位思春期兒子的視角，描述夫婦間的心理糾葛。1943 年發表的〈燈〉，則是描繪收到戰爭召集令狀的夫婦，對於愛情與戰爭的交錯心理狀態。〔註188〕〈燈〉這部作品發表後，甚至在 1943 年高見順於《台灣公論》上發表的小說總評裡，也有提及。高見順認為即便小說中以男性用語表述女性語調，顯現了不協調感，但整體而言，仍讚嘆坂口的學養及其小說描寫功力。〔註189〕坂口褛子移居臺灣後，開始以其在台日人的視野，勾勒日本帝國與殖民地台灣的情感互動，甚至牽涉其中的政治關係。更有甚者，坂口褛子也書寫了日台混血問題的作品〈時計草〉，但其中歷經了刪削與改作，以及其中關於原住民族的混血問題，牽涉層面相當複雜，容後再論。在坂口褛子眾多的作品中，或可以說〈燈〉這部作品發表後，獲得了文壇人士不錯的評價，至於〈燈〉究竟書寫了夫妻之間，對於戰爭，對於愛情，投注了怎樣的情感與想法呢？

〈燈〉這部作品描述著收到招集令狀的勝野一家，透過進入妻子的心理，以及從妻子視野望出去的世界，感受戰爭徵集之間騷動的日常。從妻子的視線來看，勝野經營的料理店，無論是火盆、棉被或是燈火，都隨著一紙入伍通知

〔註186〕 褛子因 1939 年回國前拜訪了坂口之妻清子，清子談到如果自己死後，拜託褛子照顧坂口貴敏及孩子。雖然像是半開玩笑的話語，但清子之後卻離奇死亡，為了約定，1940 年褛子又再度來到台灣，並與坂口貴敏結婚。參見垂水千惠著，涂翠花譯，《台灣的日本語文學》（台北市：前衛出版，1998.01），頁 116。

〔註187〕 中島利郎，〈坂口褛子・作品解說〉，收錄於中島利郎和河原功編，《日本統治時期台灣文學・日本人作家作品集・第五卷》（東京都：綠蔭書房，1998.07），頁 557。

〔註188〕 中島利郎，〈坂口褛子・作品解說〉，收錄於中島利郎和河原功編，《日本統治時期台灣文學・日本人作家作品集・第五卷》（東京都：綠蔭書房，1998.07），頁 558～559。

〔註189〕 高見順著，〈小說總評——昭和十八年上半期的臺灣文學〉，《台灣公論》第 8 卷第 8 號（1943.08），頁 87～88；中譯引自高見順著，吳豪人譯，〈小說總評——昭和十八年上半年的臺灣文學〉，收錄於黃英哲主編，《日治時期台灣文藝評論集・雜誌篇・第四冊》（台南：國家臺灣文學館籌備處，2006.10），頁 258～260。

書，變成非日常的物件，時時刻刻侵蝕妻子原來凡常的世界，開始切離勝野與妻子之間緊密的連帶，使妻子無時無刻都因為這場「非常時」的戰火，隱忍著離別的淚水。然而勝野起床後，一如往常般向店員怒吼，開始吃飯，整理帳簿，彷彿又回歸了夫妻之間原本的日常生活。對此，妻子感到，或許令狀不過是一場夢、一個謊言。因此妻子又到佛壇去，期望一切只是幻影，然而冰冷的現實是，勝野政治的令狀原封不動地躺在原位，使妻子與勝野之間的感情，再次因為戰爭而相互推離，隱隱顯露了批判戰爭的心理描寫。闡釋了對一般日本人而言，戰爭的招集令狀不是高昂的報國論述，其中沒有任何激情的政治話語，僅僅只是一段逐漸撕裂夫妻之愛的紙片。

接著，勝野與他人談及轉讓店鋪的事情，對於妻子而言，這意味著勝野出征後，很可能不再生還，無法再回到店鋪的日常，兩人對此爭吵了起來，最後徒留悲哀的氣氛、無言的沉默以及妻子的淚水。過了不久，勝野的姐姐也來到妻子面前，談到轉讓店鋪的事情，姊姊提到乾脆將店鋪轉讓給她，等勝野回來，再轉讓給勝野就好。然而妻子卻嚴正拒絕這件事，因為對妻子而言，這象徵夫妻兩人情感棲居的所在，並非輕易就能轉讓給其他人，而且轉讓勢必意味著勝野不再歸來的可能性，因此又與姐姐發生爭執。從這起事件來看，勝野與妻子累積情感的店鋪，洋溢著過去迄今美好的記憶，代表夫妻兩人愛情的象徵。但如今因為戰爭的徵集，即將切離妻子與勝野之間的情感連帶。從店鋪轉讓的一來一往中，讀者將看見妻子對丈夫情感的惋惜，並從惋惜的情感中隱微地揭露戰爭召集的殘忍，而非報國的熱血沸騰。從事件的設定中，寫了女性視角裡對愛情的細膩珍惜，且控訴戰爭對於平凡的日人家庭，不過只是撕心裂肺的傷害而已。

日後，勝野出征的日子來臨了，但在妻子與勝野的賭氣下，妻子說到自己絕對不會去送行，從神社回到家中，一股寂寞的感覺湧上心頭，「想見面，還想再見一面。」〔註190〕後來妻子想起丈夫忘了新的配給毛巾，因此帶上棉製毛巾，趕去送行的車站，夫妻兩人終於見上最後一面，心底燃起火熱般的愛情。最終，在送行的旗幟漩渦中，妻子揮舞著旗子告別了勝野。回到店內後，妻子坐了下來，望著店內的一切，如今只剩包裹全身的空虛。

妻子決定再站起來，披上黑色的披巾，向神社出發，來到神社，妻子終於忍不住悲傷，肩膀發抖地哭泣著。忽然間，抬起頭的妻子，看到遙遠的本殿中

〔註190〕坂口䙰子，〈灯〉，《台灣文學》第 3 卷第 2 號（1943.04），頁 22。

心，微微搖晃著一盞燈，那盞燈火在妻子的內心擴大，成為她內心的全部。妻子向燈遙拜，通過燈，遙想遠征戰地的丈夫，更進一步，通過丈夫，拜向萬世一系的天皇，拜向天皇不可思議的姿影。

事實上小說最後，雖然通過想像天皇萬世一系的身影，回返到戰爭時期強調的國體明徵，天皇是現人神，是統合日本國民精神血液的中心，似乎服膺了國策強制文藝報國的要求。不過，從接到招集令狀開始，一切的日常開始成為非日常，戰爭的暗影不斷推離勝野與妻子的愛情，不同於官製報國論述，凝結眾人向戰爭前去的敘述，也不同於臺灣男性知識份子處理苦戀情緒，進而產生報國的精神飛越。更有甚者，若我們從坂口䄅子作為移居臺灣，並發表作品的在台女性日人來看，坂口真正定居臺灣，並構思作品發表是從 1940 年開始，對於殖民地台灣的認識，沒辦法如同臺人作家般，深刻了解臺灣自身傳統的情感結構，自然無法寫下「傳統」與「文明」相互對立的批判性構圖；在介入殖民地台灣文壇方面，並不會產生華僑吳漫沙那樣的錯置處境，在立場上，也跟受到軍夫到志願兵制度包攝的台人不同，對坂口而言，嫁給坂口貴敏，作為妻子望向日人丈夫，日人丈夫反而處在日本兵役法的包攝情境下。因此這篇小說才透過妻子的心理，看見收到兵役召集而逐漸遠離的丈夫，進而產生不捨的離別。國策的介入，反而產生撕裂並切離愛情結合的相反力學，這樣的力學充斥在小說的每一個環節之中，從家常物件到夫妻之間的無語沉默，以及最終妻子零落的淚水。拜向天皇的心，既是一種在戰爭時期虛應國策的彌合措施，實際上卻又在這樣推離愛情結合的力學中，對統合日本民族的國體發出批判的聲息。在這裡，坂口䄅子以在台日本女作家的位置，從她的觀看視野出發，寫出一位深愛丈夫並批判戰爭的女性觀點。

既然日人女性作家寫出撕心裂肺的愛情，進而控訴戰爭的小說，那麼台人女作家又寫出什麼樣戀愛結婚的小說呢？事實上，在 1942 年 7 月號的《台灣文學》，便有楊千鶴〈花開時節〉的力作。楊千鶴在台灣文學史的存在，自 1989 年 7 月筑波大學開辦的國際台灣文學研究會，便備受研究者注目。〔註191〕後來楊千鶴在 1998 年出版了回憶錄《人生的三稜鏡》，回憶了 1940 年代文壇，

〔註191〕張良澤，〈友よ、お母さんはわれの〉，收錄於楊千鶴著，《人生のプリズム》（臺北市：南天書局，1998.03），頁 9；演講稿集結於楊千鶴著作的《花開時節》，參見楊千鶴著，《花開時節》（臺北市：南天書局，2001.01），頁 336～347。

以西川滿為首的《文藝臺灣》首先創刊，接下來又有網羅台日人的《民俗臺灣》，
日後又有張文環為領導的《台灣文學》創刊，自己則在《台灣文學》發表了最
初的小說〈花開時節〉，後來又在《民俗臺灣》發表了《待嫁的心》和《長衫》
等文章。〔註192〕從這段楊千鶴的回憶，可說為日治末期台灣文學史的台人女
性書寫，留下珍貴的證言與記錄。楊千鶴也曾與周金波、王昶雄等人出席 1994
年國立清華大學主辦的賴和百年紀念研討會，講述採訪賴和的回憶及 1940 年
代的女性書寫。〔註193〕日後楊千鶴也時常在許多會議上演講，談論關於 1940
年代台灣文壇的狀況，例如 1995 年，楊千鶴便受邀於北美洲台灣人醫師協會
十一屆年會文化講座，〔註194〕1995 年也在北美洲台灣人教授協會 NATPA 年
會公開演講，〔註195〕1997 年於台灣大學醫學院校友會年會演講，〔註196〕1998
年在美國華府同鄉會台灣研究會演講，回顧日本統治時代的歷史記憶，〔註197〕
1999 年 8 月再次於美國 LA 台灣會館演講。〔註198〕以上種種，自 1989 年開
始，直到 1999 年之間的演講，足見楊千鶴在戰後重新為人發掘，並重回公眾
視野，極力為日治時期及戰後台灣人的遭遇，留下珍貴的紀錄與證言。

　　值得注意的是，在〈回憶一九四〇～一九四三年間文化活動中的人與事〉
裡，楊千鶴提到自己的寫作，偏重心理描寫，不同於其他前輩作家，自己是以
一位台灣年輕女性的視角，用日文營造內心感受。〔註199〕在〈台灣文學國際
會議「日據時代作家座談會」發言稿〉也提到，自己的寫作偏重於年輕女性的

〔註192〕楊千鶴，〈台湾文学界あれこれ〉，收錄於楊千鶴著，《人生のプリズム》（台
　　　　北市：南天書局，1998.03），頁 184～187。
〔註193〕楊千鶴著，《人生のプリズム》（台北市：南天書局，1998.03），頁 132～133；
　　　　演講稿收錄於楊千鶴著作的《花開時節》，參見楊千鶴著，《花開時節》（臺北
　　　　市：南天書局，2001.01），頁 348～351。
〔註194〕演講稿集結於楊千鶴著作的《花開時節》，參見楊千鶴著，《花開時節》（臺北
　　　　市：南天書局，2001.01），頁 352～370。
〔註195〕演講稿集結於楊千鶴著作的《花開時節》，參見楊千鶴著，《花開時節》（臺北
　　　　市：南天書局，2001.01），頁 371～378。
〔註196〕演講稿集結於楊千鶴著作的《花開時節》，參見楊千鶴著，《花開時節》（臺北
　　　　市：南天書局，2001.01），頁 379～406。
〔註197〕演講稿集結於楊千鶴著作的《花開時節》，參見楊千鶴著，《花開時節》（臺北
　　　　市：南天書局，2001.01），頁 407～431。
〔註198〕演講稿集結於楊千鶴著作的《花開時節》，參見楊千鶴著，《花開時節》（臺北
　　　　市：南天書局，2001.01），頁 432～454。
〔註199〕楊千鶴，〈回憶一九四〇～一九四三年間文化活動中的人與事〉，收錄於楊千
　　　　鶴著，《花開時節》（臺北市：南天書局，2001.01），頁 344。

內心感受，不同於當時其他作家注重情節與台灣鄉下的生活題材。〔註200〕在
〈我對日據時代台灣文學的一些看法與感想〉同樣提到，自己所寫的文章注重
心理描寫，反映年輕女性知識份子的想法。〔註201〕另外於〈從日據時代的日
文小說中探索『台灣女性走過的路』〉文稿中也特別提到，男作家比較擅長從
男作家的想法，書寫女性引發的事件，強調故事的跌宕起伏，忽略了女性內心
的微妙情感，自己更特別點出〈花開時節〉，正是描寫一向被忽視的少女心情。
〔註202〕楊千鶴特別指出，這篇小說以台灣女性手筆，寫著女學生在畢業前，
探索內心對於結婚、友情和幸福的議題，為少女內心探索的力作。〔註203〕在
〈戰後被迫失去聲音的一代〉，也再次提到自己的寫作特長，在於描摹少女的
心情，剖析其內心意識。〔註204〕從楊千鶴在戰後的這些文稿來看，她特別強
調自己的寫作，在當時不同於男性作家，男性作家多數將女性作為小說的內部
事件，引起故事的跌宕起伏，而忽視女性內心的微妙心緒，自己的寫作方式，
則是描摹女性的內心變化，剖析少女微妙的心理思緒，尤其是戰前發表於 1942
年的〈花開時節〉，描寫了未畢業時少女的情感，探索內心對於結婚、友情及
幸福的種種思考，為當時台灣文壇別開生面的，處理少女內心議題的作品，具
有相當重要的史料價值，見證了日治末期臺灣女性作家，書寫臺灣女性情感的
歷史軌跡。

　　楊千鶴的重新發現，及其本人對少作〈花開時節〉的討論，也引起後續研
究者的注意。呂明純特別指出楊千鶴〈花開時節〉的特殊性，在於新女性成長
階段的同學關係，形塑了一種共同體的情感，然而少女的友誼，終將隨著走入
婚姻，走入家庭，而面臨崩解，深刻地寫出少女在「友情」、「婚姻」與「家庭」
之間的掙扎。〔註205〕甚至呂的專書也點出這篇小說的發表年代，是在 1942 年

〔註200〕楊千鶴，〈台灣文學國際會議「日據時代作家座談會」發言稿〉，收錄於楊千
　　　　鶴著，《花開時節》（臺北市：南天書局，2001.01），頁 349。
〔註201〕楊千鶴，〈我對日據時代台灣文學的一些看法與感想〉，收錄於楊千鶴著，《花
　　　　開時節》（臺北市：南天書局，2001.01），頁 361。
〔註202〕楊千鶴，〈從日據時代的日文小說中探索『台灣女性走過的路』〉，收錄於楊千
　　　　鶴著，《花開時節》（臺北市：南天書局，2001.01），頁 381。
〔註203〕楊千鶴，〈從日據時代的日文小說中探索『台灣女性走過的路』〉，收錄於楊千
　　　　鶴著，《花開時節》（臺北市：南天書局，2001.01），頁 398。
〔註204〕楊千鶴，〈戰後被迫失去聲音的一代〉，收錄於楊千鶴著，《花開時節》（臺北
　　　　市：南天書局，2001.01），頁 441。
〔註205〕呂明純，《徘徊於私語與秩序之間：日據時期台灣新文學女性創作研究》（臺
　　　　北市：台灣學生書局，2007.10），頁 103〜106。

大東亞戰爭如火如荼的時間點。〔註206〕然而呂明純的專書在於追索日治時期台灣新文學的女性創作類型，所以並未放入 1940 年代戰爭時期的戀愛結婚與國家論之中，將〈花開時節〉與同時期相關的作品加以比對、探討與說明。

　　陳怡君則透過日治時期女子教育的形成，職場環境的勾勒，婚姻生活的磨合，戰後女性的政治參與，以及 1990 年代重回台灣文學界的歷時性描述，詳盡地勾勒出楊千鶴從戰前到戰後的生命史。〔註207〕在論文中也指出〈花開時節〉描述了即將畢業邁出學園的女學生，面對人生的不安與期待、憧憬與考量，細膩地描寫女性情誼，即將面臨婚姻生活的複雜情緒。〔註208〕曾靖芳則以少女研究的脈絡，切入楊千鶴的〈花開時節〉，分析其中的少女形象塑造與主角惠英的呈現模式，從中指出女主角惠英展現的少女感傷特質，源自於台灣傳統婚姻的壓迫，並在友人陸續邁入婚姻時，透過少女的友愛情誼，維護少女的連帶。〔註209〕在學位論文上，可以看到兩篇論文分別從楊千鶴的生命史，以及日本少女文化的脈絡，分析〈花開時節〉這部作品，足見〈花開時節〉在日治時期女性書寫研究上的重要性，但較為可惜的是，兩篇研究論文，均未把〈花開時節〉發表的時代性考慮進去，也就是當時的戰爭環境與此一作品的關係，基本上是在兩篇學位論文中缺席的。

　　在期刊論文上，呂明純的〈大東亞體制下的女性文明想像〉，試圖比較殖民地台灣楊千鶴及滿州國的楊絮，在大東亞體制下，共同展現的女性自我呈現，比較兩者的共同點和差異點。〔註210〕共同點在於兩位女性作家均在殖民體制下，展現女性自炫的主體意識，差異點則在於，楊絮於滿州新京文壇，展現享樂縱情的摩登女郎姿態，既是女性的情感自我追求，也是滿洲國官方所要打造的享樂榮景。楊千鶴方面，則在〈花開時節〉表現了女學生不只有結婚一途，也擁有走入職場的專業能力，其中戀愛書寫的闕如，正是在台灣的親族主

〔註206〕呂明純，《徘徊於私語與秩序之間：日據時期台灣新文學女性創作研究》（臺北市：台灣學生書局，2007.10），頁 103。

〔註207〕陳怡君，〈日治時期女性自我主體的實踐──論楊千鶴及其作品〉（台南：國立成功大學台灣文學研究所碩士論文，2007）。

〔註208〕陳怡君，〈日治時期女性自我主體的實踐──論楊千鶴及其作品〉（台南：國立成功大學台灣文學研究所碩士論文，2007），頁 62。

〔註209〕曾靖芳，〈楊千鶴〈花開時節〉中的少女形象塑造與主角惠英之自我呈現〉（台中：東海大學日本語言文化學系碩士論文，2018）。

〔註210〕呂明純，〈大東亞體制下的女性文明想像〉，《臺灣文學學報》第 16 期（2010.06），頁 193～219。

婚傳統下，以走入職場抵抗封建婚姻，所以使得戀愛在〈花開時節〉又或是日後的《人生的三稜鏡》，總顯得輕描淡寫。〔註211〕呂明純的這篇論文，從大東亞體制下，一北一南兩位女作家的比較，指出楊千鶴以就職的能動性，抵抗畢業即婚配的傳統舊習，並以此能動性，取代自由戀愛抗拒傳統婚姻的描寫，但同樣的問題是，〈花開時節〉仍是在一種去歷史脈絡的狀況下，被加以解讀。

陳佩甄則從殖民現代性對女性的身體與性知識治理談起，檢視台韓殖民時期女女同性愛如何被規範化的歷程，在日治時期的論述構成中，對女女同性愛制定了特殊規則，即限於女學生時期的精神之愛，並能走入婚姻與生產後代的浪漫愛，楊千鶴的〈花開時節〉，正是以友情借代類同性愛情感，生產出限定於女學生的「友情」和走入婚姻的兩難。〔註212〕陳佩甄的論文補充了戰前對於同性愛的治理模式，說明了女女同性愛的制限規則，不過卻較為強硬地將〈花開時節〉置入戰前同性愛的治理模式，文本本身只落於填充理論生產的碎片，未必足以在適切的歷史時空，以合宜的視角解讀〈花開時節〉。

從上述日治時期台人女性創作的研究專書、關於楊千鶴研究的學位論文以及期刊論文，均能點出〈花開時節〉這篇小說，在學術研究上的重要性，並能從日治時期臺人女性書寫，日治時期臺人女性生命史，日治時期少女研究，大東亞體制下女性的文明想像，以及台韓在日本帝國體制下，女女同性愛的表述機制，提供各式各樣的解讀空間。然而這些論文共通的缺點顯而易見，都尚未將〈花開時節〉這篇文本，放回1941年大東亞戰爭爆發後的時代脈絡，並與同時期生產戀愛結婚的文本相互比較，進行分析，也無法析論出楊千鶴所謂的，與男性作家書寫女性的不同之處。換句話說，筆者的分析，是將戰時體制的文本生產環境考慮在內，並與同時期台人男性作家的婚戀小說進行比較分析，同時，更進一步，我也把上述坂口䙅子這樣的在台日人女作家，將坂口的作品〈燈〉和楊千鶴的〈花開時節〉比對分析，在戰爭時期，兩者之間呈現什麼樣共通的女性視野？又產生了什麼樣差異的女性視野？〈花開時節〉究竟是什麼樣的一篇小說呢？又與報國的戀愛結婚敘述擁有怎樣的關係？

〔註211〕 呂明純，〈大東亞體制下的女性文明想像〉，《臺灣文學學報》第 16 期（2010.06），頁 193～219。

〔註212〕 陳佩甄，〈現代「性」與帝國「愛」：台韓殖民時期同性愛再現〉，《臺灣文學學報》第 23 期（2013.12），頁 101～126。

　　〈花開時節〉從莫洛亞的「結婚、友情、幸福」的朗誦聲中，於女學生吟唱的優美旋律裡，開始談起日治末期女學生面臨的煩惱。而這個煩惱便是從女學生的身分邁入婚姻生活，甚至有人在尚未畢業前就已經訂婚。在女學生的群體下，事實上由學生之間的互動交流，形成了少女的共同體，譬如惠英便提到，由台灣同學聚成的小圈圈有三組，其中有全數訂婚，屬於好姑娘典型的群體，另一組為好搭檔群體，接著是令老師頭疼的主角、朱映與翠苑的三人小組，他們約定好，即便有任何一人結婚，也不改變三人的友誼。〔註213〕從這一段落我們能看出，隨著第二次《台灣教育令》發布後，高等女學校的樹立，打造了新女性的學緣空間，凝結了以女學生互動所形成的少女共同體，但這個共同體卻面臨著畢業即結婚的問題，換句話說，存在著少女之間的友誼，是否會因為迎向婚姻而產生質變。事實上，莫洛亞的「結婚、友情、幸福」這一段落，便已經透露了一些線索，根據濱田麻史的研究指出，法國文藝評論家安德烈‧莫洛亞（一八八五～一九六七），他的著作《結婚‧友情‧幸福》，在1939年便由河盛好藏翻譯為日譯本，作為日本語的教養書流通到臺灣，在青年之間廣受歡迎。〔註214〕楊千鶴在1941年8月的《臺灣日日新報》，便發表了〈我的讀書〉一文，談到莫洛亞的「結婚‧友情‧幸福」裡，曾提到少女之間的情誼，至少將會隨著婚姻成立，而抹殺這份友情。〔註215〕而這份讀書心得與苦惱，也近乎原封不動地放入1942年發表的〈花開時節〉之中，〔註216〕成為小說裡少女三人小組所面臨的，友情與婚姻之間的衝擊。

　　另一方面，除了友情與婚姻的磨擦問題之外，主角惠英身為新一代畢業的女學生，親人也開始積極為惠英尋找婚配對象，但惠英卻對同儕間陸續結婚的事情提出質疑，認為難道同學們真的是心甘情願出嫁的嗎？對於女學生畢業甚至未畢業就得走入婚姻之中，惠英在內心發出了批判之聲，重新反省女性婚姻的問題。惠英提到：「……在茫然的心境下，哪能將終身大事決定了呢？我

〔註213〕楊千鶴，〈花咲く季節〉，《台灣文學》第2卷第3號（1942.07），頁147；中譯引自楊千鶴著，林智美譯，〈花開時節〉，收錄於楊千鶴著，《花開時節》（臺北市：南天書局，2001.01），頁146～147。

〔註214〕濱田麻矢，《少女中國—書かれた女学生と書く女学生の百年》（東京都：岩波書店，2021.11），頁112。

〔註215〕臺北，楊千鶴子，〈私の読書〉，《臺灣日日新報》第14897號第3版（1941.08）。

〔註216〕楊千鶴，〈花咲く季節〉，《台灣文學》）第2卷第3號（1942.07），頁147；中譯引自楊千鶴著，林智美譯，〈花開時節〉，收錄於楊千鶴著，《花開時節》（臺北市：南天書局，2001.01），頁147。

渴望能靜一靜，有喘息的時間與空間，來瞭解自己，好好審視我自己……」，〔註217〕甚至更提到：「……這二十年來的歲月裡，經歷著痛苦與哀傷，還未能好好看清自己。啊，說得也未免太嚴重了吧？我只不過是乖迕，不肯順從地出嫁罷了。」，〔註218〕事實上，這一段落，正是拋出了女性對於女學生畢業即結婚，還有女性勢必因應社會的要求，決定終身大事的質疑，難道沒有審視自我的空間嗎？這樣的聲音，既是楊千鶴透過惠英的心理描寫，提出對於當時社會價值觀的批判，也正是在這樣的批判中，尋找自我，發掘女性在戀愛結婚上的主體價值。

　　實際上，楊千鶴擁有這樣的思想，並通過惠英挖掘女性在戀愛結婚的主體價值，或許與當時的書籍流通與思想傳播有關，在小說中，作者寫到當女主角們剛畢業時，一本名為《娘時代》的書籍風靡一時，將未婚少女的煩惱寫了出來。至於《娘時代》又是怎樣的一本書呢？濱田麻矢指出，《娘時代》為當時擔任婦人畫報的記者，大迫倫子所著作的評論集，在出版前就已經因為措辭激烈，而受到相當大的爭議。〔註219〕其風靡的程度之高，在 1940 年 5 月時初次發行，至同年 11 月已經發行了 220 版，〔註220〕隔年一月又再版到 260 版，〔註221〕是相當龐大的再版數目。在日本，因為大迫倫子在書中提到，社會的價值觀要求女學生畢業後，必須埋沒自己的個性，毫無猶豫地成為家庭的賢妻良母，這樣的道理如此之多，實在令人厭膩，大迫倫子的這一番言論，得到許多日本女性的共感。〔註222〕楊千鶴也曾在回憶錄《人生的三稜鏡》裡提到，大迫倫子的《娘時代》，在當時可說是盛極一時。〔註223〕因此，或許可以說，

〔註217〕楊千鶴，〈花咲く季節〉，《台灣文學》第 2 卷第 3 號（1942.07），頁 149；中譯引自楊千鶴著，林智美譯，〈花開時節〉，收錄於楊千鶴著，《花開時節》（臺北市：南天書局，2001.01），頁 150。

〔註218〕楊千鶴，〈花咲く季節〉，《台灣文學》第 2 卷第 3 號（1942.07），頁 149；中譯引自楊千鶴著，林智美譯，〈花開時節〉，收錄於楊千鶴著，《花開時節》（臺北市：南天書局，2001.01），頁 150。

〔註219〕濱田麻矢，《少女中国—書かれた女学生と書く女学生の百年》（東京都：岩波書店，2021.11），頁 115。

〔註220〕參見 1940 年 11 月大迫倫子《娘時代》的版權頁。

〔註221〕濱田麻矢，《少女中国—書かれた女学生と書く女学生の百年》（東京都：岩波書店，2021.11），頁 115。

〔註222〕濱田麻矢，《少女中国—書かれた女学生と書く女学生の百年》（東京都：岩波書店，2021.11），頁 115～116。

〔註223〕楊千鶴著，《人生のプリズム》（台北市：南天書局，1998.03），頁 115。

《娘時代》幾乎是當時日台少女的必讀書籍之一。

在《娘時代》裡，大迫倫子提到結婚並擁有家庭是相當沉重的事，結婚對女性來說是結束了少女時期的遊樂，宛如關入籠中的鳥類一般，是相當痛苦的。〔註224〕因此，在 1942 年發表的〈花開時節〉，我們不難想像惠英從快樂的少女時代，逐漸面臨婚姻時的那種掙扎與徬徨，因為對於惠英而言，進入婚姻，或可能就成為大迫倫子筆下的籠中鳥，擔負婚姻與家庭造成的苦痛。小說裡也提到，或許《娘時代》書寫的內容，不見得完全符合台灣在地的情況。事實上，臺灣正處於新舊交雜的時代，處於新女性的自我意識萌芽和舊時代婚姻規範交雜的時期，而惠英正是在這個夾縫中，尋求自我的聲音，找尋認識自我的可能。惠英的心理狀態，正是從新女性的視角探求女性自我認同的建立，形塑出日治時期新女性的主體意識，以求職展現不同於婚嫁的人生道路，表現職業女性生存的可能性。

在女性主體意識與傳統婚姻，以及少女共同體和傳統婚姻中，楊千鶴充分表現了女性處於少女時期面對婚姻的煩惱，尤其小說後面有一段精闢的描寫。某一天，惠英、翠苑與即將結婚的朱映，來到八里的海水浴場遊玩，不知道是否因為路途顛簸，三人的心中總埋藏著一片陰霾，比走出校園的那一刻更加沉重。

為了排除苦悶，惠英提議去海灘走走，然而翠苑卻加以否決，硬是不肯走向海灘，所以惠英只好跟即將出嫁的朱映一步一步走去，小說中提到惠英並不是不了解翠苑苦悶的心情，自己何嘗不是呢？至於為什麼這段描寫的開頭總是蒙上一層陰霾？在此楊千鶴有一段細緻的描寫，在風沙強烈的吹拂中，女主角惠英心中回味著虛無飄渺的少女時代，並細細想著：

> 不是對那即將要出嫁而離去的友人有所不滿，少女之間的友情，必然是抵擋不住結婚浪潮的沖擊，而一下子就動搖，真是脆弱得可憐，令人心裡難過。其實也不全是因為「友情」遭「結婚」所摧敗。聽朋友說要結婚時，大家雖然口頭說著對她祝福的話語，一絲寂寞卻也同時悄悄地潛入心底。坦白說，那就像是被丟下、遺留下來的一份落寞吧……〔註225〕

〔註224〕 大迫倫子，《娘時代》（東京市：偕成社，1940.11），頁 28～30。
〔註225〕 楊千鶴，〈花咲く季節〉，《台灣文學》第 2 卷第 3 號（1942.07），頁 159；中譯引自楊千鶴著，林智美譯，〈花開時節〉，收錄於楊千鶴著，《花開時節》（臺北市：南天書局，2001.01），頁 168。

在這裡，惠英的心理描寫，深刻地點出了少女之間的共同體，將在面臨婚姻之時，受到動搖、感到脆弱並覺得那就像是被遺落而下的落寞。相較於王昶雄、龍瑛宗和張文環，男性台人作家在面臨國策動員的宣傳時，將戀愛結婚與國防國家的報國志願嫁接在一起，楊千鶴在 1942 年發表的〈花開時節〉，可說是遠離國家權力的收編，抹去了戰爭的激昂，走入女性細膩的情感之中，描寫少女對於友情與結婚的思辨。

如果把這篇作品，與男性作家在戰爭時期對戀愛結婚的啟蒙論說相比，例如張文環的〈藝妲之家〉和徐坤泉的〈新孟母〉。又或是與龍瑛宗的〈不為人知的幸福〉，尋找戀愛結婚的幸福主題相比。楊千鶴的〈花開時節〉則是從女學生的視角出發，更進一步地融入都會女性主角的心理描寫。雖然與同時代的男性作家相同，都走出了報國的戀愛結婚敘述，但楊千鶴透過女性觀點，剖析女學生面臨友情與婚姻之間的兩難，毋寧超出男性作家操作女性角色時，據以引發事件的機能性，無論是啟蒙論說或是幸福論說，楊千鶴超出男性台人作家的書寫，進一步帶著讀者融入 1940 年代女學生的心理狀態。

相較坂口䙥子日後於 1943 年發表的〈燈〉，楊千鶴整篇小說並無控訴戰爭割離愛情的描寫，筆者推測或許與兩者的年歲差距和所處的身份位置有關，坂口䙥子 1940 年已經嫁給坂口貴敏，並且是移住台灣的在台日人，自然不可能體會殖民地高女集團的學緣空間，也不可能掌握台灣傳統婚姻制度對台人女性的要求。坂口發表小說〈燈〉的時候是 29 歲，丈夫坂口貴敏即便身處於殖民地台灣，仍適用於日本人的兵役義務。換句話說，坂口䙥子在戰爭時期，的確有可能遇到如小說中所描寫的，因為戰爭的關係，所以摧毀了夫妻的愛情，最終只有面臨死別一途。但根據楊千鶴的戰後回憶，寫作這篇小說的時期，大約是自己剛踏出女學校校門、就職並逐步邁入婚姻的短短幾年。〔註226〕因此我們或許能推測，當時楊千鶴才剛處於踏出女校不久的階段，所以此時的思考，更加著墨於女學生畢業後，友情之間的連帶，是否將面臨友人結婚，進而產生動搖，感到被遺棄的落寞。更有甚者，因為楊千鶴是台人女性作家，成長於台灣的環境，所以更能體會台灣傳統的婚俗制度，如何要求女學生的婚姻事務，換句話說，若沒有台灣的慣習傳統，便無法構成楊千鶴環繞在友情與結婚之間的思考，也就沒有少女共同體面臨婚姻期限時，即將破碎的憂

〔註226〕楊千鶴，〈回憶一九四〇～一九四三年間文化活動中的人與事〉，收錄於楊千鶴著，《花開時節》（臺北市：南天書局，2001.01），頁 337。

慮與煩悶。

　　事實上，對於楊千鶴而言，她相當珍視女學生時期，少女之間所擁有的共同體連帶，在她戰後出版的《人生的三稜鏡》中，也提到至今無法忘懷的友人純子、ゆた子和文代三人，至今依然保持聯絡。〔註227〕也就是說，到了戰後1990 年代的時候，楊千鶴仍然強調三人小組的友誼情懷，因此不難看出，在〈花開時節〉有如下描寫：

　　　　我好像禁不住非要奮力做點傻事不可，突然間開始一個勁兒踢著腳

　　　　邊的石子。踢著、踢著，結果變成是用腳的大拇指在沙灘上寫了「友」

　　　　字，下面又加了個「情」字，並且兩眼也牢牢地盯著這兩字看。但

　　　　是，這兩個字不一會兒就被強風吹得消失了蹤影。於是，不知不覺

　　　　中，我們兩人便與風競賽也似地，一遍又一遍地猛在沙地上寫起「友

　　　　情」這兩個字來。〔註228〕

　　從這一段落來看，更能看出楊千鶴描寫的少女共同體狀態，在風沙中，惠英與朱映不斷試圖寫下彼此的友情，一遍又一遍地勾畫少女以友情鑄造的共同體，然而隨著風沙的吹拂，又象徵著走入婚姻，便泯滅了少女共同體。相較於前行研究對少女共同體的剖析，女性生命史的爬梳，又或是從殖民現代性臆測女女戀情的禁制，我則是將這篇小說，放回 1942 年這個時間點來重新檢討，也就是說，放回當時的寫作時代討論少女共同體的意義，這是過往研究所缺乏的脈絡化閱讀。通過重回寫作時代，並與同時代的作品相互比較與解讀，恰恰表現了楊千鶴〈花開時節〉的重要性，正如上述的分析所言，該篇小說在大東亞戰爭爆發的情況下，既走出報國的戀愛結婚之外，也走出男性書寫女性的觀點，雖然跟日人女性作家同樣共有女性的視野，卻以台人女性獨有的女學生體驗，及其面臨的台灣婚俗傳統，寫下台人女性對於友情、愛情及婚姻三者，彼此交遇的故事。

小結

　　本文為解明報國的戀愛結婚敘述此一命題，理解 1937 年中日戰爭爆發後，

〔註227〕楊千鶴著，《人生のプリズム》（台北市：南天書局，1998.03），頁 99。

〔註228〕楊千鶴，〈花咲く季節〉，《台灣文學》第 2 卷第 3 號（1942.07），頁 159；中譯引自楊千鶴著，林智美譯，〈花開時節〉，收錄於楊千鶴著，《花開時節》（臺北市：南天書局，2001.01），頁 169。

小說文本的生產中，戀愛、結婚與國家論述，究竟存在著怎樣的關係？筆者首先描繪 1937 年之後逐步確立的戰時體制，隨著 1937 年中日戰爭爆發，台灣作為日本的殖民地，也逐漸被納入戰時體制的一環。第一次世界大戰後，戰爭不僅是武力戰，更是集結國家政治、經濟、文化、人力資源的總力戰，為此國家需要確立全體國民精神的團結。日本政府因此發動了國民精神總動員運動，設置國民精神總動員中央聯盟，在台灣也設置了民風作興委員會與國防會議等，企圖培養人民忠誠奉公的思想，以日本天皇歸一，發揚日本精神。此一目的均是因應日本對華逐漸擴大的戰事，加強日本及殖民地人民的精神鍛鍊，將人民的思想連結到報國的使命。

在台灣，日本海軍大將小林躋造上任後，推出了「皇民化、工業化、南進國策」的統治方針，皇民化企望同化台灣人成為皇國臣民，動員台灣人成為軍夫或是軍事通譯，南進化則企圖利用台灣與南洋的地緣特性，打造台灣成為進出南方的基地。日後，為了強化情報蒐集和宣傳，更成立臨時情報部，推進南進化的政策，強化精神動員與內台融合的策略，培養台灣人對日本帝國的盡忠精神。

1940 年日本第二次近衛內閣成立，在對華戰爭無法休止的情況下，近衛內閣打出新體制運動，政治上希望達成日滿支，包括南洋的東亞新秩序，文化上則以日本精神為主，統合殖民地與佔領區的地方文化，確立八紘一宇的歷史精神。東亞共同體的目的，在於整併東亞地區的政治、經濟與文化資源，形成日本為盟主的一元化組織，對應綿延不斷的總力戰。

因應新體制運動，日本政府隨後推出大政翼贊運動，具體而言，大政翼贊運動同樣是秉持奉公、達成國民臣道實踐的運動。但不同於 1937 年中日事變後，極度抑制台灣文化的政治方針，大政翼贊運動高度活用文化的政治效用，使得殖民地台灣的地方文化得到復甦，因此出現台灣文人運用此一政策，浮現重建台灣文壇的契機。然而就整體台灣文壇而言，不同於 1937 年以前，台灣婚戀小說的特性，逐漸走向都市化、資本主義化與摩登化，並在這樣的現象中書寫性慾的著迷、摩登化的批評與族裔的批判，而是開啟了戀愛結婚與報效國家逐漸密合的接點。

這個密合的接點，具體展現在應徵軍夫和成為志願兵的政策之中，在政府極力的宣傳下，成為戰爭時期的風潮，雖不免有強迫徵招的情況在內，但另一方面從各種史料來看，政府的強力宣傳，確確實實營造了志願報國的氣氛。

在這一連串舉國上下強化時局的狀況下，第一篇出現戀愛與時局相關的小說，便是 1939 年王昶雄的〈淡水河的漣漪〉。事實上，這篇在《台灣新民報》新銳中篇創作集的連載小說，大半部分都在描寫阿川面對自由戀愛、封建傳統與門當戶對之愛的家庭悲喜劇，使得阿川跌入一場苦戀之中，表現了自由戀愛與封建傳統的矛盾對決。然而在七七事變後，在國策強烈的宣傳下，阿川的意志有了跳躍性的轉變，他決定將自己的熱血奉獻給國家，進而報效國家，具體展現了新式戀愛與舊式傳統的矛盾下，生硬地轉向從軍的情節，不可思議地縫合戀愛結婚與報效國家的國家論。

同樣的故事還有龍瑛宗於 1941 年發表的〈午前的懸崖〉，故事中類似的地方，在於主角張石濤因為父親的把戲，因此身陷悲戀的情緒，意欲自殺尋死。然而就在張石濤尋死的時候，看見日本從軍士兵的覺悟，突然間對自己的悲戀幡然醒悟，得到抽象的、光明的、積極的人生意義。事實上隨著戰爭局勢緊縮，龍瑛宗也在 1945 年發表了〈結婚綺談〉一文，反映兩性情感與結婚現場底下，顯而易見的國策印記，書寫一具又一具服膺國策的身體，接合了戀愛結婚與日本帝國的決戰慾望。

這一系列以報國為結尾的小說，還有張文環在 1942 年發表的〈頓悟〉，與〈淡水河的漣漪〉和〈午前的懸崖〉相似，男主角也對女主角的感情，感到混亂不明、既愛又恨，表現著進退失據的狀態。然而結尾依然是男主角迎來了戰爭的消息，本島人的志願兵制度引起主角的滿腔熱血，從苦悶的精神飛越到報國的意志。在這些小說中，男性主角往往在戀愛與結婚的情況上，是悲慘的、困頓的、苦惱的，但在國家宣布號召從軍以後，這些因戀愛結婚而湧現的苦悶情緒，突然間置換為報效國家的崇高意志。在這場飛躍性的轉換中，重新獲得崇高、明朗、正面的人生觀。分析這些服膺國策的婚戀小說，正是發掘當時台人的情感結構，在時局的強化下，不得不與報效國家產生緊密的結合。至此，戀愛結婚不再是 1930 年代走向摩登化的感官執迷，而是在一連串的苦戀敘述中，強行置入日本帝國號召的報國意志。

另一方面，除了日文發表的小說外，漢文／白話文／華文發表的小說，同樣也出現戀愛、結婚與國家意志的接點，在 1937 年總督府廢止漢文欄後，深具代表性的漢文雜誌《風月報》仍然持續發刊。筆者認為放回 1937 年中日戰爭，以至 1941 年大東亞戰爭爆發的時期，日本政府若要應付僵持不下的戰局，勢必需要利用漢文／白話文／華文的媒體工具，統合日滿支的東亞共同體。在

《華文大阪每日》便有台灣作家寄稿，以及刊登台灣的文藝訊息，同時轉換為《南方》的《風月報》，流通地點也擴及日本帝國的占領地，也就是說，我們必須將《風月報》的持續發刊，放在日本帝國利用華文統合東亞文藝場域的狀況下，對作品進行解讀，這些刊物不時浮現日中一體、同文同種，以及日本帝國建設東亞的和平論述。

然而即便在這樣的狀況下，吳漫沙發表的〈黎明了東亞〉，書寫戀愛結婚讓位給報國邏輯時，卻也因為自身的華僑身分，面臨身份認同與寫作環境的錯置狀態。小說裡起先從愛人之前必先愛國的「國」，展現「中國式的愛國」，企圖改造中國的環境，隨著小說越往後半部的情節推展，逐漸展現戀愛結婚讓位給「日本式的愛國」，轉換為日本為指導的東亞和平建設論。不同於使用日語寫作的台人作家，其中不僅展現了愛國之後才能愛人的方向性，更因為吳漫沙作為華僑的身份位置，因而鋪展出拼貼式的「中國式的愛國」與「日本式的愛國」。

即便吳漫沙擁有極度服膺國策的婚戀小說寫作，但事實上日治時期的知識份子，都具備服膺國策／超越國策的兩面性，吳漫沙在 1942 年發表的〈心的創痕〉，在在控訴中日戰爭的無情與恐怖，削弱了〈黎明了東亞〉中，戀愛結婚接合國家論的敘述邏輯。

因此，戰爭的發生不僅驅使作家書寫報國的婚戀小說，作家實際上也在國策喧囂的時代中，試圖走出報國的戀愛結婚敘述之外，像張文環的〈藝姐之家〉，就是延續了 1920 年代以來，知識份子對於自由戀愛能否在地化的提問，書寫女性情感無法自主的悲哀，對台灣的社會價值發出啟蒙的批判訊息。而徐坤泉的〈新孟母〉，則是披上一層國家動員高等女學生，作為守護家庭並守衛國家的賢妻良母外衣，但小說越見後半，越能感受徐坤泉脫下了國策的外衣，站在文明的立場上，暴露封建家庭問題，以及新舊過渡時代的調適問題。這樣的婚戀小說，放回戰時體制之中，正是表現走出報國之外，並走入啟蒙之中。

同樣地，書寫〈午前的懸崖〉的龍瑛宗，當時被調任到臺灣銀行花蓮分行，遠離國策喧囂的浪潮，發展出素樸的戀情，進而尋找人生微小幸福的文學創作。在此，其實再次表現了作家在戰爭時期，徘徊於國策收編的縫隙，游移於戀愛報國與戀愛幸福的兩面層次之中。

在戰爭時期，除了台人男性作家寫下愛情、婚姻與國家論的糾葛，女性作家也透過女性視野剖析愛情與戰爭的關係。在坂口䙥子的〈燈〉中，雖然在結

尾處，以妻子拜向燈火的身影，遙想戰場中的丈夫，並浮現萬世一系的天皇身影，這樣的寫作，似乎被日本帝國回收作為文藝報國的範本。但整篇小說自丈夫收到招集令狀開始，國家的介入形成推離夫妻之愛的相反力學，寫下在台日人的女性視野裡，面臨強行徵調日人人力資源時，對戰爭撕裂愛情的狀況發出批判之聲。而 1942 年於《台灣文學》發表的台人女性力作〈花開時節〉，則是深入女學生剛畢業的心理狀態，憂心著少女之間的共同體連帶，是否會因為走入婚姻而消失無蹤，甚至感覺遭到拋棄的落寞。如果放回同時期的作品來看，可說是走出男性的視野，遠離報國的喧囂，擺脫男性作家一貫對於戀愛結婚的啟蒙思辨，以及操作女性角色書寫故事的跌宕起伏，極其細膩地描摩女性對於友情和婚姻之間，無法兩立的思辨。更有甚者，因為楊千鶴成長於台灣環境，勢必相較於在台日人女性，更能強烈感受台灣的傳統婚俗，也就是對女學生畢業後就得結婚的要求。因此，台灣的在地因素，也是促使楊千鶴思考少女共同體與臺灣婚姻制度的摩擦。〈花開時節〉這篇作品，正是楊千鶴在大東亞戰爭的時局下，以日治末期台灣女性作家的身份位置，對於戀愛結婚的思考，留下難能可貴的台灣少女心聲。

第四章　同化的戀愛結婚敘述

誠如上一章的討論，在 1937 年中日戰爭後，台灣作為日本的殖民地，逐步被納入戰時體制之中，1941 年大東亞戰爭爆發，台灣也被捲入創造東亞和平論述的磁場。如果要簡單概括上一章所討論的成果，台灣作家被捲入戰時體制的強制力中，書寫了一套從苦戀的悲哀，直通報效國家的光明意志，小說的角色都在從軍的熱潮中，重新獲得正向、明朗的人生意義。更有甚者，在大東亞統合論述的浪潮下，作家也書寫了愛人之前必先愛國的邏輯，換句話說，作家的小說情節，在戀愛結婚的敘述裡，將讀者帶領到從軍報國與東亞和平論的意識型態。然而，作家與其小說，在戰爭時期，並非完全只是國策的傳聲筒，事實上也存在著超越國策的面向，積極寫作戀愛結婚的種種命題，筆者列舉了三個案例，分別是走入啟蒙之中、走入幸福之中和走入女性視野之中。通過服膺國策與超脫國策的兩面性思考，筆者描繪了戰時體制逐步緊縮後，作家以迂迴曲折的身姿，寫作戀愛結婚與國家論之間，既密合又遠離的生存軌跡。

另一方面，在上一章的討論中，作家寫作的婚戀小說裡，其報國的姿態往往是從軍或征戰沙場，是一種逐步脫離婚戀的苦悶，或是以小說人物高呼東亞和平的態度，小說人物本身的主體，並未從戀愛與結婚，進而產生血緣與民族界線的動搖，基本上都是單一民族的戀愛結婚，並強行置入報國論述。對於日本帝國而言，如果要有效驅使台灣人成為日本人，並為帝國的「聖戰」效力，那麼同化台灣人的戀愛結婚敘述，勢必成為利用的手段之一，向台灣人注入戀慕日本人的情感，試圖包攝台灣民族，徹底在精神上鎔鑄對日本的認同。

然而針對「同化」一詞，勢必有需要加以說明。根據駒込武的研究指出，

「同化」這個語彙，即使回到日治時期日本帝國與殖民地行政官僚的脈絡中，意義也是曖昧不明的，換句話說，「同化」並不能說明什麼，而是「同化」本身就應該是被分析、被說明的概念，在駒込武的研究上，是採取對於何種層次主張何種政策，了解國民統合與文化統合的攻防和矛盾。〔註1〕然而對於日臺共婚作為同化手段，駒込武基於血統民族主義的排除原理，針對實際上日臺共婚的同化史料，採取同化成果不彰的見解，即便至 1930 年代後半文化統合高漲的年代，準血統的戶籍制度仍然限制人群集團，對台灣人和內地人產生區辨機能，間接對日臺共婚表現排除的效力。因此駒込武的同化研究重心，是以教育與法治作為分析對象。

小熊英二的《「日本人」的界限：沖繩・愛奴・台灣・朝鮮・從殖民地支配到復歸運動》，在如何界定「日本人」族群的框架下，提出「包容」與「排除」的研究方法，特別著重在教育和法制兩個領域的政策論述研究。亦即在教育政策上灌輸國語、日本文化並徹底改造歷史觀，此等手段被視為包容進入「日本人」集團的「同化政策」，相對而言，便是在政策論述上發揮機能的殖民地「自治」與保留「舊慣」，將統合對象排除於「日本人」之外。〔註2〕但小熊英二的運用方式並非陷入一種單純的二分法之中，實際上是重回歷史現場，根據法制與政策界定「日本人」的身分位置。

對於通婚，小熊英二指出，大日本帝國在併合朝鮮與台灣時，並沒有構思日本人、台灣人、朝鮮人通婚的規定，三者之間實際上呈現不同的法制領域，不同民族之間若要結婚，必須移動戶籍到該地才得以成立，因此在 1917 年制定了「共通法」，但其政策目的在於避免內地人透過日台、日鮮通婚的手段，移動戶籍成為台灣人或成為朝鮮人，並進而逃離兵役，所以特別規定未服完兵役的內地人，不得遷入其他地區的戶籍進行通婚。〔註3〕換句話說，在共通法底下，日本人、台灣人、朝鮮人可以通過移動戶籍進行通婚，但日本帝國仍設下防止兵源脫逃的措施。在台灣人與朝鮮人方面，則必須移動到內地戶籍成為內地日本人，才得以構成異族通婚。這一方面是將戶籍位於朝鮮的朝鮮人，和

〔註1〕駒込武著，吳密察、許佩賢和林詩庭譯，《殖民地帝國日本的文化統合》（臺北市：臺大出版中心出本，2017.03），頁 14～19。

〔註2〕小熊英二著，黃耀進和鄭天恩譯，《「日本人」的界限：沖繩・愛奴・台灣・朝鮮・從殖民地支配到復歸運動》（新北市：聯經出版，2020.11），頁 15～17。

〔註3〕小熊英二著，黃耀進和鄭天恩譯，《「日本人」的界限：沖繩・愛奴・台灣・朝鮮・從殖民地支配到復歸運動》（新北市：聯經出版，2020.11），頁 177～180。

位於台灣的台灣人排除於「日本人」之外，另一方面又將移動戶籍到內地日本，進行日台通婚的台灣人，與日鮮通婚的朝鮮人包容於「日本人」之中。種種考量下，共通法既保存日本人自身的兵源，又能宣傳包容台灣與朝鮮人的一視同仁，同時也賦予了排除台灣人與朝鮮人的機制，是一種將同化與排除徹底發揮的妥協形式。

　　但在「包容」與「排除」的方法上，研究通婚的同化議題，小熊英二在時代設定上，未談及台灣在 1933 年共婚法的成立背景，及其之後以共婚進行同化的角力過程，因此基於情感進行同化的戀愛與結婚，尚有研究與討論的空間。

　　不過在小熊英二 1995 年 7 月出版的著作《単一民族神話の起源—「日本人」の自画像の系譜》，就曾以皇民化與優生學的論題，對戰爭時期的同化政策做過檢討。基本上，小熊英二於此書應用的方法學，是根據「混和民族論」與「單一民族論」，於政策言說上進行分析。混和民族論的說詞，是站在日本人集團由多民族混和而構成，對於新佔領地的台灣，勢必也能將異民族的台灣人，混入日本帝國的構成體系之中。單一民族論者，則認為日本是萬世一系的純粹血族，對於朝鮮或台灣等殖民地的人民，或許能通過同化的方式獲取日本民族的精神血液。小熊英二在 1937 年中日戰爭後的分析指出，朝鮮總督府積極推動日鮮共婚，將朝鮮人同化並納入日本人之中，然而優生學者卻認為，如此推動共婚，劣等民族的血液將會汙染日本人優越且純粹的血液，因此不同勢力的論者之間，展開了「混和民族」和「單一民族」國家構成的攻防。〔註4〕不過小熊英二在該書的此一章節中，多以朝鮮總督府與日本帝國的政策論述，作為其研究與分析的對象，尚未延伸至台灣研究的範疇，但其中的「混和＝包容」與「純血＝排除」的思考架構，卻是可以參照的分析概念。

　　陳培豐的著作《「同化」的同床異夢：日治時期臺灣的語言政策、近代化與認同》，則針對日治時期的國語教育和掣肘於國體論的歷史現況，提出「同化」的兩個面向，分別是「同化於文明」和「同化於民族」。〔註5〕在兩種面向上，針對「文明」與「民族」的同化，統治者和被統治者之間，展開了實施、

〔註4〕小熊英二，《単一民族神話の起源—「日本人」の自画像の系譜》（東京都：新曜社，1995.07），頁 235〜258。

〔註5〕陳培豐著，王興安、鳳氣至純平編譯，《「同化」的同床異夢：日治時期臺灣的語言政策、近代化與認同》（臺北市：麥田出版，2006），頁 50〜64。

抑制、接收、過濾等等攻防戰。即便該書是針對國語教育作為論述焦點，但仍在第七章的地方，以文學文本為例，分析皇民化時期周金波的作品裡，擁有強烈渴求「同化於文明」的面相，然而周金波之所以被冠上皇民作家的批評，事實上在於周金波毫無疑慮，以較為缺乏反省的態度，擁抱「皇民化—日本化—近代化」的議題。〔註6〕因此，「同化於文明」和「同化於民族」的研究方法，在分析文學作品上，仍有其可供參考的方向。然而在這本針對台灣日治時期「同化」研究的著作中，對於日臺共婚，如同駒込武的見解，認為歷史現場上共婚的同化效果不彰，因此未被納入研究對象。

　　筆者基本上同意合法日臺共婚的數量不高，可能間接導致同化的效果不彰這一觀點，使得同化的戀愛結婚不受注目，因而缺乏研究價值。然而，實際上卻有相當多的日臺共婚組合，是不在法律層次上被承認，換句話說，掣肘於法律的問題，導致許多日臺共婚的組合是以內緣關係組成。內緣關係，也就是不具合法婚姻制度承認，卻有實質的戀愛、結婚與同居關係，因此，日台之間的戀愛與結婚，也在文學作品上得到注目與彰顯。也就是說，在官方承認的合法日臺共婚，於登記和統計資料上，若要進行研究可能有所侷限，但實質上的日臺共婚卻遠超官方數據，小說文本也因此書寫了日臺共婚的議題，值得研究者關注。更進一步來說，若要貼近日治末期同化的戀愛結婚敘述，理解當時台日人之間對於異民族通婚的現象，無法單靠法律或統計資料就能剖析明白，而恰恰小說與當時的評論文本，正提供我們解明同化的戀愛結婚敘述此一管道。

　　綜合以上的討論，整理一下「同化」此一複雜的概念，採用的史料，及研究操作的可能性：

第一、同化具有包容與排除的兩面性，在日治時期台灣，端看小說與評論文本如何處理。例如包容台灣人進入日本人集團、排除台灣人作為日本民族或既試圖包容台灣人又試圖排除台灣人等等。反過來說，也具有日本人被包容進入台灣人集團，排除日本人作為台灣民族等可能性。

第二、同化能夠二分為兩種層次，一種為「同化於文明」，一種為「同化於民族」，兩者並非截然二分，同樣端看小說與評論文本，如何操作兩種「同化」的手段。

〔註6〕陳培豐著，王興安、鳳氣至純平編譯，《「同化」的同床異夢：日治時期臺灣的語言政策、近代化與認同》（臺北市：麥田出版，2006），頁439～443。

　　第三、因為現實狀況中，合法日臺共婚的案例不多，至少反映在政策和統
　　　　計數字上，效果並不顯著，因此日臺共婚的同化研究一直被排除在
　　　　外。然而此一議題卻在非法的界線游動，小說文本因而得到發揮。
　　　　因此，筆者認為如果要透視日治末期強烈影響民族、血液與認同的
　　　　模糊地帶，徹底解明同化的戀愛結婚敘述之光與影，唯有再含括小
　　　　說與評論文本進入討論範疇，才能剖析當時日台人的共婚現象。
　　以下便先從日臺共婚的政策開始談起。

第一節　作為同化的日臺共婚

一、日臺共婚問題

　　事實上，日本人與台灣人之間的戀愛與結婚，並非直至 1932 到 1933 年間，
一系列有關共婚的準則實施後，才突然間浮上檯面。實際上，日臺共婚的問題
可謂從日本領有臺灣，直至 1945 年日本戰敗以來，一直糾纏著日本中央、總督
府與現實中的台灣人和日本人，同樣的，這樣的議題也發展出了小說與評論文
本。根據邱純惠的先驅性研究，大致將內臺共婚的法律議題分為三個時期。

　　第一期是 1895 年至 1919 年間，內臺共婚原則上無效，採變通性措施。

　　第二期為 1920 至 1931 年期間，田健治郎總督在任內，發布「有關內地人
本島人間私生子認知之件」和「有關內地人臺灣人間婚姻緣組之件」，試圖解
決共婚問題，但卻與日本內地官廳之間產生折衝。

　　第三期是 1932 年至 1945 年之間，因共婚法的發布，日臺共婚才得以獲
得承認，解決長久以來的共婚問題。〔註7〕

　　第一期日本對台灣的統治，基本上處於混亂的軍政時期，沒有訂定任何
日臺共婚的準則，基於戶籍法沒有在台實施，日本人與台灣人之間，並沒有
法律上正式共婚的可能。甚至直到 1905 年政府才根據戶口規則，啟動全島
臨時戶口調查，〔註8〕製作了街庄役場和各廳警察使用的戶口調查簿，擬暫時
緩解日台之間因戶口不明所導致的共婚問題。〔註9〕然而表面上當時的日本政

〔註 7〕邱純惠，〈日治時期內台共婚問題初探〉，收錄於曹永和先生八十壽慶論文集編
　　　　輯委員會編，《曹永和先生八十壽慶論文集》（臺北市：樂學，2001），頁 216。
〔註 8〕《臨時戶口調查ヲ全島ニ施行ス》（出版地不詳：臺灣總督府史料編纂會，
　　　　1905.10）。
〔註 9〕〈戶籍法規の必要〉，《臺灣日日新報》第 2228 號第 2 版（1905.10）。

府，基於促使台人走上日本民族同化的階梯，給予日臺共婚的雙方祝賀和讚賞，〔註10〕但現實上因為戶口規則不明，加上台灣與日本內地的戶籍法處於不同法域，雖然日本人與台灣人有「實質」共婚，但在法律上卻是不被承認。《臺灣日日新報》的報導，便顯示一對內地人男性與台灣人女性的共婚，丈夫遇害死亡後，妻子與孩子一家人頓時間生計困窘，原擬向下手者提出損害要償，但在戶口規則不明的情況下，台灣人妻子沒有救濟與申訴的管道，與丈夫之間也並非法律認可上的實質共婚，因此釀成妻子孤立無援的悲劇。〔註11〕

然而對於官方而言，仍然極力頌揚此一時期，透過日臺共婚達到同化異民族血液的效果，根據官方出版的《臺灣善行美譚》，生於 1873 年的平井幸三郎，1895 年作為北白川宮征討軍的一員來到台灣，然而平井的願望不僅止於征服，更在於殖民地的建設與工作，因此努力學習台灣語，在 1897 年成為台灣語通譯。〔註12〕進一步平井也參照殖民地政策，與台灣砂糖仲介謝龍氏的二女共婚，雖然這件婚事仍受困於戶口規則與戶籍法的問題，但即便遇到法律上的障礙，對於同化政策來說卻有極大的意義，因此在軍部的支持下，一致通過平井的婚姻。〔註13〕因此，在此一時期，日台之間的共婚，基本上極為混亂，一方面並沒有相配得當的法規可以遵循，造成日臺共婚的悲劇，另一方面也出於軍事占領，期盼以共婚將日台之間的血液快速融合，達到同化於日本民族的效果。然而以平井的案例來看，究竟是將台灣人同化於日本民族，還是將自身同化於台灣民族，恐怕很難斷定，以平井努力學習台灣語，並積極融入台灣在地社會的狀況，恐怕是後者的成份居多。甚至，名為中野顧三郎的作者，在《臺法月報》上撰文批評日臺共婚，他認為異人種之間的共婚，尤其是與土人之間的共婚，往往不會達到同化於日本民族的效果，反而造成自身人種與國民性的退化，由此而出生的小孩，大部份在身體與精神能力上，都相當低下，為此應該避免日本人與臺灣土民的共婚。〔註14〕

〔註10〕〈臺南通信（三月廿八日支局報）混婚〉，《臺灣日日新報》第 466 號第 2 版（1898.04）。

〔註11〕〈戶籍法規の必要〉，《臺灣日日新報》第 2228 號第 2 版（1905.10）。

〔註12〕中山馨，《臺灣善行美譚》（臺北市：東亞新報臺北支局，1935.09），頁 112～115。

〔註13〕中山馨，《臺灣善行美譚》（臺北市：東亞新報臺北支局，1935.09），頁 112～117。

〔註14〕中野顧三郎，〈內臺雜婚表と雜婚說〉，《臺法月報》第 7 卷第 7 期（1913.07），頁 177～180。

　　即便歷經法律上混亂的共婚方針，造成家庭悲劇，以及引起共婚反論者的
批判，但日臺共婚的趨勢卻是勢不可擋。在逐漸退去的軍事鎮壓與台灣人武力
抵抗逐漸式微後，台灣開始邁向文治的社會，在漸趨穩定的殖民統治下，台灣
人開始積極爭取受教的權利，此一積極的向學心，間接導致日臺共婚的比率增
加。導致這樣的原因之一，在於台灣升學面臨重重困難，為追求更高等的教育，
台灣人留學日本的人數一直攀升，根據吳文星的研究，1918 年以前台灣留日
學生多以初等及中等教育為主，大專以上的學生平均只占八分之一，但其後比
率逐年增加，專科以上的比率從 1918 年的 20.7%，到 1930 年增加到 41.7%，
是相當驚人的成長比率。〔註15〕不過根據吳文星的研究資料來看，這些台灣留
日學生又以青年男性居多，〔註16〕從這些資料或可以反映出，當時在高等教育
資源的獲取上，有重男輕女的現象，女性能夠赴日留學的案例並不多見。因此，
或可以說，台灣男性的留學子弟，在日本內地與日本人接觸的機會增加，如此
一來隨著日常生活的互動增多，也造就日臺共婚成為台灣人婚嫁的選擇之一。
〔註17〕由留日學生發刊的《臺灣青年》，便刊載了〈台灣的共婚與自治〉一文，
從戶籍的層面批判日臺共婚的法律缺陷，〔註18〕眾議院議員島田三郎，也在
《臺灣青年》上發表對於日台融合的看法，他批判臺灣的法律並沒有給予臺灣
人與日本人之間的共婚自由，依照戶籍不明的關係，許多日臺共婚只能結成內
緣夫妻，有實質戀愛結婚，卻不被法律所承認，生下來的混血兒也僅能成為私
生子，形成差別統治的狀況與同化政策的缺點。〔註19〕因此隨著日臺共婚的可
能性逐漸攀升，在輿論上也漸漸形成一股批判的風潮，日本中央似乎也無法將
問題擱置一旁。

　　然而，雖然日本中央意識到這樣的問題，在 1918 年之際祭出了共通法，
處理因為戶籍問題，而無法形成合法婚姻的日臺共婚，但正如小熊英二所言，

〔註15〕吳文星，《日治時期臺灣的社會領導階層》（臺北市：五南，2008.05），頁 105
　　　　～107。
〔註16〕吳文星，《日治時期臺灣的社會領導階層》（臺北市：五南，2008.05），頁 105
　　　　～112。
〔註17〕楊裴文，〈跨越邊界的流動與認同：日治時期「內台共婚」研究〉（台北：國立
　　　　政治大學台灣史研究所碩士論文，2010），頁 30～34。
〔註18〕艋舺同窓共勵会々員，陳增福，〈台湾の共婚と自治〉，《臺灣青年》第 1 卷第
　　　　4 號（1920.10），頁 45～46。
〔註19〕眾議院議員，島田三郎，〈內台融和の根本問題〉，《臺灣青年》第 1 卷第 4 號
　　　　（1920.10），頁 3～4。

比起因戶籍問題所引發的通婚問題，從該法的內涵來看，似乎更在乎日本人藉故與外地人通婚，轉為無戶籍之人，進而逃離兵役。〔註20〕因此1919年田健治郎上任為台灣總督後，標榜內地延長主義，主張內台融合的措施，對於一直懸而未決的日臺共婚問題，希望採取積極的措施。對於田健治郎而言，日台間的融合最有效果的方法莫過於婚姻，在法律上的不完備，使得與外國人通婚可被公認，但帝國間的臣民卻無法合法結婚，因此總督府與中央相互折衝，希望能夠實現戶籍令的制定，解決日臺共婚問題。〔註21〕

然而，真正屬於台灣的戶籍令與戶籍法仍然沒有制定，如果台灣男性要娶日本女性為妻，需要依照妻子本籍地市町村長的戶籍規定，提出婚姻申請；在台灣，如果沒有現居地的內地人要娶台灣女性為妻，則在日本戶籍上登記，將女方從台灣的戶口調查簿刪除。〔註22〕這麼一來其實與共通法的用意幾乎毫無二致，對於台灣男性而言，他必須被收編到日本內地的戶籍中，婚姻才得以成立；對於臺灣女性而言，她也必須被編入日本內地的戶籍中，並且從台灣的戶口調查簿刪除。因此即便田健治郎任內希望推動台灣的戶籍令，但礙於與內地的法制局折衝，實質上的日臺共婚並沒有完備。具體而言，殖民地台灣與日本內地之間，仍然形成通過日本內地戶籍的效力，既包容台灣人成為日本民族，又試圖排除台灣人成為日本民族，構成平等與差別共同存在的弔詭情境。事實上，根據1931年出版的《加除自在戶籍法實例大全》，相對日本內地的外地婚姻關係，內地人女性與台灣人男性的共婚，台灣人男性需要向居住所轄的警察官署提出，並由內地人女性本籍市町村長受理；內地人男性與台灣人女性的共婚，則依照戶籍法，向台灣相當官署送付即可。〔註23〕這樣的規則顯示出，直到1931年，在日臺共婚上，台灣人男性的戶口關係仍然被收編至日本內地，台灣人女性則以內地男性的戶籍法為準則，進入日本內地的戶籍法域之內。

在法令如此不明確，又加上手續繁瑣的情況下，合法進行日臺共婚的組數

〔註20〕 大蔵省印刷局編，〈法律第三十九號・共通法〉，《官報》第1709號，頁419～420。

〔註21〕 田健治郎伝記編纂会編，《田健治郎伝》（東京市：田健治郎伝記編纂会，1932.06），頁392。

〔註22〕〈內臺人共婚の第一障壁が先づ取去られた　出雲のお札より有難い通牒〉，《臺灣日日新報》第7261號第7版（1920.08）。

〔註23〕 大知新太郎和魚谷基三編，《加除自在戶籍法實例大全》（東京市：自治館，1931），頁539。

並不多，在 1919 年臺灣總督府公文類纂裡，內地人男與本島人女的正當婚姻僅有 12 組數，本島人男與內地人女的正當婚姻僅有 1 組數，然而不具法律承認的內緣夫婦，內地人男與本島人女最多可達 109 組數，本島人男與內地人女最多可達 31 組數。〔註24〕換句話說，合法的日臺共婚組數並不多，但實質上具有戀愛結婚關係的日臺共婚組合，卻具有相當的數量。在這些日臺共婚集團中，許多夫妻的風俗習慣多採內地風格或內台折衷，〔註25〕顯見日臺共婚的確具有同化於日本民族的效果。但是混亂且繁瑣的共婚流程，使得合法的日臺共婚組數，並沒有顯而易見地提升，根據 1931 年該年度對臺灣人口的動態統計調查，本島人丈夫與內地人妻子的合法共婚組合，在官方統計上僅有 9 組，內地人丈夫和本島人妻子僅只有 4 組，〔註26〕仍顯示了合法的日臺共婚組合，處在低迷的狀況之下，不過這也僅只是法律上合法通過的統計數字，事實上有更多日臺共婚的夫妻，不願採取繁瑣的登記程序，而是選擇成為內緣夫妻，在實質上具有戀愛、結婚或者同居關係。

　　直到 1932 年台灣總督府公布了律令第 2 號，本島人的戶籍暫且由台灣總督決定，〔註27〕由於律令第 2 號，1933 年發布府令第 8 號，本島人的身分關係雖然仍由戶口規則記載於戶口調查簿，然而因為律令第 2 號的關係，本島人的戶籍可由台灣總督暫且決定。〔註28〕因此，雖然實際上台灣人的戶籍法沒有實施，仍是由戶口調查簿記載台灣人的身分關係，但是可由台灣總督府暫且承認其戶籍的成立，這麼一來，由於戶口和戶籍關係的混亂，所導致的日臺共婚

〔註24〕《內地人對本島人又ハ蕃人ノ緣事關係並ニ本島人對內地人ノ緣事關係調查表》（1919-01-01），〈大正八年臺灣總督府公文類纂十五年保存第一卷秘書文書及統計警察〉，《臺灣總督府檔案‧總督府公文類纂》，國史館臺灣文獻館，典藏號：00006665013。
〔註25〕《內地人對本島人又ハ蕃人ノ緣事關係並ニ本島人對內地人ノ緣事關係調查表》（1919-01-01），〈大正八年臺灣總督府公文類纂十五年保存第一卷秘書文書及統計警察〉，《臺灣總督府檔案‧總督府公文類纂》，國史館臺灣文獻館，典藏號：00006665013。
〔註26〕臺灣總督官房調查課，《昭和四年‧臺灣人口動態統計》（出版地不詳：臺灣總督官房調查課，1931），頁 13。
〔註27〕〈本島人ノ戶籍二關スル件〉（1932-11-01），〈昭和七年臺灣總督府公文類纂永久保存第十一卷司法殖產〉，《臺灣總督府檔案‧總督府公文類纂》，國史館臺灣文獻館，典藏號：00004159002。
〔註28〕〈本島人ノ戶籍二關スル件〉（1933-01-01），〈昭和八年臺灣總督府公文類纂永久保存第十二卷司法財務〉，《臺灣總督府檔案‧總督府公文類纂》，國史館臺灣文獻館，典藏號：00004173002。

問題，因而得到解決的管道。這也就是陳昭如所說的，到了 1933 年一系列所謂的「共婚法」施行後，開啟了本島人與內地人之間基於婚姻的身分轉換，然而「共婚法」的施行範圍似乎只涵蓋本島人與內地人，內地人與「蕃人」之間的共婚卻沒有被清楚定義，因此殖民者與被殖民者間的共婚，僅是有限度的開放。〔註29〕此外，若從史料來看，由台灣總督暫且承認戶籍的成立，通過這樣的方式解決日臺共婚問題，似乎也不是有效且穩定締結婚姻的流程，所以或可以說，即便「共婚法」成立，合法的日臺共婚仍相當不穩定，而且困難重重。

在 1933 年 1 月 20 日《臺灣日日新報》刊有〈共婚法の實施で廿年來の懸案が解決〉一文，聲稱共婚法於 3 月 1 日實施，以「便法」實行共婚法，同年 21 日的《漢文臺灣日日新報》也翻譯了同樣的消息。〔註30〕在這則報導中，聲稱有內臺蕃人婚姻組數達到 519 組，所生的混血子女有 607 名。需要說明的是，這則報導所聲稱的「便法」，根據 1933 年總督府公文有關戶籍法令之件，參照的方式似乎仍是依照律令第 2 號和府令第 8 號，依照戶口調查簿確認台灣人的身分關係，最終通過臺灣總督的決定許可，而不是真正實施戶籍法。〔註31〕

或許是因為 1932 年開始擬定了共婚法的辦法，《臺灣日日新報》上頻繁報導共婚法的施行與共婚體驗，例如 1932 年 3 月 2 日便有林熊光與文子夫人的內台結婚報導，同年 3 月 8 日也有鍾新桂氏夫妻的內台結婚報導，1932 年 5 月也有共婚問題解決，決定將戶籍實施本島的新聞，10 月 28 日也曾提到共婚法即將頒布的消息。

在共婚法實施滿一週年後，於 1934 年 3 月 19 日午後 6 時，在大稻埕蓬萊閣舉行了共婚座談會，邀請當時已經實行日臺共婚的夫婦，針對共婚的幾個問題，進行對談，在第一題項上，提到共婚的動機，並非只是依循著共婚政策，

〔註29〕 陳昭如，〈性別與國民身分：台灣女性主義法律史的考察〉，收錄於洪郁如主編，《台灣史論叢‧女性篇‧性別與權力》（臺北市：國立臺灣大學出版中心，2020.2），頁 59。

〔註30〕 〈共婚法の實施で廿年來の懸案が解決〉，《臺灣日日新報》第 11777 號第 7 版（1933.01）；〈內臺共婚法實施 廿年來懸案解決 以後內臺蕃人婚姻 得享正式夫婦生活〉，《漢文臺灣日日新報》第 11778 號第 4 版（1933.01）。

〔註31〕 〈戶籍法令施行ニ付戶口事處理方ニ關スル件〉（1933-01-01），〈昭和八年臺灣總督府公文類纂十五年保存第一卷文書及調查警察〉，《臺灣總督府檔案‧總督府公文類纂》，國史館臺灣文獻館，典藏號：00007397006。

台南新報記者楊丞基與其妻子楊貞子便提到，對於結婚，或許因為人的關係或者物質的關係，也或者共婚真的是其中的礎石，雖然有各種原因，不過我們的結婚是自然而然的。〔註32〕小田原則提到，自己是因為中學時期就到內地去了，便沒有認識臺灣女性的機會，反而在內地，從內地婦人中獲得各式各樣美好的事物，所以自然而然對內地女性抱有好感，隨著結識越多內地女性，也與現在的妻子相親結婚。〔註33〕可見因為日本人與台灣人相互接觸，或者因為留學日本導致接觸的機會增加，使得日臺共婚成為勢不可擋的潮流，也因此不得不衍生共婚法。換句話說，並非共婚法的成立促成日臺共婚，而是日臺共婚的自然現象導致共婚法必須被促成。

　　關於在台灣的日常生活，小田原夫人提到因為在台北生活的關係，採用內地式的生活模式，所以沒有感到任何的不自由，另外小田原夫人也提到另一名共婚家庭的生活，她提到李延禧的夫人，在臺灣語的使用上相當流利，初次見面的時候還以為是台灣人，介紹之後才嚇了一跳，那位夫人完成能適應台灣的生活。〔註34〕從這一段發言來看，或許日臺共婚在政策上希望將台灣人同化於日本民族，但實際上卻也有如同李延禧夫人一般，產生將日本人同化於台灣民族的現象。即便如此，問到關於子女的教育方法時，楊承基夫婦和小田原夫人都採取內地式的教育，對於楊承基夫婦而言，台灣的教育擁有嚴苛的差別待遇，因此採用內地式教育。〔註35〕在這段發言中，雖然看不出來對於楊承基夫婦來說，孩童究竟將會遭到怎樣的差別待遇，但就獲取教育資源而採取內地式教育的戰略，或許內地式的教育，將會引領日臺共婚的孩童，朝向同化於文明的道路。而小田原夫婦則發現共婚家庭的混血孩童，常常會被朝罵與羞辱，共婚的家庭既不屬於純粹的內地人，也不屬於純粹的本島人，形成一種「第三部落」。〔註36〕從小田原夫婦的憂心，可以看到日台民族之間仍存在著鮮明的境界線，夾在兩種民族境界線的混血兒童，為了避免受到精神上的傷害，小田原夫婦的共婚家庭，積極採取同化於日本民族的策略，成為日本人。再者，除了共婚以後的同化問題，在共婚以前，兩個不同民族的家族互結連理，實際上時

〔註32〕〈共婚座談會〉，《臺灣婦人界》創刊5月號（1934.05），頁碼39。
〔註33〕〈共婚座談會〉，《臺灣婦人界》創刊5月號（1934.05），頁碼40。
〔註34〕〈共婚座談會〉，《臺灣婦人界》創刊5月號（1934.05），頁碼41。
〔註35〕〈共婚座談會〉，《臺灣婦人界》創刊5月號（1934.05），頁碼43～44。
〔註36〕〈共婚座談會〉，《臺灣婦人界》創刊5月號（1934.05），頁碼44。

常遇到親族的反對，形成日臺共婚的障礙，即便如此，在這場座談會的參與者，仍然排除萬難結為夫妻。

在座談會最後，主持人提到共婚的家庭事實上相當幸福，小田原夫婦也提到，若要將台灣視作內地的延長，那麼共婚是一個融合的好方法。〔註37〕然而雖然現在有將近五百多組共婚者，但日本內地可能對台灣帶有偏見，許多共婚者大多選擇居住內地，不過實際上結婚後來到台灣，以及實際歷經結婚生活，是與想像不同的。〔註38〕

經過上述共婚座談會者的現身說法，大致能歸納出以下幾個要點：

第一、因為日臺人接觸的機會變多，因而日臺共婚形成一股無法避免的浪潮，所以共婚法不得不在此一浪潮中被制定出來。

第二、日臺共婚帶來的後續效應，不一定使台灣人就此同化於日本民族，反而日本人為了融入台灣生活，使得日本人同化於台灣民族。

第三、為了避免共婚家庭所生下的混血兒童，遭遇不平等的教育，或遭遇民族歧視，因此共婚家庭採取內地式教育，使得混血兒童走向內地式的文明同化，以及內地式的民族同化。

最後根據小田原夫婦的說法，1934 年左右有大略五百組的共婚者，但實際上根據總督府的臺灣人口動態統計，參見表一筆者彙整的數據，目前可知組數最多的時候是 1943 年的 46 組，完全不可能如同小田原夫婦所言，達到 500 組左右的數字。不過因為總督府的臺灣人口動態統計調查，應是紀錄合法成立的日臺共婚家庭，雖然從表中可以看見，1933 年以後本島人丈夫與內地人妻子的組合明顯上升，或許能夠視作共婚法的確立，促使本島人丈夫與內地人妻子，願意走過合法的登記程序，成為正式的共婚家庭。但如果回想 1919 年臺灣總督府公文類纂裡的統計，不具法律承認的內緣夫妻可達 140 組，那麼隨著日臺之間的交流日漸頻仍，實際上多達 500 多組的共婚者應該是可以想見的。而且如果日臺共婚需要面臨同化於台灣民族、同化於日本文明與同化於日本民族的苦惱，那麼願意再走過共婚法不穩定的法律程序，正式登記成為共婚夫妻的組數又有多少？多半的共婚者或許仍會選擇成為法律上不被承認，但實際上擁有戀愛結婚的內緣夫妻吧。

〔註37〕〈共婚座談會〉，《臺灣婦人界》創刊 5 月號（1934.05），頁碼 49。
〔註38〕〈共婚座談會〉，《臺灣婦人界》創刊 5 月號（1934.05），頁碼 50。

表一　日臺人通婚組數〔註39〕

	本島人丈夫內地人妻子	內地人丈夫本島人妻子	總　　數
1930	6	3	9
1931	9	4	13
1932	6	1	7
1933	12	1	13
1934	15	2	17
1935	31	6	37
1936	29	5	34
1937	21	8	29
1938	23	3	26
1939	19	10	29
1940	30	11	41
1941	24	14	38
1942	32	7	39
1943	33	13	46

二、同化於日本民族的共婚批判

　　經過上述的背景爬梳，大略能知悉共婚現象的發生，以及共婚作為同化的一種方法，然而梳理了共婚問題後，共婚並非僅是單方面同化於日本民族，在法律層次、統計數據以及當事者的證言之上，其實充滿了各式各樣的同化路徑、矛盾及其痛苦。然而很可惜的是，似乎在 1934 年共婚座談會之後，可供分析的當事者言論並不多，台灣總督府也僅只做了合法登記共婚的統計資料，實際上 1931 年九一八事件爆發，日本開啟對中國的侵略，1937 年中日戰爭爆發，台灣被整編進入戰時體制，逐步邁入皇民化時期，究竟在 1937 年左右共婚問題產生了什麼樣的效應？又從共婚問題，對於同化的戀愛結婚敘事，展現怎樣的內心風景？這樣的疑問，或許可以從當時發表的文學小說中得到答案。在 1936 年 4 月黃氏寶桃發表的〈感情〉，以及 10 月朱點人發表的〈脫穎〉，都於中日戰爭爆發的前夕，為共婚問題寫下了台灣人的觀點。若從結論而言，兩部作品都在在對日臺共婚，展開各自的批判視角。

〔註39〕本表由筆者根據臺灣總督官房調查課、官房企劃部、企劃部與總務局的臺灣人口動態統計彙整而成，因為此統計資料並沒有 1944 年與 1945 年之數據，因此僅到 1943 年為止。

　　黃氏寶桃的〈感情〉，書寫著擁有內地人般的姓名，名為太郎的孩童的故事，之所以會有如此內地人般的名字，也是從母親那邊聽來的。太郎是日臺共婚下所誕生的混血兒，小說裡提到，對於身為混血兒的自己，某種程度上相當傷害他的自尊心，即便在學校，也只有太郎可以使用內地語和台灣語溝通。太郎的混血性質很可能在外觀上就表現出來，太郎擁有本島人獨特的無表情的面龐，實際上卻能看出，太郎是相對矮小的孩子。

　　太郎的生父因為是內地人，所以太郎強要母親在自己的床邊掛上日本國旗，小說裡描述到，這雖然只是一張小小的日本國旗，但在貧乏的室內擺設中，卻是無比明亮的存在。在太郎的內心裡，唯一的心願，就是想見到內地人的父親，想從本島人看來屬於混種的，宛如注視劣等人種般的視線中逃離，另一方面，也對生活樣式全然不同，從未見過的內地擁有豐富的好奇心。

　　這樣的好奇心，是太郎年幼時產生的。母親對無法入眠的太郎，述說著溫柔卻未曾見過的父親，說到「タタミ」這樣不可思議的東西，從內文來看，母親也描述了不用煉瓦和石頭，只用木頭製造的日式住宅。在如此微小的住家說著這樣的床邊故事，水澄清地流著，許多美麗花朵綻放的鄉下，母親似乎是帶著感傷的口吻訴說這些事情。不過太郎彷彿沒有明白母親的心情，反而越是無法入睡，越是感到興奮。

　　母親雖然說著內地的事，但卻沒有見過內地。太郎的誕生，是與視察來台的內地人所生下的結晶，但這位父親卻藉由一些理由，返回內地，再也沒有回來與母親共組家庭。但太郎自小習得內地相關的話，都是母親所說的美麗內地，對於拚命等待父親歸來的母親而言，太郎心想，母親想必存在著對內地父親滿滿的愛吧。

　　有一天，母親穿著長衫來到太郎的房間，表現出喜形於色的模樣。太郎也明白，自己到十七歲之前，母親都是一個人，獨自扶養內台混血的太郎，越來越無法忍耐這種單親的孤獨感，於是在叔父的安排下再婚。母親之所以進來太郎房間，就是想與太郎商量這件再婚的事情，害怕太郎反對，但太郎明白母親的寂寞，並說道：「我好或不好都沒有關係。我再也不想看到母親孤獨的身影了。」〔註40〕聽到這番話，母親不禁深受感動。

　　然而情節卻急轉直下，小說裡寫到，太郎很高興，想著母親無論任何事情，都謹慎地採取內地風俗，想想母親再度成為美麗的內地新娘，幻想著母親美好

────────────────────
〔註40〕黃氏寶桃，〈感情〉，《臺灣文藝》第 3 卷第 4‧5 合併號（1936.04），頁 24。

的內地身姿。但是母親卻對太郎說道:「……雖然對你難以啟齒,但現在穿的內地人和服可以改穿為臺灣服嗎?」,〔註41〕太郎的表情突然一變,母親辯解般地小聲說道:「這個人是臺灣人,因為你的本居地是在臺灣,刻意不穿內地的和服不是也比較好嗎?」,〔註42〕母親雖然這麼說,但說到最後幾乎沒有聲音說出口。太郎對於母親再婚表示支持,但自己是內地父親與臺灣母親所生的孩子,認為自己便是內地人的孩子,是以內地父親為基準從此世誕生的人。

　　然而在母親的立場而言,當然後悔傷害了太郎的感情,但對於那位孩子出世,便迅速捨棄自己回到故國的冷血內地人,從來沒有回來看過自己的內地人,想到那位內地男性與這些感情,便會感到難受。每當看到太郎穿著內地人的和服,都會刺痛自己的舊傷,所以藉由這次與臺灣人的再婚,覺得驅散孩子對於內地的感情不妨是一件好事。

　　因此,太郎與母親對於再婚這件事的對話,本身就存在著相互背離的力學,如果回溯第二章對於賴慶〈美人局〉的討論,和服在日治時期台灣,具有象徵「日本民族」和「日本殖民」的雙重印記,太郎身上的和服也存在著相同的機能,透過穿著界定自我為日本人集團。而母親穿著的長衫,則是臺灣女性所穿的傳統服飾,具有表現臺灣民族身分的機能。所以打從這場對話一開始,空間裡的兩人,便已呈現民族與殖民權力印記的矛盾,一方面太郎幻想著內地父親與內地模樣的母親,另一方面,母親想藉由這次與臺灣人再婚的機會,抹去太郎對於內地的憧憬,也消除自己被內地男性拋棄的傷痛,兩人之間各有想法,做著同床異夢的幻想,在說出口的同時,便導致母子之間「感情」的撕裂。

　　雖然母親再三拜託太郎,但太郎表示強烈的反對,並且大聲斥喝:「母親。我不管誰怎麼說,我都是內地人的孩子。」,〔註43〕母親聽到這句話,頭也不回地離開,瞬息間太郎的房間變得安靜,漸漸地頭腦也冷靜下來,想到那樣大聲斥喝母親的自己,是否太過無情。確實自己是內地人的兒子,但擁有強要母親接受內地事情的權利嗎?太郎逐漸了解母親的想法,忽然緊繃的心情鬆懈下來,留下了感傷的淚水。

　　雖然該篇小說內容短小,但誠如先行研究者朱惠足所言,黃氏寶桃的〈感情〉,是少數處理日本人男性與台灣人女性婚姻組合的小說,又同時處理了混

〔註41〕黃氏寶桃,〈感情〉,《臺灣文藝》第3卷第4‧5合併號(1936.04),頁25。
〔註42〕黃氏寶桃,〈感情〉,《臺灣文藝》第3卷第4‧5合併號(1936.04),頁25。
〔註43〕黃氏寶桃,〈感情〉,《臺灣文藝》第3卷第4‧5合併號(1936.04),頁26。

血兒太郎的認同問題，是相當值得研究的文本。正如上述所言，小說裡台灣女性遭日本男性遺棄，所以太郎從沒見過父親，但幼時母親所說的日本父親及其國家故事，使得太郎一心嚮往日本。太郎平常穿和服，要母親為他懸掛日本國旗，形構自身對於日本父系血統的追認。但母親後來在太郎叔父的安排下再婚，雖然太郎支持母親再婚，卻對改穿台灣服表示拒絕，因為如此一來，太郎以服裝和旗幟所建構的日本身分便會消失。不過對於母親而言，卻會從太郎的和服想起被日本男性拋棄的創傷，此外，新任的台灣人丈夫，也不會樂見太郎建構日本父系血統的行為，因此正如朱惠足所言，該篇小說藉由共婚與混血兒議題，由民族的差異和矛盾，展演混雜的身份認同。〔註44〕

雖然前行研究已經充分描述悲慘的共婚，造成混血兒的認同混淆，進而演變成家庭失和的悲劇。不過有些值得注意的細節，那便是小說一開頭對太郎在身體形質的描述。在身體形質上，太郎雖然擁有本島人獨特的無表情的面龐，實際上卻能看出是相對更加矮小的孩子。從這段身體的描述，其實隱約透露了日臺共婚的批判，從先前對於共婚問題的爬梳，共婚的反對論者有以下主張：第一、異人種之間的通婚，很難確切達到同化於日本民族的效果；第二、出生的小孩，大部分在身體與精神能力上都相當低下。因此，由共婚所生下的太郎，身體機能的確顯現較於低落的成分，因為是本島人，卻身高矮小，這是隱含對於異民族通婚批判的線索之一。更露骨的是，因為是混血兒，所以被周遭的人以「リイヤ」嘲笑，是一種形容劣等人種的蔑稱，這是對異民族通婚批判的線索之二。因此，太郎在異族通婚所造成的混血問題上，無論是身體形質，或是周遭人物的嘲罵，都使太郎在在對於純血的內地父親產生憧憬，尤其母親又向幼年的太郎灌輸內地父親的印象，因而太郎才會強烈地追索日本父系的血統，即便自身先天的血液無法成為純粹的日本人，但通過後天的自我改造，小說中的「穿著和服」以及「懸掛日本國旗」，都是試圖讓自我成為日本人的手段。

在這樣持續自我改造的情況下，使故事中的母親不斷回憶起被拋棄的傷痛，雖然小說裡並沒有明確表明時代背景，但從小說的描述中，台灣人女性與日本人男性之間，似乎並沒有合法的共婚機制可供參考，即便有共婚法可供參考，那也必須走過繁瑣的戶籍流程，才能成為合法的共婚家庭。因此從文本來看，兩人之間不具有法律上的婚姻關係，所以日本男性可以隨意拋家棄子，因

〔註44〕 朱惠足，《帝國下的權力與親密：殖民地台灣小說中的種族關係》（台北市：麥田，2017），頁218～222。

為對於殖民地台灣，很難有真正便利，並合乎法律的日臺共婚管道，也因此日本男性的作為是合法的，但卻帶給台灣人女性無法抹滅的傷痛，以及對於法定上的私生混血兒太郎，產生血統的混淆，這是對於異民族通婚批判的線索之三。相較於前行研究著墨於混血導致的身分混雜，聚焦於認同混雜性的建構過程，其實從筆者對這三道線索的補充與說明，在在看到黃氏寶桃，以身體形質、人種區隔和法律制度，淋漓盡致地對同化於日本民族的感情，銳利地發出批判的聲音。

那麼同時期處理共婚問題的小說，在同年 10 月朱點人發表的〈脫穎〉，又展現了什麼樣的共婚問題？寫下了怎樣的批判視角？

朱點人的〈脫穎〉敘說著主角陳三貴，因家庭的妯娌問題，以及自己作為萬年給士，一方面經濟不寬裕，無法過上良好的生活，另一方面家族大部份的錢財，都給阿兄娶妻，所以三貴既無法通過自身的經濟能力娶妻，也無法通過家庭的經濟支援娶妻。在慘澹的給士生活中，三貴暗戀著上司犬養主任的女兒敏子，但犬養根本不把這名給士放在眼裡。在小說的形容中，三貴被犬養主任「呼牛叱馬般的呼喚」，〔註45〕雖然三貴以沉默應對，以為報復，但不久犬養主任察覺到三貴的用意，愈是侮辱三貴。後來三貴在主客的談話之間，聽到敏子的婚事似乎有所安排，他想他對敏子的情慾終究只是空想：「……唉！小國民是不應奢望大國民的！他開始惜自己的本分、但同時又充滿著一個矛盾……」，〔註46〕從這裡可以看出，三貴與敏子之間不僅存在著階級上的差距（三貴＝萬年給士 vs 犬養敏子＝主任女兒），同時更以「小國民 vs 大國民」的話語，暗示著台人與日人之間，存在著無法跨越的「被殖民者 vs 殖民者」的民族境界線。

然而存在於三貴身上的矛盾是什麼呢？這個矛盾即是滿州事變的前夜，三貴做了一個夢，夢見自己成了內地人，彷彿幸福在向他招手，這種成為內地人的感覺，讓他希望這場長夢不再醒來。日後滿州事變爆發，三貴自從夢見自己成為內地人後，開始關心國事，並將滿州事變的號外，放在敏子的桌上，預備請她觀看。但直到中午的時候，犬養父女才相率哭喪著臉走進事務室，原來是犬養主任昨夜接到滿州的電報，得知自己的兒子戰死了。

星期六事務員和主任走得早，事務室僅剩敏子和三貴兩人，三貴觀察敏子

〔註45〕朱點人，〈脫穎〉，《臺灣新文學》第 1 卷第 10 號（1936.12），頁 47。
〔註46〕朱點人，〈脫穎〉，《臺灣新文學》第 1 卷第 10 號（1936.12），頁 47。

的態度，大概猜曉敏子有話要對他說。最終這番話，原來是父親對敏子的婚配決定，意思是，敏子若嫁給內地人，生了內地人的兒子，仍要上戰場做兵，父親要敏子嫁給臺灣人，若嫁給臺灣人，生出的兒子就不需做兵。

若以滿州事變的時間點來看，回想第三章報國的戀愛結婚敘述中，關於臺灣軍夫與志願兵的歷史背景，便會知道自 1927 年日本施行兵役法以後，雖然確立了全民皆兵的標準，但殖民地台灣卻不屬於兵役義務的適用範疇。1937 年臺灣軍的內部文件中，才提到以臺灣人作為軍夫的消息。事實上，幾乎要到 1942 年 4 月 1 日起，臺灣的陸軍志願兵制度才開始正式實施。因此犬養主任的策略，便是利用臺灣人不需服役的事實，將敏子嫁給三貴，讓生出來的孩子成為台灣人，規避從軍的可能。除此之外，如果敏子與三貴沒有走過共婚法的流程，登記成為合法的共婚夫妻，若生出兒子，也僅能判定為私生子，成為戶口調查簿上的無籍之人，在遙遠的未來，也不必進入軍夫與志願兵的適用範疇。

總之，因為犬養主任的家族戰略，戀愛之花在兩者之間綻放，但敏子和三貴的身分差距依然沒有縮減。在小說中提到：「男家對女家雖然可高攀、若一旦合婚、就要變做內地人。」〔註47〕在這句話中明顯展現了一個矛盾，犬養主任既然不希望敏子與內地人結婚，生出內地人的兒子，被派往戰場，那麼三貴如果因為結婚成了真正的內地人，這樣依然會陷入與內地人結婚，生出內地人兒子，被強制送入戰場，難道犬養主任的家族戰略有誤？或者作者在這段文字中，留下了小說情節的敗筆？

小說繼續鋪陳到，在男方家庭與女方家庭你嫌我推之下，因為男方家庭沒有錢財娶妻，也就屈服了。於是由女方家庭想出一個辦法，三貴給犬養家做養子，結婚後敏子辭去職務，由三貴代替。這麼一來，陳三貴便順理成章地成為犬養三貴，他就完完全全成為夢想中的內地人。然而女方家庭的辦法是巧妙的，因為三貴是作為養子，而不是日本戶籍法上承認的日本人，也就是說，陳三貴並不是真正的日本人，而是日本人收養的臺灣人，僅僅只是「形式上的日本人」，所以兩人的日臺共婚，實質上是台灣人丈夫與日本人妻子的組合。因此，在台灣人丈夫沒有明確戶籍承認的情況下，兩人共婚所生下的兒子，在依從父系的原則中，並不具備日本人的身分，所以並不需要服兵役，也因此符合犬養主任的家族戰略。收養三貴這件事本身，更是以擬似家族成員的身分，讓

〔註47〕朱點人，〈脫穎〉，《臺灣新文學》第 1 卷第 10 號（1936.12），頁 50。

其成為「形式上的日本人」，既將臺灣人陳三貴包容到日本民族之中，又將陳三貴的實質身分排除於日本人之外。

日後，三貴在敏子家結了婚，過著日本式的生活。當三貴遇到友人定居的時候，定居稱其為陳兮，然而三貴卻稱自己為犬養，並以認真的態度，請友人未來稱呼自己為犬養，定居看三貴的態度與往常有異，便不再與他攀談。後來定居來到三貴的舊家，才從三貴的父親口中得知，三貴去給日本人做兒子，並且定居隨後問到三貴是否時常回來舊家？三貴的父親表示很少回來，定居吐氣說自己失去了一個朋友，三貴的父親也提到，自己失去了一個兒子，但父親接著說，無論他怎樣穿日本衫、說日本話、說他是內地人，對於三貴的父親而言：「他仍是我的兒子、陳三貴！」〔註48〕透過這樣的對話描寫，讀者便得知從三貴父親和定居來說，三貴表現了幾近屈從日本人的傾向，但無論如何，三貴先天的民族血緣仍是台灣人，透過父親這樣的呼求，既間接譏諷數典忘祖的臺灣人，也宣稱民族血緣是先天的，而非後天改造，在小說最後，於三貴父親和定居的宣稱中，對台灣人同化於日本民族的共婚展開批判。

關於《脫穎》這篇小說，其實已有不少研究，圍繞在三貴與同化於日本民族的共婚，展開剖析和論述，陳芳明析論日治時期帝國的殖民現代化工程，同時為臺灣人帶來「日本文化＝優越」的印記，使得朱點人〈脫穎〉裡的陳三貴，希望轉世為日本人，雖然藉由與上司犬養的女兒敏子通婚，看似獲得了人格的提升，實際上只是變成犬養家逃避兵役的藉口，三貴也僅是日本人的養子，終究未能跨越種族的界線，從三貴自我人格改造的描寫，再次劃分臺人和日人的種族與階級界線。〔註49〕

朱惠足也提到，男主角陳三貴，看似透過收養的方式，跨越了日人與台人之間的種族界線，娶敏子為妻，征服殖民者女性，並成為一心嚮往的日本人，但透過日本帝國擬似血緣的收編機制，其實陳三貴並沒有超越既有的民族邊界，而是在後天的同化與擬血緣關係中，確認日本人認同，然而在先天的漢民族血統之言說中，既批判陳三貴數典忘祖，也揭露日本帝國包容機制的欺瞞。〔註50〕

〔註48〕朱點人，〈脫穎〉，《臺灣新文學》第1卷第10號（1936.12），頁51。
〔註49〕陳芳明，《殖民地摩登：現代性與台灣史觀》（台北市：麥田，2011），頁113～115。
〔註50〕朱惠足，《帝國下的權力與親密：殖民地台灣小說中的種族關係》（台北市：麥田，2017），頁171～180。

　　雖然上述研究中，都提到三貴以日本帝國的收編機制，跨越種族界線，征服殖民者女性，同化於日本民族，但實際上三貴卻沒有超越民族邊界，無論是作為日本人養子，又或是先天的臺灣民族血統之說法，不管三貴如何自我改造，都僅僅暴露自身是受到日本帝國同化機制的欺瞞，並成為背祖忘宗的臺灣人。

　　然而這篇小說恰恰有些值得注意的地方，是前行研究疏漏的部分，在前行研究中，幾乎都將焦點放在三貴「同化於日本民族」的部分，但卻看露了三貴其實也有「同化於日本文明」的傾向。之所以產生「同化於日本文明」的傾向，那便是小說一開頭對三貴家族的描寫。三貴的父母都疼惜兒子，但因為疼惜阿兄，所以父母的積蓄都給阿兄，沒有錢財給三貴娶妻。在阿兄娶妻以前，都會給三貴一些零用錢，但娶妻以後便聽從妻言，不再給三貴零用錢。事情不只如此，兄嫂之間也時常爭吵，破壞原先家庭的一團和氣，使得家族面臨分崩離析的境地。日後當一家團圓吃晚飯的時候，父親提起三貴娶妻的事，希望得到兄嫂的支持，沒料到非但沒有得到支持，反而遭到兄嫂強烈地反對，使得三貴只能坐在一旁嘆息，哀嘆自己的婚事終究是一場空談。在小說一開頭，朱點人便書寫了台灣人家庭中，因為家族制度與妯娌問題，三貴無法娶妻的困境，暴露了台灣家庭固陋的封建性。

　　因為這樣的家庭問題，導致三貴的婚姻終究是虛無飄渺的幻夢，然而因為滿州事變的契機和犬養主任的家族戰略，從三貴的視角而言，終於能夠娶妻，而且是跨越民族界線，征服自己朝思暮想的殖民者女性。婚約成立後，三貴的父親希望三貴夫妻住在自家附近，然而卻遭到敏子和三貴的反對，說到台灣小孩規矩不好，未來自己的兒子會受到不好的影響，成為不善的日本國民。於是三貴住進內地人的宿舍，小說中如此描述，內地人的住宅相當寬大，電火水道通通都方便，住宅前後還有空地，可以種植植栽。到了晚上，敏子更是發揮媚態殷勤地為三貴添飯倒茶，三貴受到百般良好的待遇。忽然間，三貴想到舊家的情況，家族的兄嫂之間，就連日常的炊煮添飯，都會演變為爭執，破壞一家的和樂。在台灣人舊家與日本人新家的對比中，從三貴內心的想法裡，他不僅只是企盼同化於日本民族，更在三貴的視線裡，看見日本人的優良規矩、住宅的寬大、基礎設施的完備，以及穩定和樂的炊飯進食，萌發了同化於日本文明的感受。

　　因此，不僅如先行研究中，提到三貴藉由共婚產生「同化於日本民族」，

其實在台灣人的封建性與日本人的先進文明之對比中，表現了三貴「同化於日本文明」的內心風景。這麼一來，從三貴的立場而言，不僅只是企盼跨越民族界線，產生征服殖民者女性的情慾，更在征服殖民者女性之後，看見了與以往不同的日本文明之光。雖然陳三貴的故事，最終仍回歸到批判日臺共婚，導致台人民族認同被抹滅殆盡的悲哀，然而站在三貴的立場，其實必須放在「同化於日本民族」和「同化於日本文明」的雙重軌道上，注視這場身分認同的悲劇。換句話說，包藏在「同化於日本民族」的陳三貴心理，其實也存在著「同化於日本文明」的感受，這些感受也同樣抹煞了身為台灣人的身分認同。

既然 1936 年的這兩篇小說，都表現了「同化於日本民族」的共婚批判，甚至企及「同化於日本文明」的敘述，那麼 1937 年中日戰爭爆發後，以共婚為題材的小說，又怎樣處理日台之間，異民族共婚的問題呢？筆者以為 1939 年連載於《台灣新民報》的「新銳中篇創作集」，呂赫若宣稱作為皇民化之一翼的〈季節圖鑑〉，或許可以提供我們窺看皇民化與共婚之間，產生怎樣的效應。

三、同化於文明的共婚敘述

在 1939 年 10 月 16 日至 11 月 15 日期間，被喻為「新銳中篇創作集」第四篇，呂赫若的〈季節圖鑑〉，分 30 回在《臺灣新民報》連載，首先發現該批史料，並對呂赫若〈季節圖鑑〉進行分析的論文，為陳淑容先驅性的博士論文《戰爭前期台灣文學場域的形成與發展——以報紙文藝欄為中心（1937～40）》。在陳淑容的討論中，〈季節圖鑑〉這篇小說，毋寧是呂赫若從初期的殖民地社會批判，逐漸轉向後期描摹近代生活的轉型之作。又 1939 年 7 月間，呂赫若曾利用暑假前往東京 YMCA 及下八川圭祐聲樂研究所接受短期研究，所以在 10 月至 11 月連載的〈季節圖鑑〉，很可能就是呂赫若在東京構思，並執筆寫作的作品。〔註51〕

在陳淑容的博士論文中，詳盡介紹了〈季節圖鑑〉的故事梗概，在此就不仔細描述呂赫若長達 30 回的連載內容。〔註52〕通過詳細的文本分析，陳淑容

〔註51〕 陳淑容，〈戰爭前期台灣文學場域的形成與發展——以報紙文藝欄為中心（1937～40）〉（台南：國立成功大學台灣文學研究所博士論文，2009），頁 147～150。

〔註52〕 參見陳淑容，〈戰爭前期台灣文學場域的形成與發展——以報紙文藝欄為中心（1937～40）〉（台南：國立成功大學台灣文學研究所博士論文，2009），頁 151～156。

指出，呂赫若在撰寫這篇故事的角色時過於平板化，形成刻板的新與舊、現代與傳統的對峙，而這樣的新舊對峙，表現了鄭大勳父親「傳統漢文化」的固陋封建，與留日經驗的知識份子，以及日本人所彰顯的「日本＝進步」之對照。通過「台灣封建傳統」與「日本文明開化」的二元分立，毋寧簡化了殖民地社會的複雜性，因而龍瑛宗留給〈季節圖鑑〉的評價，認為該作有混水摸魚之感，過於輕視寫實的傾向。〔註53〕承繼著上述論文的分析，在 2011 年出版的《戰鼓聲中的歌者——龍瑛宗及其同時代東亞作家》論文集，陳淑容再進一步分析了呂赫若為〈季節圖鑑〉留下的作者言，也就是呂赫若聲稱本小說作為皇民化之一翼的部分。陳淑容認為「皇民化之一翼」所要描繪的，是關於內台融合的問題，男主角鄭大勳，女主角惠美子，一位台灣男性與一位日本女性，歷經千辛萬苦，彼此的戀愛終於修成正果，但陳淑容提出的反論是，大勳與惠美子的上一世代，台灣人林有禮與花田藤枝的愛情並不圓滿，換句話說，也顯示了內台融合的乖離，這樣的乖離暗藏著作者對於皇民化乃至內台通婚的質疑。〔註54〕深度鑽研呂赫若的學者垂水千惠，在其巨作《奮鬥的心靈：呂赫若與他的時代》中，提到自己雖未獲得史料，也並未完整閱讀呂赫若長達 30 回的〈季節圖鑑〉，但垂水透過陳淑容博士論文詳細的故事介紹，點到女主角惠美子作為台灣人與日本人混血的設定，是呂赫若作品中罕見的日本人物。〔註55〕

　　綜合上述的討論，可以看見呂赫若表明「作為皇民化之一翼」的部分，很可能就在於日臺共婚的處理，以及共婚後日台混血的子女問題，在筆者爬梳日治時期報刊史料時，有幸閱覽了長達 30 回的〈季節圖鑑〉，〔註56〕也發現呂赫若對於〈季節圖鑑〉的皇民化之言，正是小說裡暗藏的日臺共婚與同化問題。

　　首先，小說裡題為「霰の降る夜」一至五回的篇章，描摹台灣人鄭大勳與日本人惠美子之間的戀愛背景，花田惠美子的母親花田藤枝曾是神田裏的女

〔註53〕陳淑容，〈戰爭前期台灣文學場域的形成與發展——以報紙文藝欄為中心（1937～40）〉（台南：國立成功大學台灣文學研究所博士論文，2009），頁 156。

〔註54〕陳淑容，〈雅俗之間：呂赫若小說〈季節圖鑑〉試析〉，收錄於王惠珍主編，《戰鼓聲中的歌者——龍瑛宗及其同時代東亞作家》（新竹市：國立清華大學台灣文學研究所，2011），頁 270～271。

〔註55〕垂水千惠著，劉娟譯，《奮鬥的心靈：呂赫若與他的時代》（台北市：國立臺灣大學出版中心，2020.11），189。

〔註56〕在此特別感謝陳淑容老師的指點與幫忙，雖然我與老師只有兩次的師生之緣，但老師慷慨為一位曾經在課堂上努力提問的學生，給予中研院最新的數位化資源，讓我得見呂赫若傳說中的小說〈季節圖鑑〉，補足我對日臺共婚裡同化於文明的思考面向，非常感謝陳淑容老師的支持與愛戴，在此特別致謝。

給，當時赴日的留學生漸漸增多，因此藤枝與台灣留學生相愛，約定成為夫婦後渡台，但在惠美子三歲後，藤枝卻帶著惠美子悄然回到東京，意味著被台灣男性所拋棄，因此藤枝強烈反對惠美子與臺灣人鄭大勳往來，也拒絕鄭大勳將惠美子帶到台灣，即便惠美子反問藤枝臺灣人父親的事情，也只會遭到強烈的訓斥。鄭大勳的部分，則是父親要求他畢業後即回來臺灣，雖然鄭大勳曾寫信給父親，說明自己與惠美子的戀愛，並有意結婚的事情，但卻遭到父親激進地反對，認為婚事絕對不能擅自決定，從那時候開始，父親就開始安排大勳的婚事，催促大勳與自己相中的女性結婚。

在這裡，雖然鄭大勳和惠美子都遭到各自親人的反對，不過在惠美子母親方面，反對的原因在一開頭還曖昧不明，但鄭大勳的部分，卻可以強烈感受到台灣傳統父母之命的壓力。在這段日台戀侶無法相愛的阻隔中，明顯地受到臺灣封建傳統的牽制，換句話說，「霰の降る夜」一至五回的篇章，給了讀者一種印象，那就是日臺共婚的問題，是無法同化於文明的父母之命所造成的，也就形成了這段戀侶，雖然處在自由戀愛與自由結婚的文明狀態，卻屢屢遭受非文明的父親權力之戕害，因此在小說一開頭，呂赫若就以封建傳統的對比，寫下了「日臺共婚＝自由戀愛＝同化於文明」的情節，換句話說，呂赫若正是將自由戀愛的文明化，與日臺共婚相互嫁接在一起。

事實上，在這一點，呂赫若正表現了皇民化的特徵，皇民化不僅只是臺灣民族的認同改造，更要求臺灣民族擁抱近代化。如果以後見之明來看，鷲巢敦哉所著作的《臺灣保甲皇民化讀本》或許可以提供一個解釋的管道，在皇民化的實際問題中，鷲巢敦哉便提到需要改善台灣人不合理的婚姻制度，點出台灣人的結婚依賴高額的聘金制度，更重要的是，台灣人的婚姻並非自主，而是由親族父母決定，在揭露台人種種情感制度的陋習後，皇民化所要求的便是陋習改善，尊重情感交往中的個人意志。〔註57〕因此，「傳統父母之命的婚姻＝陋習」對立於「尊重個人意志＝文明＝皇民化」的構圖就此形成，皇民化對於台人情感制度的要求，不是單方面要求民族認同心向於日本，而是將臺灣的封建傳統視為陋習，抽換為同化於文明的軌道，再將文明化、皇民化與日本化銜接在一起。

因此，〈季節圖鑑〉一開頭「霰の降る夜」一至五回的篇章，事實上也是

〔註57〕鷲巢敦哉，《臺灣保甲皇民化讀本》（台北市：臺灣警察協會，1941），296～300。

如出一轍的思考邏輯，呂赫若將鄭大勳的父親描摹為冥頑不靈的家長，強迫兒子與自己安排好的女性相親，展現戕害自由戀愛的封建陋習，而相較於此，鄭大勳與惠美子內台人間的情感，則展現了自由戀愛觸及文明的想像，所以這五回的描寫中，若要鄭大勳與惠美子順利共婚成功，並非訴諸前述的共婚法等法律途徑，在小說裡則是要求台人同化於文明的戀愛觀念。

在「みどりの園」一到四回之中，雖然鄭大勳被強迫前去相親，但因為對於惠美子的愛，所以鄭大勳到了介紹人前木博士家，告知前木博士自己與惠美子的戀情，惠美子可憐的身世，以及離開東京後答應惠美子尋找臺灣生父的事情，前木博士體察了大勳的苦衷，於是就把婚約取消，也一併祝福大勳與惠美子有情人終成眷屬。然而隨後發生的事，是惠美子的母親過世了，惠美子提到，她在埋葬完母親後，便要獨自一人在東京工作生活，不會去臺灣了。收到這樣的消息，鄭大勳當然是痛心疾首，然而在「戀しき哉」的篇章裡，情節有了翻轉，那便是惠美子在整理母親的遺物時，找到了一張舊照片，上面寫著大正九年七月五日，並留下了「林雅文」的簽名。這使得惠美子燃起希望，即便再怎麼辛苦，也要到臺灣找到自己的臺灣人生父，大勳與惠美子便如此再度相會於臺灣，但對於「林雅文」這個名字卻一點線索都沒有。

在「雲への嘆き」的篇章中，大勳與惠美子首先造訪前木博士家，前木博士聽完兩人的計畫後，提議讓惠美子擔任醫院的藥局會計，大勳也順便安排了惠美子的住處，然而對於尋找生父卻仍然毫無辦法。惠美子在病院服務期間，每當無聊時便會與患者聊天，特別是與一位名為陳テル子的病患相當親近，陳テル子談到自己是在東京長大，四年前與台灣留學生，也就是現在的丈夫結婚，渡台以後過著幸福的生活。兩人聊著聊著便談到惠美子尋找生父的事情，線索只有父親名為林雅文而已，經陳テル子的推敲，今年惠美子二十一歲，那也就是二十年前的事情，二十年前去東京的人，多半是名門望族的子弟，現在應該也位居在某種地位，多半不難尋找。惠美子認為之所以會變成像現在這樣的境地，不是母親的錯，也不是父親的錯。陳テル子更提到，的確是那時的時代氛圍不允許，如果有像現今的共婚法，那也不會造就惠美子這麼辛苦。

從陳テル子的對話中，其實也隱含了一些訊息，第一，陳テル子四年前與台灣留學生戀愛結婚，渡台後過著幸福快樂的生活。如果以〈季節圖鑑〉創作的 1939 年往前回推 4 年，那便是 1935 年，回溯一下共婚問題的歷史進程，便會知道 1933 年共婚法實行，那麼 1935 年陳テル子與臺灣丈夫順利結婚，並且

渡台後過著幸福的生活，事實上隱含了對共婚法這項制度的讚揚。第二，更直接的證據是，陳テル子認為如果二十年前有像現今這樣的共婚法，那麼惠美子可能不會那麼辛苦。從這兩點來看，陳テル子幾乎是讚美共婚法這項制度，至少從小說的文脈來看，是沒有任何批評的。然而回溯共婚法與政府實際的統計數字便會得知，事實上共婚法仍然充滿問題，導致許多日臺共婚者寧願選擇成為不被法律承認，卻有實質結婚的內緣夫妻，也不願走過繁雜不安的登記程序，成為合法的共婚夫妻。因此，陳テル子對於共婚法毫無保留的讚美，與現實環境反映的落差，正是小說裡表現共婚法作為文明德政的光明面，也是呂赫若暗藏服膺皇民化的線索之一，即便現實中的共婚法不夠完善，也仍造就內緣夫妻膨大地成長，但在〈季節圖鑑〉裡，似乎只要通過共婚法這項制度，那麼內台共婚與內台融合便能順利完成，換句話說，小說裡聲稱共婚制度的文明化，能夠造就內台結婚暢行無阻，間接反映皇民化運動裡內台融合的願景。

在「雲への嘆き」第五回，大勳某一天在前去找惠美子的路上，正好巧遇了先前的相親對象及其父親，林麗心與林有禮，在林有禮身為長輩的邀約下，大勳不好意思拒絕，於是大勳宛如違背心意似地，與林有禮和麗心兩人共進晚餐，並一邊想著惠美子想得心急如焚。隨後的第六回，描寫到大勳遲來找惠美子，而且即便大勳查遍了島內的職員錄、名士錄、商業年鑑、地方介紹的新聞欄、協議會員錄，仍然一無所獲，這使得兩人陷入悲哀與絕望的嘆息。

在「薔薇のやうに」篇章中，惠美子在前往與陳テル子的病房，想與她聊天時，發現陳テル子正與一名年輕女性聊天，接著陳テル子為兩人引薦，首先介紹了自己主人母親的義妹林麗心，接著介紹了東京來的惠美子，三人邊吃巧克力邊聊天，隨後便聊到惠美子來台尋找生父的事情。突然間，陳テル子好像發現什麼似地大叫，你們非常相似啊，有可能是姊妹喔。但當晚鄭大勳的父親找到惠美子，不僅羞辱惠美子，更給她三百元的旅費要她回到東京，最後在鄭大勳的解釋下，說明父親的奸計，並勸說惠美子，兩人才又重修舊好。

接著在「彩の渦輪」篇章，惠美子、陳テル子和麗心三人，正聊著惠美子生父的事情，非常不可思議的是，雖然已經知道名字了，卻仍找不到林雅文這個人。陳テル子便提到，會不會是惠美子看錯了？惠美子再次拿出相片，照片上清楚地寫著林雅文三個字，沒有看錯。但看到照片的麗心驚訝地說，這是你的照片嗎？惠美子點頭稱是。麗心便提到，這張照片裡的家還存在著喔。這次換惠美子發出驚嘆的聲音。

「彩の渦輪」第二回，麗心從惠美子的住處出來，與陳テル子道別，趕緊回到家，開始翻找家裡的照片，後來居然翻出一張與惠美子相同的照片。麗心接著拿著這張照片到父親的書房，與父親當面對峙，說到持有相同照片的人還存在著，她透過這張兒時的照片來台尋父。麗心的父親林有禮顫聲說到，那個人是誰？麗心說到，惠美子說的，東京來的，花田惠美子所說的。聽到「惠美子」這三個字的有禮，臉色發白，拿著筆的手開始顫抖。麗心隨後追問父親事情的真相。然而有禮只是別過頭來，眼裡閃爍著淚光。

「彩の渦輪」第三回，有禮想起十八年前的往事，那時有禮愛著藤枝，藤枝也愛著有禮，但有禮的親人不允許兩人結婚，當時有禮也試圖向周圍的勢力反抗，不過最終只能含淚讓藤枝回到東京，並答應藤枝，總有一天會再回到藤枝身邊。然而藤枝回到東京後，消息便斷了一般，好幾次寄出的信件都被悉數退回，甚至請在東京的友人搜尋藤枝的蹤跡，但仍一無所獲，只能宣告放棄。而照片上的林雅文，是自己年輕時憧憬夏目漱石時，所取的筆名。第四回，麗心帶著父親有禮來到惠美子服務的病院，隨後有禮娓娓道出真相，原來惠美子的父親正是筆名林雅文的林有禮。

在尋找到真正的臺灣人生父林有禮，以及通過林有禮的回憶，所道出的婚姻往事中，陳淑容曾對此指出，有禮與藤枝之間的悲戀，其實暗藏著內台融合的不純粹，而這段不純粹的內台融合，是作者對於皇民化以至內台通婚的質疑。〔註58〕但如果我們細究文本內容，為何這段內台結婚會不純粹？原因在於林有禮遭到周遭親人的反對，所以歸根究底，作者仍將內台結婚的阻礙，放在台灣傳統的親人主婚。如同鄭大勳與惠美子的戀情一般，台灣對於戀愛結婚的封建觀念，導致內台融合的失敗，使得一段美好的姻緣被硬生生拆散，造成藤枝對台灣男性的憎恨，導致惠美子的孤苦無依，最終需要跨海尋父。因此便會形塑出，若通過改造台灣陋習，使得情感觀念文明化，那麼就能順利以內台結婚達到內台融合。而且在呂赫若的描寫中，企盼內台結婚的那一方往往是自由戀愛，象徵著新式文明，反對的那一方往往挾持著家族權力或是父母之命，去破壞自由戀愛，也就會間接形成「日臺共婚＝自由戀愛＝文明」與「封建家庭＝破壞自由戀愛」的對峙，使得這種長篇連載的小說，不斷灌輸否定台灣封建

〔註58〕陳淑容，〈雅俗之間：呂赫若小說〈季節圖鑑〉試析〉，收錄於王惠珍主編，《戰鼓聲中的歌者——龍瑛宗及其同時代東亞作家》（新竹市：國立清華大學台灣文學研究所，2011），頁271。

家庭，支持日臺共婚的自由戀愛，也傳遞了這樣的內台關係，是漸臻同化於文明的軌道。

　　雖然小說在一段鄭大勳、林有禮、林麗心與惠美子的關係拉扯中，上演一部誇大的惠美子追逐記，最終鄭大勳與惠美子這對戀侶，終於有情人終成眷屬。不過值得一提的是，垂水千惠提到惠美子身為日台混血，是呂赫若作品中罕見的角色設定。〔註59〕通過筆者的文本細讀，惠美子的確是林有禮與花田藤枝生下的日台混血兒，但不同於黃氏寶桃〈感情〉裡，將太郎作為混血兒的缺點寫實地描寫出來，更直白來說，黃氏寶桃正是這樣寫實地描寫日台混血的缺點，才達到共婚反論的效果，那便是混血兒的身體機能缺陷，間接批判日臺共婚。但在〈季節圖鑑〉裡，惠美子的外觀並沒有明顯的缺點，甚至毅力驚人，在東京努力工作養活母親，在母親過世後還跨海來台尋父。如同陳淑容所說的，惠美子雖出身貧苦，卻樂觀上進。〔註60〕也就是說，通過惠美子這個混血成功的角色，其實更反映出內台融合後，人種進步的象徵，運用這個鮮活的象徵，在在支持政府期待的內台融合政策。在混血成功的案例上，呂赫若又隱約地表現這篇小說，能夠成為皇民化之一翼，讓日臺共婚的成果，走上文明進步的階梯。當然，如此一味地頌揚日臺共婚的光明面，罔顧現實中因日臺共婚所導致的種種問題，使得龍瑛宗對呂赫若這篇小說的評價，給予過於輕視寫實的感覺。

　　這種以「文明化＝皇民化＝日本化」的構圖，同樣出現於在台日人新垣宏一的筆下，在他1942年發表於《文藝台灣》的〈城門〉裡，從女學生與教師的對話出發，描摹女學生的父親，雖然熱心於皇民化，然而在婚姻情事上，卻留存著納妾的舊習。這使得皇民化標榜的近代化，與父親納妾的台灣慣習，產生「傳統」與「文明」的扞格，以女學生的視角來看，不禁感到這樣的父親，在兩性的情感構圖上，背離了皇民鍊成。因此，也就產生了女學生認為臺灣的家族制度，尚未完全達到皇民化標榜的「同化於文明」。與呂赫若相同的是，新垣宏一也將台灣的傳統婚俗制度，視為尚未開化的陋習，並指出台灣人在情感制度上，尚未達到皇民化的近代化理想。但新垣宏一能夠與台人呂赫若一樣，抓住臺灣情感結構的舊習俗，並思考台人情感的皇民化問題，毋寧與成長

〔註59〕垂水千惠著，劉娟譯，《奮鬥的心靈：呂赫若與他的時代》（台北市：國立臺灣大學出版中心，2020.11），189。

〔註60〕陳淑容，〈戰爭前期台灣文學場域的形成與發展——以報紙文藝欄為中心（1937～40）〉（台南：國立成功大學台灣文學研究所博士論文，2009），頁156。

於臺灣的因素息息相關，也就是說，臺灣在地成為積累記憶的地方，才能書寫台人情感「同化於文明」的問題。雖然身為在台日人，但不同於日治前期旅臺，或短暫移居臺灣的在臺日人，作為出生於臺灣，成長於臺灣的灣生世代，新垣宏一的傳記中便曾提到，早期雖然未能親炙台灣這片土地的歷史文化，但在他於 1937 年從台大畢業後，任職於台南第二高女教師的時期，與當地的上流人士和各界人士交流，讓他從日本人二世，無形中融入臺灣，也因此開啟他對台南歷史的研究，使本島人的心情漸漸滲進新垣的內心。〔註61〕所以新垣宏一認為，〈城門〉這部作品，不僅僅是以「皇民化」為主題的作品，而是作為在台的日本人第二代，心情已經逐漸臺灣化的東西。〔註62〕其實正如鳳氣至純平所說，這些灣生世代，在臺灣生長、長期定居於臺灣，看待臺灣的視角，已經從旁觀者逐漸轉換為參與者。〔註63〕因此，這部作品的皇民化書寫，批判了臺灣人在情感制度的固陋，以及在皇民化運動下，和近代化理想的乖離，若未能充份累積自身的臺灣經驗與感受，事實上無法掌握根深在臺灣人觀念中的蓄妾傳統，也就無從思考臺灣人情感「同化於文明」的議題。

　　但相較於呂赫若，不同的地方在於，呂赫若的〈季節圖鑑〉，實質上更貼近皇民化運動的理想，不僅對臺灣人傳統的婚俗制度展開批判，試圖以皇民化標榜的近代化取而代之，而且取而代之的理想，更是殖民政府所期待的，以日臺共婚的文明同化，以至於達到日臺融合的境界。之所以會有這樣的差別，筆者認為與作者的民族身分有關，日臺共婚逐漸成為勢不可擋的趨勢，根本性的原因，在於臺灣男性留學生赴日求取更高的教育資源，使得臺灣男性與日本女性的接觸增加，因而使得共婚的現象逐漸膨脹，對於台人的呂赫若而言，不可能不知道這樣的歷史現實。事實上，呂赫若自身也為修習音樂，而赴東京學習，因此臺灣人男性與日本人女性的共婚組合，對於呂赫若而言，或許是再熟悉不過的議題，因此能夠順利將臺灣傳統的婚姻制度，與日臺共婚的現象，嫁接在一起書寫。然而在新垣宏一的成長背景而言，雖然作為灣生，且在臺灣渡過了自己的青春歲月，逐漸吸收了臺灣在地的歷史經驗，不過身邊所接觸的人，幾

〔註61〕新垣宏一著，張良澤和戴嘉玲譯，《華麗島歲月》（台北：前衛出版，2002.08），頁 44～45。

〔註62〕新垣宏一著，張良澤和戴嘉玲譯，《華麗島歲月》（台北：前衛出版，2002.08），頁 57。

〔註63〕鳳氣至純平，《日治時期在臺日人的臺灣歷史像》（台北：南天書局，2020.09），頁 238～242。

乎都是日本人為主，結婚對象也是作為灣生的松原小姐，所以即便臺灣在地歷史，已經成為了自己不可或缺的情感，但就新垣宏一的案例而言，也有無法更進一步貼近臺灣人通婚狀況的極限，且蓄妾制度的確是通過某種程度的考究，就能形成的歷史觀念。因此才形成呂赫若能將日臺共婚、皇民化與文明化相互嫁接，並充分表露同化於文明的共婚敘述，然而新垣宏一卻僅只能描寫到，臺灣婚俗傳統與皇民運動要求的近代化之間，兩者所產生的齟齬而已。

　　在「同化於民族」和「同化於文明」的戀愛結婚攻防戰下，越趨戰爭末期，「同化於文明」的描寫逐漸稀釋，「同化於民族」的部分，或者說包容民族集團的同化機制，其描寫則逐漸增強，更進一步涉及日本人和臺灣人之間，精神血液的融入問題。

第二節　融入日／台的精神血液

一、對於殖民者女性的戀慕

　　事實上，自 1933 年賴慶在《臺灣新民報》連載〈美人局〉以來，小說中的被殖民者男性，往往被描繪為貪戀日本殖民宗主國女性，進而落入情色騙局之中，連 1936 年強勢出版的《可愛的仇人》，徐坤泉都不免要寫上一筆日本女郎的姿色，這兩部小說共通的特點，便是將日本殖民宗主國女性，描摹為富有官能性、時尚性的摩登女孩，最後引導男主角走向邪魔歪道的歷程，進而達成反摩登並批判日本化的現代性。但經過 1933 年共婚法實施，1937 年戰爭爆發後，似乎便減少了這樣的批判，反之，從 1937 年龍瑛宗的〈植有木瓜樹的小鎮〉來看，被殖民者男性戀慕殖民者女性的成份被保存了下來，小說裡陳有三提到：

> ……有機會的話，跟內地人的姑娘戀愛結婚吧。不是為此公佈了內
> 臺共婚法嗎？但要結婚的話，還是成為對方的養子比較好，如果改
> 為內地人戶籍，薪水可加六成，還有其他種種利益。不對，不對，
> 把這些功利的想法一概排除，只要能跟那絕對順從、高度教養而且
> 如花艷麗的內地姑娘結婚，即使縮短十年、二十年壽命都無話可
> 說……〔註64〕

雖然在小說敘述中，陳有三提到了種種利益，但經過自我否定後，他內心

〔註64〕龍瑛宗著，〈パパイヤのある街〉，收錄於陳萬益編，《龍瑛宗全集〔日本語版〕·
　　　第一冊·小說集（1）》（臺南：國立臺灣文學館，2008），頁16。

的真實心願在於與殖民宗主國女性戀愛結婚，並露骨地表現出對內地女性的戀慕幻想，通過這份幻想，陳有三寄望他的慾望能夠融入日本民族之中，與先前賴慶的〈美人局〉或徐坤泉的〈可愛的仇人〉不同，基本上殘存於陳有三觀念之中的，僅僅是對殖民者女性的戀慕，而缺乏過去以日式摩登為基調的負面書寫。

同樣的慾望，在 1938 年發表於《風月報》的〈彈力〉，也淋漓盡致地刻畫被殖民者男性對殖民者女性的情慾衝動。故事中描述男主角張文彥，到朋友佐野的家中拜訪，恰巧佐野不在家，夫人美智子與往常一樣殷勤款待張文彥。在款待的過程中，兩人的話題逐漸展開，雖然兩人之間本來就相當熟識，就連在丈夫佐野面前，也能率直地談天說笑。然而張文彥的話題越談越開闊，面對美智子的情緒也開始亢奮起來，小說描述到張文彥面對年輕美貌的夫人，將自己平日隱藏在內心的熱情，全部吐露出來。

讀者從張文彥望向美智子的視線中，將會看見美智子靈動、純潔、可愛又魅惑的形象，這使得張文彥想擁抱並親吻美智子。在這裡，張文彥試圖跨越種族的界線，釋放自我的情慾並征服殖民宗主國的女性，然而橫跨在張文彥面前的界線，是佐野與美智子之間的愛情，若試圖介入，將會破壞對方的感情與家庭，有違倫理道德。事實上，佐野與美智子，在小說中是日本男性與日本女性的婚姻組合，張文彥對日本殖民者女性的戀慕，使他的慾望試圖被包容進日本民族之中，但因為佐野與美智子的感情，使得被殖民者的文彥，雖然同為日本帝國的人民，他對日本女性的情慾，卻在自己所謂的道德言說下，被排除於日本民族之外。

但是這種跨越不了的情慾界線，卻隨著佐野收到從軍的召集令開始慢慢瓦解，佐野離開前赴戰場後，家中只剩美智子一個人，張文彥想著獨守家中的美智子到底過著怎樣的生活，心中開始騷亂，於是便前往佐野家探望美智子。因丈夫離去變得憔悴的美智子，張文彥鼓勵她振作，更勇敢地面對生活。然而美智子的一段話卻打破了僵局：「張樣、請誠實地告訴我你一向以為我們的生活是幸福的嗎？」，[註65] 雖然張文彥回答道：「是的。我認為確是這樣、因為佐野是一個良善的好丈夫。」，[註66] 但意料之外的是，美智子提出反論，美智子認為佐野是那樣一個人，但又怎麼樣呢？美智子提到自己是理想主義者，

〔註65〕 蔡榮華，〈彈力〉，《風月報》第 60 期 3 月號下卷（1938.03），頁 10。
〔註66〕 蔡榮華，〈彈力〉，《風月報》第 60 期 3 月號下卷（1938.03），頁 10。

常在自己的腦海裡建立美麗又羅曼蒂克的神話，而自己便是這神話裡的女主角，而男主角應該是灑脫、勇敢又多情的人物，美智子常幻想著自己可以嫁給一個多情有趣的丈夫，合於自己的理想。但理想與現實背離，美智子嫁給了現任的丈夫，樸質、緘默、寡言，只知道忙於自己的勤務，不懂得女人的心理，態度也相當冷淡。

　　張文彥便驚奇到，那麼為什麼美智子會嫁給佐野呢？原因是當時美智子的母親以為美智子喜歡佐野，所以就安排了美智子與佐野的婚姻。張文彥的內心這麼想到，結婚應該是由戀愛並經過一段適當的交際而來，將兩者性格、趣味、思想不同的人結合在一起，是沒有幸福可言的。文彥的內心又這麼想到，美智子渴望飛躍性的、有生命力的生活，但命運捉弄她，使她被放入乾燥乏味的婚姻中。理想主義又富有熱情的幻想家，不正是張文彥自己嗎？張文彥心想，如果可以，就這樣以個人的性格為基礎，與美智子戀愛結婚，那是何等幸福。

　　從這些情節安排與內心的透視中，讀者可以發現兩個契機，第一個是作為丈夫的佐野，因為戰爭的徵招而離開，使得原先張文彥不可侵犯的日本人婚姻集團，有了介入的機會，第二是小說裡的反轉，原來美智子根本不愛佐野，是在母親安排下促成的婚姻，因此造就美智子乾枯的婚姻生活。在張文彥的立場而言，母親之命的安排是不適當的，真正的婚姻應該由戀愛交往開始，才能步入夫婦關係，這一點是自 1920 年代起，知識份子不斷強調的，兩人的情感是自由戀愛與婚姻自主，表現情感結構的文明化，而張文彥正是以情感文明化的契機，正當化自身對於殖民宗主國女性的戀慕。換句話說，張文彥正是從情感文明化的切點，試圖將自身的情慾與日本女性的情感無縫接軌，以達到跨越種族界線，征服殖民宗主國女性，包容於日本民族之中。

　　在小說的安排，美智子甚至接受了張文彥的熱情，張文彥幾乎可以融入對殖民者女性的情感，並走入日本民族的精神血液之中。但最後張文彥卻解開美智子環抱自己的雙手，踉蹌地在街道上跑著，心臟劇烈地跳著，血液奔流著，神經緊張著，他心中堅決地吶喊，直到佐野回來，都不再去見美智子一面。從結局來看，即便有上述佐野被徵招、美智子不幸的婚姻，以及自己熱切地對殖民者女性的戀慕，最終男主角仍然無法跨越那道殖民者與被殖民者間的種族界線，從張文彥身上，讀者可以看見身為被殖民的台灣男性，對於殖民宗主國日本女性，如何展現其戀慕以至於征服的性衝動，最終又如何自我批派的狼狽模樣。事實上，不再去見美智子的念頭，反而更反映了男主角張文彥，對美智

子的極度憧憬，企盼在情感上融入日本人的精神血液。

　　至於為什麼 1937 年以來，台灣男性作家的婚戀小說裡，出現的日本殖民宗主國女性，總是表現出溫柔、嫻靜、美麗、尤其富有古典魅力的表象，而不是 1937 年以前留著齊耳短髮的鮑伯頭、混搭和服洋裝、腳踏高跟鞋的摩登女孩呢？這個答案，筆者推測或許與當時 1930 年代後半至 1940 年代日本浪漫派的興起有關，坂元昌樹便以日本浪漫派的核心保田與重郎的言論，解釋日本浪漫派與女性表象的關係。坂元指出 1930 年代後半至 1940 年代，保田有一連串散見的女性言論，在保田的言說，於近代的批判中，認為日本女性的形象，是要保有日本文化傳統裡美麗的心思，符合國家的人性主義理想，崇高的心緒，天性的美德與溫柔的樣態，這一連串逆東方主義式的女性造像，正是保田用回歸古典的女性表象，強化日本文化認同的方法。〔註67〕因此若仔細檢視龍瑛宗〈植有木瓜樹的小鎮〉裡，陳有三對內地女性的憧憬，是絕對順從、高度教養而且如花艷麗，蔡榮華的〈彈力〉中，美智子的姿態也總是靈活美觀、純潔賢淑和高尚優雅，這與 1930 年代中期以現代化、摩登化和官能性作為吸引力的日本女孩不同，而是以回返日本古典的優雅賢淑、靈活美觀、溫柔美德作為情慾的吸引力，不但形塑出日本自身古典的文化認同，也以此作為方法，將被殖民者男性吸納進入日本人集團，徹底融入日本人的精神血液。

　　以此方法寫作的小說，還有王昶雄被議論最多的作品——〈奔流〉，〈奔流〉敘述著從日本歸來台灣，當開業醫生的我，在幫忙患者看病時，遇到在中學教授國文科的伊東春生，不可思議的是，伊東春生的國語，也就是日語，在發音上幾乎準確無比，宛如內地人一般。敘述者我後來才從另一名看病的少年林柏年得知，伊東春生實際上是本島人。從林柏年的述說，讀者可以得知，伊東春生不僅捨棄自己本島人的身分，更不惜踐踏自己親人，也要成為純正的日本人。這一段的論證，可以從新年聚餐的描寫得知，敘述者我看見伊東春生娶內地人女性為妻，甚至母親還能使用流暢的日語，然而突然間有一位老婆婆到訪，以生澀的日文請安，並跟伊東春生說，父親的身體越來越不好，如果有機

〔註67〕坂元昌樹，《《文學史》の哲学　日本浪曼派の思想と方法》（東京都：翰林書房，2019），頁 33～46；在坂元的論述中提出日本浪漫派逆東方主義式的戰略，一般而言，東方主義是帝國男性殖民者，對於殖民地女性的性幻想，並加以征服的一套文學思考系譜，而日本浪漫派則是逆反這樣的思考，不是從男性的表象幻想殖民地女性，而是強化日本帝國自身的古典女性表象，一方面抵抗近代，一方面增強自身的文化認同。

會，還是回來家裡探望一下生父。這麼一來，敘述者我才恍然大悟，原來適才出現請安的母親並非伊東春生的生母，而是內地人妻子的母親，正印證了林柏年所說的，伊東春生為了成為純正的日本人，連自己的親人都踐踏過去。

更為明顯的案例，在於伊東春生生父的葬禮，伊東春生不僅沒有披麻帶孝，更穿著一身日式服裝，在眾人啼哭時，甚至放聲怒吼，制止台灣喪禮痛哭欲絕的習俗。將棺材放入土丘，蓋完墳墓後，伊東春生也不慰問自己的生母，逕自回到自己的家中。

雖然伊東春生看似為了成為日本人，恣意踐踏自己的親人，但事出有因，在小說後半描述了伊東春生在學時，便時常與父母親發生衝突，伊東受不了家庭的壓力，決定去內地求學，而伊東的父母親則以進入醫學校為條件，讓伊東遠赴內地。伊東苦學上進，連父母親都很滿意，所以繼續讓伊東在內地升學，然而伊東最後卻沒有選擇醫學校，而是選擇進入 B 大的國文科，這使得伊東的父母親相當氣惱，決定斷絕伊東的金援。然而伊東還是刻苦勵學，最終畢業回台擔任國文科的教師，為了實踐台灣人能成為純正的日本人，娶內地人女性為妻子，以妻子的母親作為自己的母親，面對本島人說話時，都使用純正的日語對話。

隨著故事的進展，林柏年也遠赴內地求學，他在給敘述者我的信中提到，我可以是出色的日本人，也可以是出色的台灣人，我不會因為自己是南方出生便低聲下氣，即便母親是不體面的土著人民，我也會無比依戀。事實上，從這些話語來看，正是暗諷伊東春生為了成為日本人所做的種種行徑。當敘述者我想將這封信帶給伊東春生閱覽的時候，他遠遠看到伊東春生不為人知的痛苦，數著伊東將近三分之二的白髮，那正是伊東為了成為內地人，完全切離鄉土的俗臭，不惜踩踏自己的親人，成為純日本人的苦悶。在這之中有著本島青年二重生活的深刻煩惱，小說最後，在敘述者我含著欲哭的心情下，不停從土丘上往下奔跑、跌倒，再奔跑，以感性的反省宣告小說完結。

對於〈奔流〉這篇小說，放回日治皇民化時期，解讀朱春生自我改造成為伊東春生，徹底接受皇民化，努力消除台灣人身分，進而成為日本皇民的苦惱，已經有充分的研究。〔註68〕同時對於敘述者「我」，剖析其內心渴望的日本憧

〔註68〕參見張恆豪，〈反殖民的浪花　王昶雄及其代表作〈奔流〉〉，收錄於許俊雅主編，《臺灣現當代作家資料彙編59，王昶雄》（臺南市：國立臺灣文學館，2014），頁149～154；林瑞明，〈騷動的靈魂　決戰時期的臺灣作家與皇民文學〉，收錄於許俊雅主編，《臺灣現當代作家資料彙編59，王昶雄》（臺南市：國立臺灣

憬，指出本島人「我」，在虛假的日本化面具下，期待與內地人進行文化換血，也已有深刻的討論。〔註69〕在林柏年這個角色方面，垂水千惠也指出，林柏年為了克服差別待遇，成為更加完美的日本人，提出了自己並不需要捨棄台灣人身分，而是將台灣人身分與日本人身分加以統合，這樣的說法，體現了王昶雄多元文化主義的思考方式。〔註70〕不過吳佩珍的論文，卻敏銳地點出王昶雄的〈奔流〉裡，潛藏著日本浪漫派的影響，文中指出伊東春生留學日本時，不顧父母反對，放棄醫科就讀國文科，回國後成為國文教師，在這名角色上有著對日本古典的執著，顯見日本浪漫派的思維，換句話說，通過回歸日本古典就等同於回歸日本精神。〔註71〕事實上，筆者認為，如果從1930年代至1940年代日本浪漫派興起的線索，從性別的角度分析回歸古典等同回歸日本的精神，或許也是值得注意的地方。

在敘述者我，於新年期間造訪伊東春生時，特別描寫了一個橋段，那是通過敘述者「我」的視線望出去，突然注意到的插花，小說裡特別強調是伊東春生妻子的插花。在客間有一冊謠曲的本子，旁邊倚靠著尺八。在望向夫人的視線中，敘述者我認為：

> ……夫人雖然不能說是美人，但眉毛與額頭周邊飄盪著無以言喻的
> 清爽，那脫俗的鼻樑讓人想起傲人的文雅，沉靜又楚楚動人的和服
> 搭配色彩黯淡的羽織，覺得有種許久回到內地的感覺……〔註72〕

從敘述者「我」的視線裡，所捕捉的夫人之印記，是典雅、脫俗、沉靜，並身穿象徵古典日本的和服與羽織，讓敘述者「我」回想到日本內地的感覺。從敘述者我的感覺裡，通過凝望夫人的視線，充分顯露了日本古典的美學感性，這使得我回想到在東京的日子裡，一名無法忘卻的良家女性：

> ……我之所以懂得插花和茶道的趣味，寄情於和服與高島田髮髻，

文學館，2014），頁167～172。

〔註69〕參見陳萬益，〈夢與現實　重探〈奔流〉〉，收錄於許俊雅主編，《臺灣現當代作家資料彙編59，王昶雄》（臺南市：國立臺灣文學館，2014），頁189～190。

〔註70〕垂水千惠著，涂翠花譯，〈多文化主義的萌芽　王昶雄的例子〉，收錄於許俊雅主編，《臺灣現當代作家資料彙編59，王昶雄》（臺南市：國立臺灣文學館，2014），頁308～309。

〔註71〕吳佩珍，〈臺灣皇民化文學中「血」的象徵與日本現代優生學論述〉，收錄於彭小妍主編，《跨文化情境：差異與動態融合——臺灣現當代文學文化研究》（臺北市：中央研究院中國文哲研究所，2013），頁35。

〔註72〕王昶雄，〈奔流〉，《臺灣文學》第3卷第3號（1943.07），頁110。

心醉於能劇和歌舞伎，都是透過那個人。圓溜溜的眼睛總是閃耀著聰明的光輝，雖然不知從何而來，那整齊的臉龐表現著好勝冷然的感覺，但卻不可思議地給人溫暖的心情。長直漆黑的頭髮舒暢地綁起來，如此典雅的動作線條賦予悠然自得的這一點，使南方出生的我依偎在純日本的魅力之中。從那之後，雖然她想辦法成為了插花的師匠，但她透過插花尋求到比為人更深刻的東西，成為了唯一的生之路途，我這麼強烈地回想起這件事。換言之，感性的觸指不斷地向內心深入，無以動彈的生命力朝向高貴的藝術之道。她心中時常動搖的求道之心，幾度陷入苦難的波瀾，也必會迎來光輝燦爛的日子。無盡啟發自我內心的她，即是我的師匠，是友人，也是心中的戀人。她的視線偶然朝向自己傾注時，我還記得體內流竄著難以言喻的溫暖血潮，但卻恥於那時自己的不成熟，必須更加鍛鍊為人的品格，如此感到真摯的鼓舞著。〔註73〕

　　從這一大段敘述者我的描述中，那名內地的良家女性，啟發了我對於插花、茶道、能劇與歌舞伎等傳統日本的趣味，尤其透過插花求道的書寫，使得那名內地女性將日本古典之美發揮得淋漓盡致。這名充滿古典日式美學的女性，使得被殖民者的我憧憬不已，甚至一個眼神，就能使我內心的血潮在體內奔流，通過戀慕日本古典女性之美的敘述，正反映了日本浪漫派在性別上的思考邏輯，以形塑傳統典雅的日本女性，回歸日本古典，強化戰時的日本文化認同。不同於前行研究側重於伊東春生的認同苦惱，及其通過語言試圖融入日本人的精神血液，在這邊，筆者著重於敘述者「我」的分析，從日本浪漫派的性別視角出發，勾劃出不同於 1937 年以前，被殖民者男性憧憬的日式摩登女孩，而是在戰爭時期傾注於日本古典女性之美，既是以性別強化日本文化認同，更是寄望這份戀慕，能融入日本人的精神血液之中。

二、「同化於台灣民族之中」

　　相對於龍瑛宗的〈植有木瓜樹的小鎮〉、蔡榮華的〈彈力〉以及王昶雄的〈奔流〉，幾乎是以中上階層的被殖民者男性，憧憬古典優美的日本女性，企盼融入日本人的精神血液，相反地，日本女性作家真杉靜枝，依其殖民地經驗所撰寫的〈南方的語言〉，卻呈現了相當不同的面向。

〔註73〕王昶雄，〈奔流〉，《臺灣文學》第 3 卷第 3 號（1943.07），頁 110。

　　真杉靜枝以她的台灣出身，通過台灣書寫活躍於日本中央文壇，是日治時期不可不提的日人女性作家之一，隨著中日戰爭逐步擴大，真杉的台灣書寫，又使台灣在日本帝國的擴張中，扮演了微妙的協力角色，檢視戰爭時期真杉靜枝的書寫，有其特殊的詮釋面向。〔註74〕尤其到了1940年代出版的《囑咐》和《南方紀行》，描寫的對象已經從台灣的內地人，轉換為台灣的本島人與高砂族，特別的是，《囑咐》中的〈南方的語言〉，更是真杉處理同化政策裡日臺共婚的主題，其中以真杉的性別視角，透視了日臺共婚的相異次元，〔註75〕相較於日台男性作家，對共通的日臺共婚現象，產生了不同的詮釋角度。

　　〈南方的語言〉敘述著在亞熱帶台灣的鄉下，正在進行豬飼料餵食的阿花，以流暢的台灣語和婆婆交談。婆婆叫著阿花，說到日本巡查即將要來國勢調查，阿花知道狀況後以無表情的姿態應答，繼續整理髒汙的桶子。但說到日本巡查即將到來，婆婆其實表現著焦躁與不安，因為台灣自事變以來，皇民化運動如火如荼地進行，警察官與公務員都必須使用國語交談，也就是日語交談，想當然耳，與臺灣人民之間的對應，也都要使用國語。

　　這時，除了警察官之外，郡還派了兩名官員來訪，詢問到李金史在嗎？此時，從阿花口中說出：「是，只是現在外出工作。」，〔註76〕在阿花的語言中，是使用流暢的日語丁寧體。小說中的這部分描寫到，從阿花的口中，說出了令人為之一驚的國語，這時官員及警察也驚訝地打量這位身穿美麗台灣服的女性。警察官以吃驚的眼神看著阿花說道：「木村花子——是你」，〔註77〕阿花也以丁寧體回答道：「是的。那便是我。」，〔註78〕原來，阿花的本名叫做木村花子，當阿花再邀請官員上座時，官員更露出了不可思議的表情。在台灣南部這樣的小鎮，居住的內地人屈指可數，如此使用東京腔調的優雅國語，在先前的國勢調查中，幾乎沒有聽過。緊接著，阿花又以台灣語說到，請母親不用擔心，過來這邊，跟大家打個招呼。

　　這使得官員不禁問到，既然是東京出生，為什麼會來到這麼偏僻的地方，又過著這樣的生活，為什麼你看起來這麼神似台灣人？隨著官員的疑問，阿花談到自己之所以住在這裡，是因為自己愛著丈夫李金史，隨著談話一來一往，

〔註74〕吳佩珍，《真杉靜枝與殖民地台灣》（台北：聯經出版，2013.09），頁88～89。
〔註75〕吳佩珍，《真杉靜枝與殖民地台灣》（台北：聯經出版，2013.09），頁108～109。
〔註76〕真杉靜枝，《ことづけ》（東京市：新潮社，1941），頁7。
〔註77〕真杉靜枝，《ことづけ》（東京市：新潮社，1941），頁7。
〔註78〕真杉靜枝，《ことづけ》（東京市：新潮社，1941），頁7。

使得阿花開始回憶起過去的往事。阿花本名木村花子，原為東京出身，因為在某女學校畢業，所以在東京結了婚。但這場婚姻後來宣告失敗，身無分文的她，突然想到可以來到台灣，因為聽說自己幼時的朋友，嫁給台灣的公務員，所以便來到台灣。不過沒想到的是，那位幼時的朋友，她的丈夫到南支的野戰郵便局出征，自己也留下兩個孩子過世了。對台灣一竅不通的花子，正想到警察署詢問時，便搭上了李金史的人力車。乘上車後，花子發現李金史也能使用幾近日本人的思考方式使用國語，因此便與李金史說了自己的想法。後來花子便想到，如果與這名人力車夫在一起，或許能展開新的命運也說不定，雖然這邊的住家不甚完善。半個月後，花子就有結婚的念頭，李金史是位好人，這裡的老人也很好，習慣與生活方式儘管有些不同的地方，但不知為何，花子覺得可以在這裡安心地生活下去。

　　在這段陳述中，李金史與木村花子的日臺共婚，是建立在毫無障礙的日語溝通上，而且是以東京標準腔調為基準的日語，在皇民化運動積極推動的時代氛圍下，李金史毫無疑問地達到流暢使用國語的程度。在小說後頭，也解釋了李金史之所以能夠流暢使用國語的原因，李金史因為是台北銀行家住宅的御用人力車夫，所以流暢使用國語是在服務銀行家時培養起來的。在國語流利使用這一點上，事實上具有重大的意義，日本國語學者上年萬年便比喻到，日本語就好比是日本人的精神血液，日本的國體就是以這樣的精神血液來維持，言語不單是國體的標準，也是教育者，是情深無比的母親，而為了彌補一個國家一個民族一個國語的破綻，日本領有殖民地，面對不同民族，便是以日本國語進行民族同化，使異民族能被囊括到日本人的精神血液之中。〔註79〕在李金史而言，便是與東京出身的木村花子之對話中，應證了自身同化於日本民族的程度。李金史的同化程度之高，以木村花子的話來說，便是「……幾近日本人思考般流利地使用國語……」。〔註80〕反過來說，雖然花子與金史是以「日本人的精神血液」，也就是「日本國語」建立婚姻關係，但木村花子正如小說描寫的，嫁入李金史家後改名為台灣語發音的阿花，身穿台灣服，外表幾乎與台灣人無異，甚至流利地使用台灣語跟婆婆溝通。這樣的狀態，正是從日本中心的東京帝都，反向同化於日本帝國的邊陲——殖民地台灣，如果習得日本國語等

〔註79〕陳培豐著，王興安、鳳氣至純平編譯，《「同化」的同床異夢：日治時期臺灣的語言政策、近代化與認同》（臺北市：麥田出版，2006），頁48～49。
〔註80〕真杉靜枝，《ことづけ》（東京市：新潮社，1941），頁7。

同流貫著日本人的精神血液，那麼改名阿花的木村花子及其流利地使用台灣語，也相當程度地流貫著台灣人的精神血液，花子同化於台灣民族的程度，讓前來國勢調查的官員，也無法分辨阿花是內地東京人。事實上，這也應證了日臺共婚的同化疑慮之一，日臺共婚或許達不到同化於日本民族的效果，反而使日本人在台灣的環境中同化於台灣民族。

　　然而，小說後面卻給同化於台灣民族這一點，拋出了一些疑慮，那便是花子思考著，如果可以的話，將李金史帶到東京去，自己無論從事什麼職業都行，至少讓李金史學習，因此向李金史發出前去東京的邀請，想讓他看看東京。這麼一來，反而使得同化於台灣民族的效力即將變得淡薄，甚至掩藏著將自我與台灣人李金史，再度回返帝都東京的意欲，使得包容台灣人成為日本民族的傾向逐漸浮上檯面。

　　小說最後，正如吳佩珍所言，隨著夫家的日語水準提升，花子偽裝為台灣人阿花的動機已經消失，阿花打算改換和服，向附近的人們公開自己的內地人身分，花子的這些舉動，表現了真杉靜枝對於「語言＝身分認同＝國籍」的描寫。〔註81〕但是小說鋒回逆轉，最終李金史的母親被水牛撞死，看見此景的李金史爆發出「幹你娘」的台灣語，不僅傾訴李金史對於母親之死的悲傷，更凸顯了透過日本國語的語言矯正，無法完全將台人同化於日本民族的障礙，〔註82〕其中顯現了李金史作為台灣人，在極度悲傷時使用原生母語的衝動，也展現了李金史完全被包容成為日本人的不可能性。在小說最後，真杉靜枝仍然以「南方」台灣的「語言」，將花子與李金史之間，存在的殖民者與被殖民者的同化界線，徹底地劃分出來，在花子無以明瞭「幹你娘」實際的涵義，僅能翻譯為台灣語的畜牲之時，其實也為讀者展現了花子同化於台灣民族的極限和破綻。

　　不同於龍瑛宗的〈植有木瓜樹的小鎮〉、蔡榮華的〈彈力〉以及王昶雄的〈奔流〉，真杉靜枝以非古典的日本女性，描述東京出身的木村花子遠赴台灣鄉土，以同化於台灣民族和同化於日本民族的角力，寫下日臺共婚之下，既相互吸納，卻又涇渭分明的同化攻防戰。但相對於混入「同化於台灣民族」的思考，〈南方的語言〉與上述這些小說相同，在日臺共婚之中，同化於殖民者或同化於被殖民者的障礙，仍然存在於日本人和台灣人之間，無法完全摒除。

〔註81〕吳佩珍，《真杉靜枝與殖民地台灣》（台北：聯經出版，2013.09），頁120。
〔註82〕吳佩珍，《真杉靜枝與殖民地台灣》（台北：聯經出版，2013.09），頁122。

　　同樣描寫同化於台灣民族之中的作品，還有坂口䙱子的〈時計草〉，〔註83〕〈時計草〉這篇小說原本發表於張文環編輯的雜誌，在《臺灣文學》的第二卷第一號刊載，然而根據小說內頁從 64 頁直接跳躍到 111 頁，內文中也附註 65 頁至 110 頁的內容被消除來看，〔註84〕應該是被刻意抹消的內容。然而編輯後記中，張文環只寫到坂口䙱子的〈時計草〉依狀況改作，沒有特別說明原因。〔註85〕但後來〈時計草〉還是在 1943 年坂口䙱子出版的單行本《鄭一家》中，順利刊出，連《臺灣文學》也在雜誌中刊出單行本《鄭一家》出版的廣告。〔註86〕但正如垂水千惠的考察，以及垂水千惠對於戰後坂口䙱子本人的訪問，第一版在《臺灣文學》刊出的〈時計草〉，和 1943 年單行本《鄭一家》的〈時計草〉，兩者之間有很大的出入。〔註87〕實際上從文本來看，也能看到坂口䙱子修改的痕跡，例如在第一版中明顯標記小說舞台的霧社，〔註88〕在《鄭一家》的單行本中，卻改成地點模糊的 M 社。〔註89〕不過第一版和第二版中有什麼樣的差異，從垂水千惠的細緻考察，與戰後坂口䙱子言詞反覆的說法之中，實際上已經無法得知當年的版本差異。〔註90〕因此本文參考的版本，使用河原功監修、星名宏修解說的《鄭一家》復刻本。之所以選用〈時計草〉為研究對象，原因在於，雖然坂口䙱子的單行本《鄭一家》與《曙光》中，有不少以戀愛結婚為主題的小說作品，但真正涉及日臺共婚的作品，僅有〈鄭一家〉和〈時計草〉。即便〈鄭一家〉也論及了日臺共婚問題，但與鄭樹虹共婚的日本女性小夜，卻宛如故事背景般，並沒有太深入的刻畫，反倒描寫了樹虹與小夜的混血兒兒子樹一郎，對於繼母翠霞帶有支那情趣式的戀慕，但在不倫

〔註83〕〈時計草〉的原型為坂口䙱子和北斗小學同事去霧社訪友，遇見在霧社公學校教書的下山一，下山一帶領坂口等人前去現場調查霧社事件。而坂口䙱子從同行的松浦女士的友人，聽聞了下山一多次婚姻失敗的事情。參見垂水千惠著，涂翠花譯，《台灣的日本語文學》（台北市：前衛出版，1998.01），頁 116。
〔註84〕坂口䙱子，〈時計草〉，《臺灣文學》第 2 卷第 1 號（1942.02），頁 64～111。
〔註85〕〈編輯後記〉，《臺灣文學》第 2 卷第 1 號（1942.02），頁 227。
〔註86〕〈臺灣文學叢書（1）〉，《臺灣文學》第 4 卷第 1 號（1943.12），頁 152。
〔註87〕垂水千惠著，涂翠花譯，《台灣的日本語文學》（台北市：前衛出版社，1998），頁 123～132。
〔註88〕坂口䙱子，〈時計草〉，《臺灣文學》第 2 卷第 1 號（1942.02），頁 64～111。
〔註89〕坂口䙱子，《鄭一家》（臺北市：清水書店，1943），頁 185，收錄於河原功監修、星名宏修解說，《日本植民地文學精選集 037・〔台灣編〕12・坂口䙱子・鄭一家／曙光》（東京都：ゆまに書房，2001），頁 185。
〔註90〕垂水千惠著，涂翠花譯，《台灣的日本語文學》（台北市：前衛出版社，1998），頁 123～132。

的道德觀下，又對此一戀慕感到戰慄般的恐怖，不過對樹一郎的支那情調，坂口也僅只寫到樹一郎對道德性的評判，並未成為小說主要的母題。而且綜觀〈鄭一家〉整篇小說，與其說〈鄭一家〉著重於異國情調式的不倫戀愛，不如說主題是圍繞在鄭氏一家，對於喪葬習俗的內地化或本島化問題。因此，比起〈鄭一家〉的輕描淡寫，〈時計草〉的主題本身就是日臺共婚問題，而且就此問題做出了深刻的描寫與評判，所以通過〈時計草〉為研究對象，更能彰顯坂口䙓子在戰爭時期，對於戀愛結婚與同化之間的看法和觀點。

在〈時計草〉中，已經歷經兩次婚姻失敗的山川純，正要前赴內地尋找父親，進行第三次的相親結婚，而結婚對象是名為錦子的內地女性。從結果上來看，錦子不僅答應這場婚姻，更希望徹底融入台灣，但之所以擁有「融入台灣」的想法與結果，箇中內涵，卻是充滿了星名宏修所謂的「血液的政治學」。小說中，山川純是山川玄太郎來台灣時，與台灣高砂族女性，在民族政策的通婚所誕生的結果。這樣的民族理番政策，正如小說裡純對父親的猜想，山川玄太郎是為了理番政策奉獻一生，與山地人的母親結婚的吧。小說中接著如此說明：

> 說到理番政策，換言之就是民族政策。關於民族政策，可以分為兩種狀況來思考。一種是對於文化發達並擁有歷史的民族，像英國之於埃及的狀況。現今的是針對低度文化的民族，這種狀況，當然是對絲毫沒有民族歷史的民族。這就是我國的理番政策。〔註91〕

在山川玄太郎的想法裡，針對沒有民族歷史文化的高砂族，採用的並非是治理，而是共同成長，所謂的共同成長，便是玄太郎與山川純母親的通婚，以山川玄太郎的血液為源頭，生下兒子，接著生下孫子，文化人的血在山地人之中培育起來，這就是玄太郎的民族經營方針。在這之中，其實充滿了種族之間的階級意味，日本人被描述成位居高位的文化人，而台灣的原住民被描述成沒有歷史文化的民族。通過文化性的「血液」，而非生理上的「血液」，使台灣原住民與日本人進行通婚混血，如此一般的共婚，通過後天血液的擴展原理，逐步提升台灣原住民的文化，這樣的思考方式，其實充斥著日本民族指導台灣原住民族的姿態。

〔註91〕坂口䙓子，《鄭一家》（臺北市：清水書店，1943），頁223，收錄於河原功監修、星名宏修解說，《日本植民地文学精選集037·〔台灣編〕12·坂口䙓子·鄭一家／曙光》（東京都：ゆまに書房，2001），頁223。

因此，在坂口䙥子的〈時計草〉中，日本人融入台灣民族之中的描寫，其實充滿了民族政策的考量，從山川純的結婚對象錦子來看，即便母親提到台灣是充滿毒蛇的野蠻地方，可是錦子卻不這麼認為，在錦子身上也背負著崇高的使命，也就是民族政策。小說裡提到：

> 民族政策，認真來說，是老人和小孩都必須考慮的事，錦子身上雜揉著這樣的心情。好比說那廣闊的地域，即便是站在民族指導的立場，站在錯誤的政策之上，可怕的仍是人們的情感。不知道什麼時候，已經不是揮舞著排他且獨善的感情之時代了。不正是要用赤誠的心，拿出誠意向前的時候嗎？日本，廣大地養育著，擁有清濁兼併的大肚量，以及無限的融合力不是嗎？〔註92〕

因此，錦子這邊的描寫其實便透露了端倪，融入台灣並非僅只是單純的戀愛、通婚並且走入台灣民族之中，而是潛藏著走入台灣民族之中，並從中展現日本「無限的融合力」，〔註93〕再將台灣民族包容進入日本民族之中。

但在山川純與父親山川玄太郎碰面後，便來到阿蘇山遊蕩，小說描寫到純的思考以及腦海中的一連串幻象，在美麗的五彩顏色中，純清楚地看到山中的母親、父親與錦子模糊的臉龐。可是那些臉龐，逐漸變得模糊，向遠方退去。取而代之的，他看到高砂族人的臉，從遙遠的地方逐漸靠近，輪廓也鮮明起來。純向那些幻象開口，回去吧，我回去吧，加入你們的同伴吧，我不再迷惘。我身體內流著高砂族的血，我今天清楚地自覺了。〔註94〕因此山川純轉變了，他不再為自己身為混血這一事感到煩惱，而是清楚地認同自身高砂族人的血液，正如星名宏修所言，純決定不和錦子結婚，要回到山中成為「山的同伴」，玄太郎也同意，純的血液已經與高砂族緊密相連，讓他再回到山裡面。〔註95〕小

〔註92〕坂口䙥子，《鄭一家》（臺北市：清水書店，1943），頁233，收錄於河原功監修、星名宏修解說，《日本植民地文学精選集037・〔台湾編〕12・坂口䙥子・鄭一家／曙光》（東京都：ゆまに書房，2001），頁233。

〔註93〕坂口䙥子，《鄭一家》（臺北市：清水書店，1943），頁233，收錄於河原功監修、星名宏修解說，《日本植民地文学精選集037・〔台湾編〕12・坂口䙥子・鄭一家／曙光》（東京都：ゆまに書房，2001），頁233。

〔註94〕坂口䙥子，《鄭一家》（臺北市：清水書店，1943），頁238，收錄於河原功監修、星名宏修解說，《日本植民地文学精選集037・〔台湾編〕12・坂口䙥子・鄭一家／曙光》（東京都：ゆまに書房，2001），頁238。

〔註95〕星名宏修著，莫素微譯，〈「血液」的政治學：閱讀台灣「皇民化時期文學」〉，收錄於黃美娥主編，《世界中的台灣文學》（臺北市：國立臺灣大學出版中心，2020），頁167。

說最後山川純正要向錦子拒絕，而拒絕的理由，卻並非是山川純對高砂族血液的認同，卻仍是一直困擾著自身的混血問題，純這麼說道：「……雜婚的結果讓自己陷入血的哀傷。這樣的血液，還沒想到如何活下去。這麼羞恥的事情。我為了自己的任性，讓美好的女人，為了我而犧牲。」，〔註96〕其實從山川純認同自身的高砂族血液，到為了拒絕錦子，而吐露自己是高砂族混血這些鋪陳之間，山川純與錦子的描寫，仍然展現山川純身上「高砂族與日本混血＝劣等」的血液，之於錦子身上「純日本人＝優等」的血液，兩種血液之間所存有的優劣位階，而這正是山川純直到最後，都仍念茲在茲的苦惱。

　　但錦子卻反過來批判了山川純的想法，痛罵他是卑怯的男人，錦子雄辯道：「……你所前進的，不是與高砂族的血緣加深的道路。而是將高砂族文化，一點一滴靠近日本傳統加以提高的道路不是嗎？我一定會幫助你的。請一起作伴好嗎？」，〔註97〕在這段話語中，錦子露骨地說出與台灣原住民混血兒共婚的理由。之所以願意共婚並走入台灣民族之中，正是掩藏著吸納高砂族文化，將其包容到日本傳統的野心。錦子正是透過曲折迂迴的路徑，意圖深入高砂族文化，並將其同化於日本民族。最終，如同星名宏修所言，山川純選擇與錦子一起前進，並聽到戰爭強而有力的腳步聲，是來自天皇命令的幻覺，而這樣的結尾，不正反映著誘導山地夥伴，成為高砂義勇隊的宣告。〔註98〕因此，不同於台人男性作家，刻劃被殖民者男性對殖民者女性的征服慾望，以此融入日本人的精神血液。擁有台灣殖民地經驗的日本女性作家，卻以日本女性的性別視角，通過融入台灣民族之中的曲折路徑，在語言與血液之間，從走入台灣民族再重返同化於日本民族的描寫，揭露戰爭時期同化的戀愛結婚敘述，所掩藏的民族包攝與動員機制。因此，標題中的「同化於台灣民族之中」，我是打上引號的，因為此一同化行動與機制，究其根本目的，仍是回返到日本帝國的民族統合。同時，兩位日本女性作家，也不同於灣生男性作家，或者擁有殖民

〔註96〕坂口䙴子，《鄭一家》（臺北市：清水書店，1943），頁252，收錄於河原功監修、星名宏修解說，《日本植民地文學精選集037‧〔台灣編〕12‧坂口䙴子‧鄭一家／曙光》（東京都：ゆまに書房，2001），頁252。

〔註97〕坂口䙴子，《鄭一家》（臺北市：清水書店，1943），頁254，收錄於河原功監修、星名宏修解說，《日本植民地文學精選集037‧〔台灣編〕12‧坂口䙴子‧鄭一家／曙光》（東京都：ゆまに書房，2001），頁254。

〔註98〕星名宏修著，莫素微譯，〈「血液」的政治學：閱讀台灣「皇民化時期文學」〉，收錄於黃美娥主編，《世界中的台灣文學》（臺北市：國立臺灣大學出版中心，2020），頁170。

地經驗的日本男性作家，相異於介入臺灣的在地化歷史情境，兩者最終都採用日本女性嫁給台灣男性的情節，書寫日臺共婚問題，並試圖以日本女性角色的行動，將臺灣男性吸入日本人集團，以日本女性的性別位置出發，呼應日本帝國要求的民族同化策略。那麼擁有殖民地經驗的日本男性作家，又如何勾勒日臺精神血液的融入問題呢？筆者認為庄司總一的案例，將會為我們提供豐富的內容與闡釋空間。

三、日台血液的共同體

在日治末期，有關共婚議題以及同化的戀愛結婚敘述，不得不提的作品之一，便是庄司總一的《陳夫人》。庄司總一 1906 年於山形縣飽海郡出身，幼時隨著從醫的父親在各地轉居，諸如北海道、大連與台灣，在台南的小學與中學度過幼年的時光，後來回到東京進入慶應義塾大學就讀。〔註 99〕庄司總一日後以殖民地台灣為題材創作了《陳夫人》這部小說，《陳夫人》在 1941 年初版便獲得好評，很快地被改編為新劇，於帝都文學座上演，其中描寫的內台融合之內容，呼應了南進國策而受到注目。〔註 100〕雖然實際情況不得而知，但報紙確實有刊載，庄司總一的《陳夫人》，在臺灣總督府指導的後援下，即將電影化的消息。〔註 101〕1943 年當年度也榮獲第一屆大東亞文學賞的次賞（正賞從缺）。〔註 102〕除了這些官方的敘述外，如果從台人的日記來看，也可以看到《陳夫人》這部作品的魅力，例如吳新榮 1943 年 12 月 18 日的日記便寫到：

> 晚上讀了庄司總一著《陳夫人》下卷。文筆好得讓人嫉妒，竟然一夜無法入眠。時而和妻子起床追殺老鼠，以抑止心中的興奮。縱觀全卷在描寫風俗方面，有兩三處略有造作，但以內地人作者而言，能如此洞悉臺灣人風俗習慣，無所不知，實屬難能可貴。此書得到大東亞文學者大會頭等獎金，自有其道理。〔註 103〕

〔註 99〕莊司芳雄，〈鄉土の先人・先覺 232 三田派作家の生き方を堅持 庄司總一〉（來源：http://www.shonai-nippo.co.jp/square/feature/exploit/exp232.html，檢索日期：2022.04.28）。

〔註 100〕〈帝都文學座で「陳夫人」上演〉，《臺灣日日新報》第 14735 號第 4 版（1941.03）。

〔註 101〕「陳夫人」映畫化〉，《臺灣日日新報》第 14944 號第 4 版（1941.10）。

〔註 102〕〈世界光波の文學へ 決意新に文學者大會終る〉，《朝日新聞》第 20631 號第 3 版（1943.08）；〈輝く「次賞」6 氏〉，《朝日新聞》第 20631 號第 3 版（1943.08）。

〔註 103〕參見吳新榮著，張良澤編，〈吳新榮日記／1943-12-18〉（中央研究院臺灣史

　　《陳夫人》這部作品不僅受到官方的肯定，作品本身的魅力，竟然讓身為文學家的吳新榮也覺得：「……文筆好得讓人嫉妒，竟然一夜無法入眠。時而和妻子起床追殺老鼠，以抑止心中的興奮。……」，〔註104〕而且就庄司總一轉居各地，並非全然在台灣養成其文化資本的狀況，卻能洞悉臺灣人的風俗習慣，足見這部作品帶給吳新榮的衝擊。很顯然地，這部講述內台共婚的小說，從官方到民間，都無法不被其魅力所吸引。該作因此受到官方高度重視，甚至要求由楊雲萍翻譯成支那語，委託立石鐵臣插畫，在中國占領地所發行的《華文每日》，於1944年的新年號開始連載。〔註105〕

　　關於《陳夫人》這本小說，實際上分為上下兩部，光是出版第一部夫婦篇，便受到好評，持續得到再版發行，在1941年再版到第15版，隔年又再版到第16版，並在第16版獲得1500部的發行佳績，在發行數量上可謂相當驚人。〔註106〕對此，在台日人濱田隼雄閱讀過《陳夫人》之後，也讚嘆這部小說有令他甘拜下風之感，認為要在報章雜誌多加介紹，讓更多人閱讀，在現今皇民化運動的時代之下，作為一種文化性的啟蒙運動，應該更正確的掌握本島人心理，像《陳夫人》這部小說，實在需要讓政府機關的人讀一讀。〔註107〕在文內，濱田隼雄敘說了以日本人的視角，去掌握本島人的心理，並將其描寫出來的困難，因此他認為庄司總一在這一點上相當聰明，若要將內地人與本島人的距離拉近，沒有比通婚更加密切的方法，濱田認為安子之所以能夠跨越民族的障礙，與本島人清文結婚，正因為她不是灣生，所以不曾被民族的優越感汙染，可以原本地作為一個人，作為一個女人，不帶多餘的東西接受清文及其一族。〔註108〕從濱田隼雄的評論來看，可以見到庄司總一的《陳夫人》，可謂是以日臺共婚為主題的力作。接著濱田還提到小說內的男主角清文，被安子身上所流淌的日本人血液所拯救。〔註109〕如果濱田隼雄的說法可以成立，那麼《陳夫

　　　　研究所臺灣日記知識庫）。
〔註104〕參見吳新榮著，張良澤編，〈吳新榮日記／1943-12-18〉（中央研究院臺灣史
　　　　研究所臺灣日記知識庫）。
〔註105〕〈『陳夫人』支那語譯紹介〉，《臺灣日日新報》第15687號第2版（1943.11）。
〔註106〕關於此書的再版狀況與發行部數，參見庄司總一，《陳夫人「第一部」》第16
　　　　版的版權頁。
〔註107〕濱田隼雄，〈庄司總一氏の陳夫人について〉，《臺灣時報》（1941.05），頁75。
〔註108〕濱田隼雄，〈庄司總一氏の陳夫人について〉，《臺灣時報》（1941.05），頁76。
〔註109〕濱田隼雄，〈庄司總一氏の陳夫人について〉，《臺灣時報》（1941.05），頁76
　　　　～77。

人》不僅僅只是一部以日臺共婚為主，深入本島人心理層面的力作而已，更牽涉到日臺共婚之下，台灣民族與日本民族的血液問題。

同年間，田子浩也在《臺灣文學》創刊號上，發表對於《陳夫人》的評論，不過跟濱田隼雄比起來，田子浩更細緻地批評《陳夫人》，將《陳夫人》作品中不合常理的描寫一一檢視，與實際的台灣風俗一一對比，並加以批判。〔註110〕乍看之下，田子浩是對《陳夫人》中不合常理的臺灣書寫大發議論，但最終他也點出該部作品所要討論的議題，也就是女主角安子。田子浩認為作者將安子作為富有建設性的愛的女神，並提到雖然清文是本島人，安子是內地人，但這跟我們真實的生命有什麼關係？作者讓安子，也就是清文的妻子陳夫人，背負著以真正生命為根底的重大使命。〔註111〕在田子浩最後的評論中，觀察到作者以安子作為媒介，將日臺共婚之下所存在的障蔽抹除，闡揚日台混和民族論的思考，通過愛情建立日台精神血液的共同體。

隔年，1942 年 12 月，陳紹馨在《臺灣時報》發表了〈「陳夫人」中表現的血的問題〉一文。陳紹馨不同於田子浩最終所持的觀點，而是深刻點出陳夫人——安子，所無法跨越的障礙，那個障礙便是安子生下女兒清子後，開始想到台灣四周的環境，想到未來清子大概只能嫁給台灣人，那麼自己身上的日本人之血，將會越漸稀薄，那是無法抵抗的血的命令。陳紹馨對此批判性地指出，我等想起納粹德國甚囂塵上的血之問題，難道「血」是無法跨越的宿命的障壁嗎？〔註112〕因此，從陳紹馨批判性的觀點來看，小說中仍存在著日臺共婚底下，日本人與台灣人之間的血液政治學，甚至可以說是「純血論 vs 混血論」以及「單一民族論 vs 混和民族論」的攻防戰。

綜觀以上同時代人對庄司總一《陳夫人》的熱切討論，以及極盡深入地剖析小說內部的共婚問題，接著更爭辯小說中，透過「血液」這項媒介，引發愛情、婚姻與同化的相關議題，因此筆者認為庄司總一的《陳夫人》，若放入同化的戀愛結婚之脈絡中，檢討共婚及其血液的政治學，將是相當值得分析的對象與課題。

小說內容始於內地女性安子，嫁入陳清文所屬的陳姓大家族。在日臺共婚

〔註110〕田子浩，〈陳夫人に就いて〉，《臺灣文學》創刊號（1941.05），頁 92～105。
〔註111〕田子浩，〈陳夫人に就いて〉，《臺灣文學》創刊號（1941.05），頁 105。
〔註112〕陳紹馨，〈「陳夫人」にあらわれた血の問題〉，《臺灣時報》（1942.12），頁 115 ～117。

這一點上，誠如先前對於此一問題的討論，日治時期不同階段，其實反映了不同的政策背景。雖然較難揣測小說中的時空背景，不過在清文決定要去安子的日本教會拜訪時，有一段深刻的描述，小說裡寫到，當時是歐洲大戰後景氣急速膨脹的時代，精神方面也達到一股高潮。為了積極追求新事物而不回顧舊有的價值觀，因為是這樣的新時代，與本島人結婚的陳安子得到尖端婦人的讚仰。〔註113〕從歐洲大戰的敘述來看，應該是指 1914 至 1918 年之間，所發生的第一次世界大戰。為了追求新事物而不回顧舊有價值觀的後面，也有一段深刻的描寫，這段描寫著重在當時人們的思想，小說中寫到，婦人們，不僅限信仰者，當時一般知識階層的婦人們，是從舊思想的黑夜中覺醒，迎接新時代的早晨，自由與平等、婦人參政權、男女同權等思想，開始燃起火紅的氣焰。〔註114〕「覺醒」、「自由與平等」、「婦人參政權」與「男女同權」等，這些關鍵思想如火如荼燃燒的線索，不得不令人想起 1920 年代開始，新知識份子極力追求台灣的近代化，急速引入上述所說的關鍵思潮。另外，陳清文又是以台灣留學生的身分娶回內地人安子，可以推測的是，小說的時代背景設定，約莫為第一次世界大戰後，在 1920 年代到 1930 年代之間。那正是台灣新一代知識份子開始萌芽，積極赴日留學，吸收啟蒙思想的時代。

　　然而如果回想起直到 1932 年，台灣才制定了繁瑣的共婚辦法，現實中不具法律所承認的內緣夫妻達到數百組以上，不難想見，清文和安子若要通婚，勢必遭遇法律上重層的困難。不僅如此，小說中也描寫到清文娶安子時，因為是台灣人，備受安子父親的歧視，在安子嫁入陳家後，更引起數度家庭風波。因此，台灣人清文與內地人安子，能夠互相戀愛並順利達到合法的「共婚」，不得不說有與現實乖離的成份。回到日治時期人們的眼光來看，或許過於美化日臺共婚的過程，不過這份美化的理想構圖，也正凸顯了日臺共婚並達到日台融合是可能的。這麼一來，不恰恰反映了戰時體制下反覆強調的日台融合，不正是官方所渴求的宣傳內容嗎？

　　清文與安子結婚後，雖然歷經了數度的家庭風波和人生苦惱，包括風俗、種族與階級等等問題，不過最終兩人仍然懷了愛的結晶。在小說中，是以清文出外旅行散心，安子以日記書寫的方式，透過安子的獨白來描摹這段情節。

〔註113〕庄司總一，《陳夫人「第一部」》第 16 版（東京市：通文閣，1942），頁 68。
〔註114〕庄司總一，《陳夫人「第一部」》第 16 版（東京市：通文閣，1942），頁 69。

　　安子在日記中提到，取名為清的孩子，身上流著清文和安子各一半的血液，這個混血兒的誕生，希望會為清文的境況改善。〔註115〕事實上，清文之所以會出去旅行，是因為之前遭到種種不遇。職業上，在殖民地身為本島人，即便能力再怎麼出眾也無法升官，反而能力較差的內地人可以順利升官，這一點讓清文痛切地感受到民族的差別待遇。家庭上，雖然自己是長男，理當擁有相當的話語權，但實際上清文很清楚自己是父親與下女有染，因而庶出的孩子，所以自己的出身說不上是體面，也不見得能贏得陳姓家族的尊重。因此在面臨陳家的家產分配時，清文不僅無法抑制利慾薰心的弟弟景文，更在家產分配的談判上，遭到許多親族長輩痛罵。然而作為台灣人的清文，跨越民族障礙，與日本女性安子混融的民族血液，真能如同安子所期待的一樣，兩人之間的愛的結晶，將會改善清文的不遇嗎？

　　事實上，即便清子誕生後，清文與安子的日臺共婚，仍然遭到種種不遇。在小說第一部夫婦篇的最後，清文與文化協會的理事王茂堂發生了爭執，原因是政府希望遷移本島人墓地，站在王茂堂的立場而言，認為那是本島人長久以來祖先祭祀的地區，現在居然要被官府轉移作為高爾夫球場和運動場，他前來與清文討論，希望得到清文的支持，一起對抗政府的暴政。但清文卻認為轉移墓地，並且增蓋近代化的建築並沒有什麼不好，這使得王茂堂認為清文喪失了對台灣民族的同情心，而那個喪失的原因就是他與日本女性結婚，逐漸對台灣人的事物感到麻痺。所以某一天，清文帶著安子來到這個墓地，像在詢問安子，但其實說著反問自己的話語：「例如墓地移轉問題──如果這是內地人的墓，燒著線香哭泣的人們是內地人的話，你會怎麼想？」。〔註116〕面對丈夫清文的提問，安子很快便意識到丈夫的苦惱，丈夫想著自己娶內地人為妻，在面對本島人問題時，內心產生了種種的掙扎與衝突，不過安子卻反過來以民族共榮的話語開導丈夫：「……你是本島人我是內地人，這與我們真實的生命有什麼關係嗎？神透過一滴血創造所有的人民，用不著聖書教導，我們應該是最清楚的吧……」。〔註117〕在安子的話語中，其實透露了兩個訊息，第一，很明顯地，將清文娶內地人妻子（王茂堂指控清文因此對本島人事情麻木），與本島人墓地轉移之間的糾葛，透過消除內台的民族界線，代之以民族共榮的修辭來取

〔註115〕庄司總一，《陳夫人「第一部」》第16版（東京市：通文閣，1942），頁173。
〔註116〕庄司總一，《陳夫人「第一部」》第16版（東京市：通文閣，1942），頁339。
〔註117〕庄司總一，《陳夫人「第一部」》第16版（東京市：通文閣，1942），頁350。

代。第二，那便是透過形而上的神，主張純血論，這滴血是由神來創造，無分種族，流通所有人民。這麼一來，無論是台灣人或是內地人，其實流淌著共同的血液，而這共同的血液，仍然是毫無雜質的「純血」，因此構成了日台血液之間，擁有著形而上的抽象共同體。

　　這種呼應官方宣傳的日台血液共同體，不僅在安子與清文面對民族問題時，露骨地進行說明，在過了數十年，陳家的下一代，安子與清文的女兒清子，以及瑞文與春鶯的兒子陳明，兩者之間也間接表露了日台共同體的宣言。在小說第二部親子中，陳明愛上了清子，在台北的高校期間一直寫信給清子，傾訴他的心思，但這些信件都被母親安子偷偷藏匿起來，至於藏匿的原因，容後再論。因為信件被藏匿，以至於清子根本不知道陳明的信件，也不曉得信件內容，更無從回信。對清子癡心妄想直到發狂的陳明，終於在祖母大壽期間以乞丐般的姿態突然現身，並向父親說到自己不再去學校了，對陳家眾人來說，陳明的這些舉動簡直不可思議，也無從了解。過了幾天，陳明等待清子放學，希望與清子談談，兩人來到台南的赤崁樓。在赤崁樓遠眺四周的風光美景時，陳明開始自言自語般說到，曾是台灣的支配者鄭成功，懷抱著遠攻呂宋的雄圖大業，鄭成功是混血兒，日本人與支那人的混血。此一自我言說之中，庄司總一企圖調動鄭成功極富象徵意義的日中混血形象，來勾畫日台血液之間，具有共同交融的歷史痕跡。張文薰便曾指出，鄭成功由於出生於日本，鄭氏一族又與日本貿易累積財富，使得鄭成功日中混血的象徵遠超過真實血統的意義。〔註118〕在陳明舉出鄭成功的案例後接著說到：「日本與台灣，不是，日本與支那成為協同體的命運，早在三百年前便已注定……清子，你是鄭成功呢。」。〔註119〕通過陳明的說詞，庄司總一試圖勾畫日本人與台灣人之間的戀愛結婚，在這兩種血統交融下所出生的孩子，將扮演著超越民族障礙，共同創造日本與台灣、日本與支那的血液共同體。利用這段鄭成功史蹟，剖析清子身體的混血說詞，庄司總一隱然服膺了官方的企圖，那便是創造大東亞共同圈的思想，讓共榮圈的民族之間，以日本為中心，通過混和日本人的血液，一步步統合台灣以至於支那民族，打造名符其實的日台血液共同體。

〔註118〕 張文薰，〈歷史小說與在地化認同——「國姓爺」故事系譜中的西川滿〈赤崁記〉〉，《臺灣文學研究學報》14 期（2012.04），頁 109。

〔註119〕 庄司總一，《陳夫人「第二部」》初版（東京市：通文閣，1942），頁 155。

第三節　日台血液的境界線

一、難以跨越的血液境界線

在這一段論述中，首先仍以庄司總一的《陳夫人》為研究對象，說明同化的戀愛結婚敘述中，所充斥的血液政治學。誠如上一個段落，有關日台血液共同體的論說所言，其實庄司總一在《陳夫人》當中，透過「安子與清文」以及「陳明與清子」，書寫了服膺國策的說詞，那便是通過日台之間的戀愛結婚及其血液混融，間接達成統合日本帝國與殖民地台灣的企圖。即便這些案例昭然若揭，卻並不代表庄司總一完全就是混血政策的支持者。「安子與清文」相對於「陳明與清子」的差異，在於安子透過一個形而上的神，創造出純潔無垢的「純血」，去拉近台灣人與日本人之間的民族差距。因此安子的說詞相當巧妙，既以模糊不清的神之血液，保有日本人純粹的精神血液，又透過這項模糊不清的神之血液，巧妙地宣傳民族混血，達到日台共融的目標。

因此，日本人純粹的精神血液，這一番純血的理論，在在吸引著庄司總一寫下《陳夫人》當中，有關戀愛與結婚的問題。雖然正如濱田隼雄所言，清文似乎被安子的日本人之血所拯救，小說結尾也以形而上的大愛，包容一切的紛擾與苦惱。

然而不能看漏的是，關於安子有意藏匿陳明的信件，使陳明與清子產生距離的舉動，安子的內心想到，陳明與清子如果相戀，最後邁向結婚之途，或許會是幸福的，但小說裡這麼寫到：「雖然知道，但安子無法寬大地接受這件事。那是無法抗拒的血的命令。」〔註120〕接著更提到：「經由與本島人結合，自己身上日本的血會越加稀薄，最終將會消失而去，對此感到不可思議的寂寞之感。」〔註121〕在安子的想法中，仍然畏懼日本人的血液，隨著與台灣人的通婚越加密切，將會變得越加淡薄，最終迎來消逝的結果。

這麼一來，也就能解釋為什麼安子希望阻止陳明與清子的親密關係，因為清子已經是台灣人與日本人通婚下的混血兒，若再與身為純粹台灣人血統的陳明相愛，進而通婚產下孩子，那麼理論上日本人的血液將會越加薄弱。換言之，繼續與臺灣人通婚這件事，預告的不是同化於日本人的精神血液，反而隨著密切發展親密關係，漸漸同化於台灣人的精神血液。因此安子的矛盾就在

〔註120〕庄司總一，《陳夫人「第二部」》初版（東京市：通文閣，1942），頁410。
〔註121〕庄司總一，《陳夫人「第二部」》初版（東京市：通文閣，1942），頁410。

於，她雖然覺得與台灣人通婚可能是幸福的，但無法寬大地接受，因為自己受到純血論的命令，不願讓日本人的純血繼續被稀釋。

對此，陳紹馨便批判到：「血的秘密。血的叫喊。我等想起納粹德國甚囂塵上的血之問題，難道「血」是無法跨越的宿命的障壁嗎？」〔註122〕陳紹馨認為其中的「血液」問題，絕對不是生物學式的、宿命一般的，而是文化性的、歷史性的，努力創造同一共同體，當這樣的想法被實現時，清子的鄉愁、陳明的徬徨、使安子痛苦的血的命令，將會煙消雲散。〔註123〕雖然陳紹馨的批判，為純血論預設的先天性，指明一條跨越障礙的道路，不過從結果上來看，陳紹馨的方法也只是轉換為通過文化與歷史的交融，漸漸成為民族共同體的同化之路罷了，換言之，陳紹馨指明的道路，不過是從民族隔閡到民族融合的同化論，事實上，那一道「純血論」與「混血論」之間的攻防，仍然存在著難以超越的境界線。

實際上，不僅有日人庄司總一，為同化的戀愛結婚敘述，寫下一道無法抗拒的血的命令，在台人1940年代書寫的小說中，同樣刻劃了這道難以跨越的血液境界線，這部小說便是吳濁流創作的《胡志明》。然而相較於最初出版的《胡志明》，後來於戰後修訂改譯的《亞細亞的孤兒》，受到更多研究者的注目，在研究問題上，男主角的認同問題，也受到較多的關注。荊子馨便提到，儘管這部小說改換了許多書名，不斷再版，包括《胡太明》、《亞細亞的孤兒》和《扭曲的島嶼》，但《亞細亞的孤兒》這個標題始終是最普遍與最受歡迎的，特別在1962年中文版問世之後。〔註124〕在荊子馨這部探討成為「日本人」的著作中，對《亞細亞的孤兒》的研究，一樣提出男主角的認同問題。荊子馨認為從更大的歷史角度去理解男主角的情感衝突，是在日本的殖民支配、殘存的中國想像和逐漸浮顯的台灣意識中，相互競爭與搬演。〔註125〕在日本殖民壓迫與中國民族主義的排他性論述中，男主角最終發瘋離去，荊子馨認為這段瘋狂，正指出他在日本殖民體制與中國之間曖昧關係的解離，在這當中潛藏著一種

〔註122〕 陳紹馨，〈「陳夫人」にあらわれた血の問題〉，《臺灣時報》（1942.12），頁116。
〔註123〕 陳紹馨，〈「陳夫人」にあらわれた血の問題〉，《臺灣時報》（1942.12），頁116～117。
〔註124〕 荊子馨著，鄭力軒譯，《成為「日本人」：殖民地台灣與認同政治》（臺北市：麥田出版，2006），頁240～241。
〔註125〕 荊子馨著，鄭力軒譯，《成為「日本人」：殖民地台灣與認同政治》（臺北市：麥田出版，2006），頁276～277。

辯證性的鬥爭，男主角位於去中心的位置裡，尋找個人與歷史中的抵抗與掙扎，朝向希望與救贖的道路邁進。〔註126〕雖然荊子馨的研究，是希望指出《亞細亞的孤兒》裡，男主角在三重意識之中，尋找抵抗與救贖的契機，不過荊子馨也指出男主角第一次感到認同問題時，是在他對日籍同事久子的感情。雖然主角一開始覺得台籍的教師同事，他們所抱怨的不平等待遇相當幼稚，不過在與久子表白並遭到拒絕後，他開始深刻體會到日台之間的差異，這場個人的失戀，反映出「內台一如」的理想，不過只是殖民者與被殖民者的差別待遇，共同進行調節與維繫的欺瞞。〔註127〕儘管荊子馨深富洞見地指出男主角第一次的認同掙扎，來自於被殖民者男性對殖民者女性的情感，然而荊子馨為繼續推進他所追求的辯證性鬥爭，也就是男主角的發狂其實象徵抵抗與救贖的道路，所以未對這份日台之間的情感構造進行深入分析。而且荊子馨賴以分析的文本材料，從參考書目來看，是吳濁流1956年在東京出版的《アジアの孤兒》，〔註128〕所以不得不說與吳濁流最初出版的《胡志明》可能有些出入。未從原典進行析論，從實證的角度來看，較難以證實日治末期這部小說裡，日本人與台灣人之間所潛藏的情感構造。

　　李育霖同樣針對戰後再版的《亞細亞的孤兒》進行分析，在李育霖的論述中，他所關心的是「台灣」重返學術研究場域，作為一種可供研究的方法問題。通過《亞細亞的孤兒》的再閱讀，李育霖指出故事中男主角的個人經驗，是一場關聯國家與民族歷史的寓言，小說裡男主角的發聲都是他人的，每一次的出場，總是匿名的，在發聲與沉默、再現與真實之間來回奔走，他並不朝向更高存有的境界移動，而是不斷拖延、嫌惡與腐化。〔註129〕在男主角於日本、中國和台灣的移動之間，凸顯了台灣的「孤兒」處境，李育霖的關心在於台灣與男主角，作為亞洲的孤兒，既從屬於亞洲又不屬於亞洲，在亞洲的「內部」卻又在亞洲的「外部」，這樣特殊的處境，提醒讀者一種在地與全球之間非辯證

〔註126〕荊子馨著，鄭力軒譯，《成為「日本人」：殖民地台灣與認同政治》（臺北市：麥田出版，2006），頁276～277。

〔註127〕荊子馨著，鄭力軒譯，《成為「日本人」：殖民地台灣與認同政治》（臺北市：麥田出版，2006），頁264。

〔註128〕荊子馨著，鄭力軒譯，《成為「日本人」：殖民地台灣與認同政治》（臺北市：麥田出版，2006），頁282。

〔註129〕李育霖著，《翻譯閾境：主體、倫理、美學》（臺北市：書林出版，2009），頁204。

性的連結。〔註130〕因此，這部小說實際上提供研究者豐富的內涵，讓我們理解其中男主角的移動與跨界、孤獨與沉默。徘徊於亞洲的孤兒意識，正是李育霖希望藉由《亞細亞的孤兒》的再閱讀，提供台灣作為方法，作為學術研究文本的潛能。然而李育霖如同荊子馨，或許小說中男主角的認同處境太過耀眼，所以幾乎成為主力的研究焦點，而且根據李育霖的參考書目，使用的研究材料，為黃玉燕於 2005 年翻譯的《亞細亞的孤兒》，以實證的研究觀點來看，事實上文本內容已經脫離日治末期相當長的時間。換言之，與其說李育霖通過《亞細亞的孤兒》，研究日治時期的孤兒意識及其抵抗方法，不如說是將《亞細亞的孤兒》放回當代，在台灣缺席於世界研究場域的情況下，以《亞細亞的孤兒》極其特殊的在地視角，讓台灣的在地性值得構成全球景觀，且具有豐沛的研究潛能。

然而正如河原功所指出的，談到吳濁流的長篇小說代表作，幾乎都會想到《亞細亞的孤兒》，但《亞細亞的孤兒》的前身為《胡志明》，是一部從 1943 年執筆，在極為隱密的狀態下，終於在 1945 年脫稿，前後共五篇組成的長篇小說。〔註131〕在《胡志明》創作時，吳濁流曾經談到，自己必須冒著被警察發現的危險，將寫好的部分偷偷藏匿起來，累積到一定數量後再輸送到鄉下。〔註132〕因此《胡志明》這本長篇小說的誕生，幾乎可以表現出日治末期高壓政治環境下，台灣人若要進行文藝創作，所必須歷經的艱辛與苦難。從吳濁流堅忍不拔地創作《胡志明》的過程來看，或許能視作台人作家在戰爭末期的心靈反照，其中的研究價值不言自明。不過正如河原功提醒我們的，實際上學術界對於《亞細亞的孤兒》研究甚多，累積了相當的研究成果，但甚少對於最初版本的《胡志明》進行研究，這是對吳濁流研究所必須補全的地方。〔註133〕因此河原功的企圖，便是重回原版的《胡志明》，與一二三書房出版的《亞細亞的孤兒》進行版本比較，剖析其異同，論述吳濁流在《胡志明》裡所要表達

〔註130〕李育霖著，《翻譯閾境：主體、倫理、美學》（臺北市：書林出版，2009），頁 204。

〔註131〕河原功著，張文薰、林蔚儒和鄒易儒譯，《被擺布的台灣文學：審查與抵抗的系譜》（新北市：聯經出版，2017.11），頁 107。

〔註132〕河原功著，張文薰、林蔚儒和鄒易儒譯，《被擺布的台灣文學：審查與抵抗的系譜》（新北市：聯經出版，2017.11），頁 111～112。

〔註133〕河原功著，張文薰、林蔚儒和鄒易儒譯，《被擺布的台灣文學：審查與抵抗的系譜》（新北市：聯經出版，2017.11），頁 110。

的意圖。河原功認為吳濁流在第三篇的開頭寫到，第四篇和第五篇是胡志明的
中心思想所在，其中對於皇民化的批判隨處可見，也是河原功對此一小說的研
究重點。在版本比較與皇民化批判的研究中，河原功便點出一段胡志明應友人
佐藤之邀，前往台北帝國大學的情節，其中胡志明對大學農學部和文政學部的
批判，可謂相當嚴正，然而在《亞細亞的孤兒》中，對於台北帝國大學的種種
批判卻被削弱與省略，未能表現出吳濁流那份積極的批判精神。〔註134〕另一
個案例在於胡志明發瘋的經典橋段，河原功也指出《胡志明》裡清楚點出「山
縣有朋、凱薩、希特勒、戈培爾、墨索里尼、寺內壽一、東條英機」等獨裁者
與當權者，以指名道姓的方式發出強烈的譴責，但在《亞細亞的孤兒》中，這
些強力的批判也都被抹消了。〔註135〕因此，在河原功的精細考察，並細緻進
行版本比較之下，點出最初版本的《胡志明》裡，實際上對皇民化運動的批判
精神更為強烈，這是過去通過閱讀《亞細亞的孤兒》時，所無法看見的樣貌。
在河原功奮力蒐羅史料並進行研究的結果，筆者才有幸得見河原功編纂的《吳
濁流作品集》，其中也蒐羅了《胡志明》二版的復刻版，因此得以在這份史料
的基礎上展開研究工作。

　　如此龐大的研究成果，實際上展現了吳濁流的《胡志明》，以至於日後出
版的《亞細亞的孤兒》，在學術研究上有其不可抹煞的重要性。不過整部長篇
小說，無論是河原功所指出的皇民化批判，李育霖所謂的亞洲孤兒意識，荊子
馨找到的辯證性鬥爭，其實都將研究重點放在小說後半部，尤其是第四章與第
五章。對於前半部的內容而言，研究上幾乎是聊備一格，在1943年4月脫稿
的第一篇，〔註136〕多半僅以被殖民者台灣男性，對殖民者日本女性失落的告
白，點出男主角第一次萌發的認同苦惱。但本文恰恰要指出，這並不只是單純
戀慕殖民者日本女性，進而產生劣等感的苦悶告白而已，其中也牽涉到「血液」
的問題。

　　小說中，胡志明從公學校畢業後，進入國語學校的師範部，在畢業後任職
於公學校從事兒童教育，在學校裡有兩位女同事，一名為本島人瑞娥，一名為

〔註134〕河原功著，張文薰、林蔚儒和鄒易儒譯，《被擺布的台灣文學：審查與抵抗的
　　　　　系譜》（新北市：聯經出版，2017.11），頁134。

〔註135〕河原功著，張文薰、林蔚儒和鄒易儒譯，《被擺布的台灣文學：審查與抵抗的
　　　　　系譜》（新北市：聯經出版，2017.11），頁143～145。

〔註136〕吳濁流著，《胡志明·第1篇》二版（臺北市：翁仁慶，1946.10），頁77，收
　　　　　錄於河原功編，《吳濁流作品集》（東京都：綠蔭書房，2007），頁85。

內地人久子。有一天瑞娥與久子來到胡志明所處的教室，瑞娥提到希望跟胡志明借風琴演奏。瑞娥一邊演奏，久子也隨著旋律起舞，在久子的舞步中，胡志明不禁心馳神往，在內心讚嘆久子的足部：「美麗的腳啊。」〔註137〕在這裡，胡志明其實很典型地反映出，被殖民者男性對殖民宗主國女性，在官能上的慾望。雖然胡志明希望達成他的慾望，追求殖民宗主國日本女性，但小說裡卻有一段生動地自我獨白：「果然還是因為自己身上骯髒的血液。自己的身體，繼承了將那無智淫奔的女性納為妾的父親，身上所流淌的汙濁的血液。若不是這樣的話，我沒辦法如此想像久子。想想久子是誰？她不是日本人嗎？不是請了女傭也無法滿足的女性嗎？」〔註138〕在這段獨白中，胡志明為我們傳達了兩個訊息：第一，作為從公學校畢業，又進入國語學校師範部就學，再度順利畢業，並且合格地在公學校從事教育工作，以胡志明的學經歷程來看，幾乎可說是臺灣新知識份子的樣板。所以讀者不難想像，以胡志明的教養而言，對情感構造的想法，是以「近代的戀愛觀」來思考，對於父親納妾生下自己這件事，實際上採取較為負面且批判的態度，因為那是在「近代」的「戀愛」被發現後，所一概鄙視的傳統情感結構。因此，在近代文明的光芒下，無論是否真的經過血液檢測，胡志明都會深切感受到，自己的血液是污濁的事實。第二，久子作為日本人，在胡志明的妄想中，具有純潔無瑕的日本人血液，「汙濁的台灣人之血」面對「純潔無瑕的日本人之血」，其中便產生了血液的優等與劣等之序列，間接產生被殖民者台灣人男性，無法跨越種族的障礙，去追求殖民宗主國的日本女性，因為兩者之間，存在著難以跨越的血液境界線。因此《胡志明》第一篇裡，當胡志明終於擁有與久子獨處的時光時，胡志明鼓起勇氣向久子表白，但久子只是冷淡地回答：「怎麼說？也沒有別的……但你的心意我總覺得可以理解！但是……你不是本島人嗎？……。」〔註139〕在此，久子以種族的理由，明確地拒斥胡志明的情感，使得胡志明被排除於日本人集團之外。而這道拒斥的話語，或許早在胡志明的自我獨白中，顯明地表現出來，那道血液的優劣境界線，如何頑強地將本島人跨種族的戀情，切離於內地日本人之外。

〔註137〕吳濁流著，《胡志明‧第1篇》二版（臺北市：翁仁慶，1946.10），頁35，收錄於河原功編，《吳濁流作品集》（東京都：綠蔭書房，2007），頁43。

〔註138〕吳濁流著，《胡志明‧第1篇》二版（臺北市：翁仁慶，1946.10），頁37，收錄於河原功編，《吳濁流作品集》（東京都：綠蔭書房，2007），頁45。

〔註139〕吳濁流著，《胡志明‧第1篇》二版（臺北市：翁仁慶，1946.10），頁73，收錄於河原功編，《吳濁流作品集》（東京都：綠蔭書房，2007），頁81。

因此，無論是庄司總一的《陳夫人》，又或是吳濁流的《胡志明》，共通的地方在於，他們都在小說裡刻劃了日本人和台灣人之間，難以跨越的血液境界線，通過「血液」，將日臺共婚議題裡，民族之間的差別構造顯現出來，使得民族共榮的情感同化形同口號與偽裝。尤其對吳濁流而言，身為被殖民者的臺灣人，擁有揮之不去的劣等感，所以透過日本人與台灣人之間，血液優劣的區辨，吐露出臺灣人在情感與認同上的掙扎。對庄司總一而言，因為並不是被殖民者，所以那種由殖民和被殖民所產生的劣等苦惱並不存在，站在庄司總一居住過臺灣，卻又遠離臺灣的位置上，在虛應國策要求的民族共榮之下，反而使他能更進一步，調動各種血液論說，打造重層的血液境界線，傳達純血強勢論的思維。

二、重層的血液境界線

從上述的分析來看，不同的種族之間，血液之間存在著難以跨越的境界線，無論是純血論與混血論的攻防戰，又或是血液的階序之差，這條無以名狀的境界線，劃分了某些種族的血液為優等，某些種族的血液為劣等，而這優劣之差不僅是內地宗主國和殖民地台灣的界線，同時也存在於殖民地台灣之中，換句話說，劃分優劣的境界線並非單一的日台差別而已，而是充滿差異、複數、重層且動態的。若再次回到庄司總一的《陳夫人》當中，有這樣一個案例值得我們分析，如果注意小說中清文的弟弟瑞文，那麼或許能夠找到這道重層演繹的優劣階序。小說中，瑞文露骨地向清文的夫人安子表白，甚至趁安子假寐時試圖侵犯安子，這些描述，是很典型地勾勒被殖民者男性，試圖征服殖民者女性，進一步獲取日本的精神血液之衝動，然而這樣的衝動當然被安子拒斥，畢竟安子已經有清文這位丈夫了，因此瑞文的慾望永遠跨越不了那條日台之間的境界線，瑞文身上的血液，永遠無法向上混入殖民宗主國女性的血液。但另一方面，小說後面又描寫到，在陳姓大家族分家以後，瑞文前去自己所擁有的田地探查。在探查的過程中，他向一位沐浴的女性拍照，因此遭到該名女性追殺，在瑞文趕緊向對方道歉後，彼此便開始談起話來。在對話中，瑞文得知這名女性的父親以狩獵為業，瑞文一聽到狩獵，馬上對這名女性產生聯想，聯想到她該不會是蕃人女性？瑞文來田地勘查時，從黃丙這位引導者口中得知，這裡的平地蕃人，過去便與台灣人通婚，結果從外觀上，過著與台灣人無異的生活，這使得瑞文對蕃人擁有極度厭惡的傾向。〔註140〕從這一段瑞文的厭惡中，

〔註140〕庄司總一，《陳夫人「第一部」》第 16 版（東京市：通文閣，1942），頁 227。

他所害怕的是與台灣人通婚，慢慢流入台灣人身上的蕃人之血。在瑞文身上，我們便能看到整套由種族血液所構造的差別與偏見，且態度是如此游移變換，當瑞文面對安子時，帶著戀慕安子並且奪取日本人精神血液的衝動，但面對初次見面，疑似蕃人的女性時，因為黃丙引路人所說的漢蕃通婚一席話，又對這名女性產生極度的厭惡感，因為長年的通婚，勢必引領著蕃人之血流入自己的民族。這麼一來，瑞文的態度便構成了日本殖民宗主國的血液為優等，殖民地台灣的平地蕃人之血為劣等，創造出憧憬日本與排斥蕃人的重層境界線。

　　然而，瑞文的故事不只如此，瑞文造訪田野後，忽然間被毒蛇咬傷，而且是會危及性命的毒蛇龜殼花，在這名疑似蕃人的女性所做的緊急措施下，性命因此得救，之後瑞文便愛上了這名疑似蕃人的女性陳陣，但愛上蕃人這件事使得瑞文陷入自我嫌惡。不過正如吳佩珍所言，因為陳陣的紅頭髮與白肌膚，使得瑞文懷疑這個部落，是否混入了荷蘭人的血統，在陳陣的部落中，瑞文更發現荷蘭人與部落女性通婚的證據，因此陳陣身上只要流著白人的血，即便是大海中的一滴也就足夠，能夠使他從愛上蕃女的屈辱感中解放出來。〔註141〕事實上，在小說裡從清文與安子的對話中，也應證了這一道「血液」的問題，安子提到那名蕃人似乎混著外國人的血液，雖然丈夫清文說到「不會是開玩笑的吧？」之類的反駁，但安子卻仍聲稱那名女子有著青色眼珠和紅色頭髮，接下來清文也同意妻子的看法，認為或許有這種可能，因為以前台灣曾被荷蘭統治，據傳鄭成功時代，一部份的荷蘭人往山地裡面逃走，在這期間，瑞文拿來的荷蘭式器皿，據說是從那部落拾來的。〔註142〕從小說裡不斷反覆應證陳陣的身體特徵，據以連結西方荷蘭人的血液，又從這些荷蘭式器皿裡，發現難以解讀的拉丁文字，推測或許是荷蘭人宣教師到部落傳教時，所遺留下來的東西。〔註143〕從瑞文、安子與清文之間，念茲在茲的都是荷蘭血統與蕃人血統之混血，事實上，這些想法都在在使得瑞文希望從漢蕃通婚的嫌惡感中解放，從荷蘭混血之說間接催眠自我，讓自我擁有連結西方人血液的幻想。吳佩珍對

〔註141〕　吳佩珍，〈臺灣皇民化文學中「血」的象徵與日本現代優生學論述〉，收錄於彭小妍主編，《跨文化情境：差異與動態融合——臺灣現當代文學文化研究》（臺北市：中央研究院中國文哲研究所，2013），頁28。

〔註142〕　庄司總一，《陳夫人「第一部」》第16版（東京市：通文閣，1942），頁296～297。

〔註143〕　庄司總一，《陳夫人「第一部」》第16版（東京市：通文閣，1942），頁298～299。

此便指出，荷蘭白種人的血液序列優於漢人、原住民甚至黃種人的想法，是日本明治維新以來便一直存在著的，即便到了 1940 年代，有日本優生學團體熱切響應大和民族的「純血論」，現代日本卻都遲遲無法擺脫面對白種人的劣等感。〔註144〕因此，仔細分析瑞文這名角色，不僅體現了獲取日本人精神血液與排斥台灣原住民精神血液的雙層境界線，更在種種「被發現」的荷蘭人血統中，間接消弭了漢蕃通婚的嫌惡感，從中解放愛上陳陣的屈辱，並得到間接連結西方白種人的血液幻想，所以便形成了白種人的血液優於黃種人，黃種人之中又細分成日本殖民宗主國，以及被殖民者台灣人的血液差距。在台灣人內部，又存在著漢人對原住民接觸，並且與此混血通婚的歧視目光。在多層次的位階序列中，構成了日台血液境界線裏頭，具備差異、隨時調動且繁複演繹的重層構造。

　　在庄司總一的《陳夫人》當中，這樣的重層構造不僅在第一代的瑞文身上，有充分且深刻的描寫，清文和安子所生的女兒清子，在這名日台混血兒的角色中，我們同樣可以看到血液的重層構造。在小說中，有一段關於安子帶著孩子們輪流唱歌的橋段，那是一段安子與孩童間的遊戲時光，遊戲的內容是每個孩子輪流唱歌，唱著唱著，接下來便輪到清子唱，清子於是唱道：「バアバア、バアバア」，〔註145〕孩童們便拍手應和，並催促清子唱歌，然而只唱了前奏，清子就陷入沉默，不再唱下去了。安子正疑惑為什麼清子不繼續唱下去時，瑞文的兒子陳明就說道：「叔母，大家不好。因為說了壞話。」，〔註146〕安子對「バアバア」是壞話產生了疑問，陳明繼續說道：「因為說了バアバア，清子生氣了。」，〔註147〕因此安子問到「バアバア」具有什麼樣的含意，不過陳明表示，自己也不曉得是什麼意思，總之不是好事。接下來安子看向景文的兒子景仁，詢問到「バアバア」是什麼意思，景仁臉上浮現了不安的表情，同樣應聲說著，我也不知道，但實際上安子已經從景仁臉上的表情，明白了這句話，的確擁有中傷他人的成份。雖然百思不得其解，但安子日後終於知道答案，「バアバア」所指的是南洋土人與台灣人之間，相互通婚所生下的混血孩童，一般

〔註144〕吳佩珍，〈臺灣皇民化文學中「血」的象徵與日本現代優生學論述〉，收錄於彭小妍主編，《跨文化情境：差異與動態融合──臺灣現當代文學文化研究》（臺北市：中央研究院中國文哲研究所，2013），頁 28。

〔註145〕庄司總一，《陳夫人「第一部」》第 16 版（東京市：通文閣，1942），頁 285。

〔註146〕庄司總一，《陳夫人「第一部」》第 16 版（東京市：通文閣，1942），頁 286。

〔註147〕庄司總一，《陳夫人「第一部」》第 16 版（東京市：通文閣，1942），頁 286。

而言是對混血兒的辱罵，因此清子感到不愉快，身為母親的安子終於獲得明白。〔註148〕從這一段落而言，「バアバア」的解釋，用鮮明的漢字寫上「南洋土人」與「臺灣人」，這之間其實便存在著優劣之辨，因為位居南洋的人種，僅能被標示為土人，具有貶抑的印記，其間顯示著台灣人對南洋地區的人種歧視，以及自居為優等人種的傲慢，所以兩者之間混血通婚，並且生下混血兒，對台灣人而言，是一種台灣人血液向下墮落的象徵。

對於清子而言，雖然是日本殖民宗主國母親，與被殖民者台灣人父親相互通婚，所生下的日台混血兒，但相對於庄司總一執著的「純血強勢論」，「混血＝劣等」的印記依然沒有改變。在這血液的攻防戰中，顯然存在著某種乖離與矛盾，從第一代瑞文的案例來看，獲取日本人的精神血液，應該是自身的血液往優等的位置向上流動，但擁有日本人血液的清子，實質上卻恰恰相反，反而被視為血液向下墮落的象徵。這之間的問題，很可能還是出自混血劣等論的想法，如同先前反覆再三說明的，共婚反論者對混血的批判，其中的論據之一就在於，如果與異民族通婚，生下的小孩將會在形質和精神上較為劣等。若是優等的日本人之精神血液，便必須如同母親安子一般，是純粹的日本人，擁有純粹的日本血液，但清子卻是日台混血兒，因此清子的血液並不純粹，所以在孩子們的遊戲裡，望向清子的嬉鬧視線中，存在著「日本人與台灣人混血＝南洋土人與台灣人混血」的觀感。在周遭都是純血的台灣人孩童，清子身上的日台混血，在看似天真無邪的歌唱遊戲中敗下陣來，日台混血兒的構造，使得清子在純血的臺灣孩童之中，被排除於台灣民族之外。

混血與純血方面的論說，當時位於臺北帝大醫學部的教授金關丈夫，曾在1941年的《台灣時報》，撰寫〈皇民化與人種的問題〉的文章，對此一問題發表相關的看法。金關丈夫認為台灣本島人的皇民化，其中之一便是混血的問題，現在也是優生的問題。他如此談到，根據混血的看法是兩種民族融合，優生則是提升本島人的體質與才能，作為皇民，需要真正創造有用的人力資源，在當前的目標上多少有些差異，為談論方便，需要分為兩個層次來思考。〔註149〕首先，當前第一的雖然是混血問題，但如果說發生了什麼問題，那便是混血的人民變多，因此也必定期待通過混血產下優秀的子孫。無法滿足

〔註148〕庄司總一，《陳夫人「第一部」》第16版（東京市：通文閣，1942），頁286～287。

〔註149〕金關丈夫，〈皇民化と人種の問題〉，《臺灣時報》（1941.01），頁25。

這樣的期待，胡亂獎勵混血，只會導致種族提早沒落的結果而已。〔註150〕接著金關丈夫舉出納粹的案例，提到為了保有德國民族優秀的體質與才能，採用保護純血的方法，也就是說，在納粹的狀況下，之所以對異種族產生排斥，是為了擁護純血，但台灣的皇民化方針卻恰恰相反，不僅不排斥異種族，甚至利用混血政策，試圖將台灣人包容進日本人之中，此一政策是否正確就發生了種種問題。也就是說，混血若招致種族的頹廢與沒落，那麼作為皇民化的手段便是失敗的，但若思考到這項政策將會造就種族繁榮的好結果，這就是皇民化政策中，最有利用價值、最根本的、徹底的方法。〔註151〕因此，從金關丈夫的說法來看，作為皇民化政策之一的混血，與提升民族品質的優生政策並不違背，換句話說，混血論與優生指導的純血論能夠自圓其說並相提並論，因為混血如果能夠造就優良的後代，基本上並不違背優生學的思維，但若混血卻生產能力低下的後代，那麼混血將會造就極大的人種問題，以金關丈夫的話來說，那便是「……即使在這個意義上，若要普及混血獎勵的理念，同時也必需要有強而有力的優生指導政策。」。〔註152〕

回到庄司總一的《陳夫人》來看，從小說的蛛絲馬跡中，仍能看出庄司總一這名作者，是站在純血強勢論的一方。在《陳夫人》第二部親子篇當中，清文決定開創自己的鳳梨事業，有一天便帶著安子、瑞文的兒子陳明以及自己的女兒清子，來到自己所屬的農園。陳明跟著清文瀏覽了農園，讚嘆農園的環境良好，景色美麗，又相當安靜，希望不時過來農園探訪。清文說到雖然可以，但這裡並不是一個健康的環境，瘧疾和其他疾病都相當流行。不過陳明似乎相當堅持，說瘧疾只要有奎寧就好。但清文仍說到，這裡的水質不好，各種設備都在整頓中。接著談到身體的問題，清文便向陳明揶揄到，你父親身體不太好，應該請他來農場多加鍛鍊。陳明便回答到，這倒是真的，我一定會向他推薦。接下來，清文便向女兒清子說到：「清子，妳也過來好了。妳的身體也不是相當健康。」。〔註153〕雖然清子執拗地反駁到，自己沒有那麼薄弱，不過小說裡安子卻有以下的內心獨白：

> 雖然不是哪裡特別糟糕，不過清子的確不能說是健康的。特別是暑
> 氣變得強烈時，心臟就會變得薄弱，女學校的體操和作業也多少成

〔註150〕金關丈夫，〈皇民化と人種の問題〉，《臺灣時報》（1941.01），頁25。
〔註151〕金關丈夫，〈皇民化と人種の問題〉，《臺灣時報》（1941.01），頁25～26。
〔註152〕金關丈夫，〈皇民化と人種の問題〉，《臺灣時報》（1941.01），頁27。
〔註153〕庄司總一，《陳夫人「第二部」》初版（東京市：通文閣，1942），頁155。

為了勉強的負擔。她除了多少難以抬頭挺胸的缺點之外，體格上沒
有太大的缺點。不過卻只是外強中乾。所以，清子雖然清楚知道自
己的身體，絕對不是非常健康，但被人這麼說仍是相當厭惡。這一
切的缺點清子都不想這樣輕易認輸。〔註154〕

　　這一段內心獨白對於清子的描述，清楚地描寫作為日台混血的混血兒，身
體形質上可謂相當薄弱，如同 1936 年 4 月，黃氏寶桃在《臺灣文藝》發表的
〈感情〉，太郎同樣作為日台混血兒，從外觀上便能看出相較同年齡的孩子，
身體狀況較為遜色，也因此被用「リイヤ」這般蔑稱劣等人種的髒話嘲笑。反
映在清子身上，清子的身體同樣相當虛弱，而且也被同儕之間，用「バアバア」
的話語，嘲諷作為混血兒的身份，想必從孩童的目光中，也能看見清子在身體
形質上較為衰弱的部分。因此，放回同時代的論述來看，正如金關丈夫所言，
對於日本帝國而言，混血的確是作為皇民化的重要政策之一，然而在混血劣等
論與純血強勢論之間，金關丈夫試圖調和兩者，指出混血若能產出優良的後代
子民，那麼混血就是最有效用的皇民化政策，反之，若混血只能生產身體形質
缺陷的子民，那麼混血便是有害的，必須加以防備，因此混血政策勢必得搭配
優生指導原則。在清子的案例來看，顯然是因為日臺共婚的混血之下，造成身
體形質具有缺陷，那麼如此混血導致的結果，勢必對於日本帝國增產優良的人
力資源產生危害。換言之，在清子的身體形質上，庄司總一間接否定了日臺共
婚，以至於否定了異民族通婚底下的混血兒，因為那將造成增產良質人民的危
害，在這一條線索上，庄司總一展現了混血銘刻於身體的境界線，清子不僅被
排除於純血的台灣人之外，也無法被包容進日本帝國設想的優良人力資源，在
帝國與殖民地不斷劃分的境界線之中，庄司總一隱然通過混血兒的描寫，展現
了純血強勢論的優生思維。

　　因此，庄司總一的《陳夫人》，最終看似透過大愛，來包容日臺共婚下種
種的波瀾起伏，但是不可看漏的是，庄司總一站在既接近臺灣，又遠離臺灣的
創作者位置，在服膺國策的暗流下，調動種種血液論說，為戀愛結婚加上一道
又一道的血液境界線，既是差異化地編排各式人種的血液位階，更隱然凸顯純
血強勢論的思維，讓日臺精神血液的混融，不再僅有單一的包容或排除，而是
在重層的境界線中，展開血液優劣的攻防戰。

〔註154〕庄司總一，《陳夫人「第二部」》初版（東京市：通文閣，1942），頁 156。

三、「境界線」的超越

　　既然在日治末期的小說文本裡，同化的戀愛結婚敘述，需要面臨一道又一道的血液境界線，使得同化的「包容」存在著不平等的「差異」和「排除」，那麼血液的境界線有沒有跨越的可能性？我想小林井津志的〈蓖麻長了〉，或許能提供一些線索。在日治末期，擔任公學校教師的小林井津志，在《文藝臺灣》和《臺灣文藝》皆有小說發表，在《文藝臺灣》關於作品的問答調查中，小林提出自己希望描寫在皇民化下孩子們真實的姿態，不是出於興趣，而是認真的心情，因此小林井津志的〈蓖麻長了〉，就在日治末期的台灣文學奉公會雜誌，《臺灣文藝》上被發表出來。〔註155〕

　　小說裡描述男主角我，正帶著南部的孩子，在荒蕪的土地上試圖栽種蓖麻。在連續工作之後，回來時收到住居台北的表弟的信件。主角我的表弟育夫，雙親是日臺共婚，除了與其他人家庭不一樣之外，母親早逝，今年四月時妹妹靖子也過世了，如今只剩叔父和表弟兩人，似乎有相當多煩惱的樣子。主角我大致理解這次的信件，正好蓖麻栽植的作業告一段落，等待蓖麻發芽的期間，我決定上台北拜訪育夫。

　　到了育夫家中，雖然育夫家並沒有太大的改變，但卻能感受到冰冷的空氣，當時叔父正出外為病人看診，更加深了這個家的寂寞。後來叔父晚歸，育夫與我就先用餐了，主角我越發感到這個家庭不穩的氣氛，現在想起來，叔母的確是這家中不可或缺的人，對於育夫和靖子的教育，花費了相當大的努力，引導著本島人叔父渡過煩惱與勞苦，作為日本婦人傳統的美麗與堅忍，努力地以自己的身體向皇民之道邁進。在這裡其實點明了育夫是作為本島人男性與日本人女性共婚，最終產下的混血兒，而育夫身上的血液，流淌著日本婦人的傳統美德與堅忍。這裡的線索在於，小說通過追索日本女性古典的、傳統的、天性的美德，強化日本自身的文化認同，而這份回歸古典日本的文化認同，正透過日台之間的共婚，以混血的方法流入殖民地臺灣之中，因而從主角我對於日本叔母的描述，其實間接帶出較為強勢的日本人血液。

　　而後我從育夫的態度感到他對父親的反感，並且這份反感源自於育夫的日台混血，他這麼道出：「……我是本島人呢？還是內地人呢？」。〔註156〕作

〔註155〕星名宏修著，莫素微譯，〈「血液」的政治學：閱讀台灣「皇民化時期文學」〉，收錄於黃美娥主編，《世界中的台灣文學》（臺北市：國立臺灣大學出版中心，2020），頁190。

〔註156〕小林井津志，〈蓖麻は伸びる〉，《臺灣文藝》第1卷第5號（1944.11），頁70。

為日台混血的育夫，實際上帶著批判的眼光，蔑視著本島人父親。在主角我的心中，終於意識到這份衝突點，才明白育夫的苦惱是民族血液的問題。如此一來，又怎能謀求家庭的融合呢？於是主角我在勸說育夫時，有一段經典的告白：

> 本島人、——這也不是很好嗎？小育覺得作為本島人可恥嗎？可恥的並不是本島人，而是思考是否身為皇民？如今的我，即便是蝦夷的子孫、熊覆的子孫，我都不覺得如何。又或許真的是如此。說到本島人，我也想這樣成為本島人。提到日本這個國家，這樣的小事應該是無須拘泥的。那可是擁有三千年壯麗的歷史可以訴說呢。無論其中有多少摩擦存在。小育的心中也存在著那個摩擦。這是當然的吧。無法超越的摩擦，台灣的人們，現今正試著勇敢跨越那個摩擦不是嗎？小育在如此優良的環境被培育，接受最高等的教育——卻思考著軟弱的東西。〔註 157〕

這段經典的告白，或許也能稱之為露骨地告白，主角我，將育夫那道混血造就的身分認同問題，以及從混血兒的身分蔑視本島人父親的姿態，通過混和民族論的說詞加以化解。換言之，無論是本島人、蝦夷民族、熊覆民族，都可以被日本國家這個更大的體制包容進來，對主角而言，重要的並非是民族血液的境界線，反而被他轉移成為是否身為皇民的問題，也就是說，若是皇民的話，那麼民族這樣的小事是無須拘泥的。

育夫顯然對這番話百思不得其解，主角便邀請育夫離開這苦悶的地方，一起到南部去，觀看國民學校的孩子們，種植蓖麻的樣子。來到南部後，育夫對當地的住民與孩子感到新鮮的活力，而這份活力與健康，間接導向臺灣本島的志願兵制度，本島的青年為志願兵踴躍響應，一時成為美談。接下來是徵兵制，徵兵制更是五十年來島民努力的結果。看著這些國民學校的孩子，即將懷抱著熱情成為國家動員的一份子，在如此歷史的洪流中，育夫談到：「壯大的激流，我也了解了。」，〔註 158〕主角我說道：「理解了吧。理解之後就沒有藉口。因為藉口使自己無法成為日本人。雖然有像小育這種情況的人存在，現在被這樣的事情困擾著。不過現今的青年們正試著超越血統成為日本人。而且正出色地

〔註 157〕 小林井津志，〈蓖麻は伸びる〉，《臺灣文藝》第 1 卷第 5 號（1944.11），頁 71。
〔註 158〕 小林井津志，〈蓖麻は伸びる〉，《臺灣文藝》第 1 卷第 5 號（1944.11），頁 74。

持續著。是啊，小育的體內與我們留著共同的血液。」〔註159〕在這裡，通過主角帶著育夫看見國民學校孩子的熱情，以及這份熱情上接國家動員的力量，育夫混血的困惱再也沒有藉口，混血的自我與父親敵對的狀態也將會消彌，因為本島青年正超越那一道血液的障礙，成為日本人。事實上，從主角我的描述裡，比起衰弱的台灣人父親，育夫的日本母親，相對之下帶有較為強勢的日本人血液，對於混血的苦惱與茫然無措的身分認同，育夫最終通過國家這個至高無上的體制，超越血液的境界線成為日本人。但這份境界線的超越，本身就帶有從日本母親的血統裡，那份強而有力的包容力量，所以與其說是積極性的超越，不如說是在本島人與日本人的迷茫中，被日本人的血液包容進入日本人集團。另一方面，透過志願兵與徵兵制的幻想，使得育夫能夠跨越血液的境界線，從日台混血成為純正的日本血統，正如小說裡主角我這麼描述：「戰爭的力量呀、多虧了戰爭，或許臺灣的皇民化運動會有二十年、三十年份的飛越。正如我反覆說的，本島人或內地人不是問題，作為日本人才是問題所在。」〔註160〕因此，在日本人血液的包容力量，與戰爭動員政策相輔相成的搭配，育夫終於跨越了血液的境界線。

　　但是反過來說，作為混血兒的育夫，身體存在著台灣人的血統和日本人的血統，不過超越血液的境界線後，並不是選擇成為台灣人，而是選擇成為真正的日本人，其實正如星名宏修所言，無論是皇民化論者，或是優生學論者，都在在認為「內地人」比「台灣人」優秀。〔註161〕因此，即便血液的境界線能夠超越，但最終仍被收編到日本人的血液之中，成為純正的日本民族，準備戰爭動員，其中日台血液的優劣之差也就不證自明。不過站在1944年的時間點，戰爭情勢刻不容緩，連日本帝國未曾想過的臺灣人兵役義務，也因為戰爭的態勢加劇，而準備實行徵兵制，以小林井津志身為國家權力末端的教育者來看，對於日臺共婚以至於混血兒的認同處理，也勢必只能抹消日台血液的境界線，將同化的包容機制發揮到極致，宣揚成為日本人的方法，以充分利用殖民地臺灣的人力資源。

〔註159〕小林井津志，〈蓖麻は伸びる〉，《臺灣文藝》第1卷第5號（1944.11），頁75。
〔註160〕小林井津志，〈蓖麻は伸びる〉，《臺灣文藝》第1卷第5號（1944.11），頁76。
〔註161〕星名宏修著，莫素微譯，〈「血液」的政治學：閱讀台灣「皇民化時期文學」〉，收錄於黃美娥主編，《世界中的台灣文學》（臺北市：國立臺灣大學出版中心，2020），頁193。

小結

　　本文在論述開始前，首先解明「同化」此一複雜的概念，採用史料的原因及其概念用法。第一、同化具有包容與排除民族的機能，第二、同化可二分為「同化於文明」與「同化於民族」，但上述這兩種概念並非僵化不變，端看解剖史料文本之後，呈現什麼樣的狀態。然而同化的戀愛結婚敘述，或者說，針對日臺共婚的同化效力，過去的研究往往認為成效不彰，所以被排除在外，但筆者指出，因為過往的研究多將原因歸於官方的文書與統計資料，無論是質與量上都明顯不具研究價值，然而回到歷史現場，實際上有許多日臺共婚組合，並不在官方的法律下，得到合法的承認，自然無法顯示在官方的文書上。因此，在官方的文書上展開研究，或許有其侷限之處，所以除了法律和統計資料外，本文更納入小說與當時的評論文本，作為研究材料。

　　在研究開始之前，本文仍先從政策與法律方面，談論日臺共婚究竟產生什麼問題？首先日臺共婚的法律與政策問題，可以粗略分為第一期：1895 年至1919 年之間，混亂的軍政時期；第二期：1920 至 1931 年期間，田健治郎總督實行同化政策時期；第三期：1932 年至 1945 年之間，因共婚法發布後，日臺共婚問題，暫時得到變通性的解決方針。在第一期間，因為在臺並沒有實施戶籍法，甚至直到 1905 年才有街庄役場和各廳警察使用的戶口調查簿，但實際上戶口規則相當不明，又臺灣與日本內地的戶籍法處於不同法域，所以即便日本人與台灣人有實質通婚，但法律上不予承認。

　　然而隨著台灣的留日學生增多，與日本人的接觸也增多，所以日臺共婚形成趨勢。雖然隨著總督田健治郎上任，秉持著內地延長主義，希望解決日臺共婚問題，但礙於與日本中央勢力的折衝，殖民地台灣與日本內地之間，仍存在著差別待遇，使得多數日臺共婚的組合，選擇不去登記結婚，而是成為具有戀愛、結婚與同居關係的內緣夫妻，所以沒有表現在官方的統計資料上。

　　直到 1932 年台灣總督府公布了律令第 2 號，以及 1933 年發布府令第 8號，雖然台灣人的戶籍法沒有正式實施，仍是由戶口調查簿記載台灣人的身份，但是可由台灣總督府暫且承認戶籍的成立，所以由戶口和戶籍混亂導致的共婚問題，暫時得到解決的管道，這也就是俗稱的共婚法。在共婚法實行一週年後，在大稻埕蓬萊閣還舉行了共婚座談會，從座談會的與會者談話中，大致能歸納幾項要點：第一、由於日臺共婚的需求增多，所以共婚法不得不被制定出來；第二、日臺共婚不一定使台灣人同化於日本民族，部分案例顯示，反而

是日本人為了融入台灣生活，努力同化於臺灣民族；第三、為避免共婚家庭的混血孩童，遭受不平等教育或民族歧視，多半讓孩童學習日本的文明化教育，或者學習日本的民族文化。

雖然因為共婚法，共婚家庭在統計資料上有明顯成長，但目前可知組數最多是 1943 年的 46 組，不過共婚座談會的當時，與談者卻說已經有多達 500 組左右的共婚家庭，這兩種說詞之間的乖離，可以想見，選擇組成內緣夫妻的家庭較為多數吧。這也因此顯示了，礙於法律和民族問題，官方統計資料不見得如實反映現實狀況，因此日治時期關於共婚議題的小說，才能為我們揭開同化的戀愛結婚敘述裡，那千絲萬縷的情感面紗。

在 1937 年中日戰爭全面爆發前夕，黃氏寶桃的〈感情〉與朱點人的〈脫穎〉，展現了同化於日本民族的共婚批判。黃氏寶桃的〈感情〉，描述不斷以和服與國旗，建構自身日本身分的混血兒太郎，與臺灣人母親形成的「感情」撕裂。因為母親雖與日本男性結婚，並生下混血兒太郎，然而卻被這名日本男性拋棄，所以看著太郎不停強化自身的日本血統，便越發感到難受。因此母親決定與臺灣人再婚，希望忘卻那名殘酷的日本人，也期盼沖淡太郎的日本憧憬。但太郎卻斥喝母親，執意追認自己是內地人的孩子，這使得母親難過，不過冷靜下來的太郎又怎會不解母親的想法，因此從這一段撕裂的母子之情，感受到日臺共婚下身份混雜的矛盾，造成家庭失和的悲劇。

另一方面，小說一開頭描述了太郎的身體特徵，是相較同年齡兒童而言，較為矮小的孩子，這也間接透露了共婚批判論者的主張之一，那便是日臺共婚所生下的混血兒，身體形質會相對低下，也因此太郎總被以劣等人種的名詞嘲罵，所以太郎才會強烈追索日本父系的血統，透過後天的和服與國旗懸掛，試圖改造自我成為日本人，才間接導致家庭失和的悲劇。再者，小說裡並沒有明確表明臺灣人女性與日本人男性是否合法共婚，若不是合法共婚，實際上日本男性的作為合乎法律規定，但卻為這對母子帶來傷痛。因此，從法律、身體形質與文化認同等三個層面的描述，即便篇幅不多，黃氏寶桃也為同化於日本民族的共婚，發出批判的聲音。

在朱點人〈脫穎〉方面，敘述著男主角陳三貴，雖然暗戀著辦公室主任的女兒——犬養敏子，但聽到敏子似乎已有婚事後，才體悟到自己身為被殖民者，是無法跨越種族界線，征服殖民宗主國女性，滿足自身的情感。然而事發湊巧，滿州事變發生，為了犬養主任的家族戰略，讓三貴以擬似家族的養子身

分進入犬養家，並與敏子通婚，這麼一來未來出生的孩子不會成為日本人，所以不需要服從兵役。雖然三貴順利達到他的慾望，但犬養主任的戰略是巧妙的，因為三貴是養子，僅是形式上的日本人，所以三貴與敏子的共婚，仍是台灣人與日本人的共婚組合，通過這道戰略達到共婚，既將臺灣人陳三貴在形式上包容於日本民族之中，又在實質身份上利用台灣人這一點，將他作為家族存續的道具，排除於日本人之外。

雖然多數研究都已指出陳三貴並未完成跨越種族的共婚，僅是受到日本帝國同化機制的欺瞞，成為數典忘祖的台灣人。但除了陳三貴落入同化於日本民族的陷阱之外，其實還有一點，是小說裡陳三貴的原生家庭，與犬養家庭之間的對照描寫。陳三貴的家庭因為妯娌問題，自身的婚姻不僅虛無飄渺，家庭也面臨分崩離析，但通過養子機制通婚，進入犬養家以後，卻受到敏子百般良好的待遇，且家裡水電方便，住宅寬大。在三貴的視線中，他看見日本人的優良規矩與完備的基礎設施，間接萌發同化於日本文明的感受。雖然陳三貴的故事，仍回到批判日臺共婚，導致台人民族認同被抹煞的悲哀，但這份悲哀的來由，卻必須放在陳三貴同化於日本民族，以及同化於日本文明的雙重軌道來看待。

在同化於文明方面，呂赫若聲稱作為皇民化之一翼的作品〈季節圖鑑〉，深刻地表現日臺共婚如何與文明相互掛勾，在「霰の降る夜」一至五回的篇章，描述著臺灣男性鄭大勳與日本女性惠美子，兩者的自由戀愛與自由結婚，屢屢遭到大勳父親之命的戕害，形成相對臺灣傳統的父權主婚，「日臺共婚＝自由戀愛＝同化於文明」的狀態。

接著，在共婚法方面，〈季節圖鑑〉也有所著墨，與現實中充滿問題的共婚現況相比，小說裡幾乎毫無保留地讚美共婚法。與現實之間的落差，其實反映了呂赫若服膺皇民化的線索之一。即便現實中的共婚法不夠完善，造就內緣夫妻的比例逐漸膨大，但在〈季節圖鑑〉裡，似乎只要通過共婚法這項「文明德政」，那麼內台共婚與內台融合便能順利完成。

另一方面，貫穿〈季節圖鑑〉整部連載小說的主軸，正是日臺混血兒惠美子跨海尋父的歷程，為什麼母親會討厭臺灣人？為什麼臺灣人生父會拋棄自己？在最終找到父親時，娓娓道來上一世代日臺共婚的悲戀，然而這段悲戀歸根究柢，作者還是將阻礙放在臺灣人傳統的父母之命。也就間接造成整部小說裡，惠美子的不幸及內臺共婚的障礙，都出自於臺灣的封建陋習，換句話說，

只要台灣的情感構造同化於文明，那麼內臺結婚以至於內臺融合便能成功。

再者，關於惠美子的混血兒身份，不同於黃氏寶桃的〈感情〉裡，將太郎作為混血兒的缺點寫實地描寫出來。惠美子不僅沒有身體形質的缺點，甚至毅力驚人，在東京努力工作養活母親，還跨海尋父。換言之，通過惠美子這個混血成功的角色，反映出內台融合後，人種進步的象徵，隱約表現內臺通婚的成果，是走上文明進步的階梯。

相同的，新垣宏一的〈城門〉，也書寫了皇民化標榜的文明化之下，臺灣人依舊採用舊式的婚姻模式，導致背離皇民運動的主旨，使得臺灣人的情感結構，必須邁向文明同化的境界，成為小說的母題。這樣的書寫，毋寧是作為灣生的新垣宏一，在逐漸臺灣化以後，累積了臺灣的生活與歷史經驗，才得以寫出的皇民化婚戀小說。雖然同化於文明的思考向度與呂赫若相同，但灣生與臺灣人畢竟仍處於不同的身分位置與歷史情境，就新垣宏一而言，周遭的人際互動幾乎以日人為主，也娶灣生日人為妻，但呂赫若卻能深切感受，隨著台灣男性留學生增多，與日本女性的互動增多，所以日臺共婚成為勢不可擋的浪潮，因此呂赫若才能順理成章地，將日臺共婚和皇民化之中的文明同化嫁接在一起，這是新垣宏一無法描寫的極限所在。

在檢討了同化的戀愛結婚敘述裡，關於共婚所反映的種種議題後，第二節的部分，筆者論述了融入日本與台灣的精神血液問題。首先，在日治末期，無論是 1937 年龍瑛宗的〈植有木瓜樹的小鎮〉，1938 年發表於《風月報》的〈彈力〉，又或是王昶雄被議論最多的小說〈奔流〉，在故事中，被殖民者台灣男性，幾乎都表現了對於殖民宗主國女性的戀慕。但是這份戀慕，不同於 1930 年代賴慶的〈美人局〉或徐坤泉的〈可愛的仇人〉裡，所描摹的日本摩登女孩，而是顯現出溫柔、嫻靜、美麗、尤其富有古典魅力的形象。這或許與當時日本浪漫派回歸古典的思維有關，通過描摹日本女性的傳統美德與崇高心緒，以女性強化日本自身的文化認同。因此如同〈奔流〉裡，敘述者我的東京留學回憶中，那名內地良家女性，啟發我對於插花、茶道、能劇與歌舞伎等傳統日本的趣味，尤其透過插花求道的書寫，使得那名內地女性將日本古典之美發揮得淋漓盡致。通過這種日本古典女性的造像，使得戰時日本的文化認同增強，也使得被殖民者台灣男性，在此一戀慕的吸納力場下，企求融入日本女性的古典精神之中。

但相對於戀慕日本古典女性之美，日本女性作家真杉靜枝所創作的〈南方

的語言），卻相反地創造融入台灣人精神血液的阿花。阿花原名木村花子，本來是東京人，在因緣巧合下來到台灣，與臺灣人李金史結婚，進入李家以後，她身穿臺灣服，使用流利的臺灣語和婆婆溝通，從外表以至於生活習俗幾乎與台灣人無異。因此形成日臺共婚下，反向同化於台灣民族的情況。但小說最後，花子希望帶李金史到東京學習，隨著夫家的日語水準提升，自己也能公開身為內地人的身份，使得「同化於臺灣民族」的表象形成偽裝，將臺灣人包容進入日本人集團的企圖也逐漸浮上檯面。不過就在李金史母親被水牛撞死，用原生母語發出悲痛的哀嚎，花子無法窮盡含義的情況下，透露了李金史進入日本人集團，或木村花子進入台灣人集團的極限與破綻。

另一個案例則是坂口䄂子的〈時計草〉，〈時計草〉裡山川玄太郎積極融入台灣民族，但融入台灣民族的起因是理番政策，方法則是通過自身文化人的血液，與沒有歷史文化的高砂族通婚，進行混血兒的生產。這麼一來，山川玄太郎的一滴血將在高砂族裡培育起來，逐漸提升高砂族的民族文化。但這樣的想法，充斥著日本民族指導台灣原住民族的姿態。

在山川玄太郎的兒子山川純，與錦子的婚姻安排也如出一轍，對於錦子來說，之所以願意嫁到台灣，與日台混血的山川純結婚，背後掩藏的企圖，其實是利用自身日本人的血液，將高砂族一點一滴融入日本文化之中。換言之，雖然日本女性作家，不同於台灣男性作家，寫作臺灣男性積極融入日本女性的精神血液，而是書寫日本女性融入台灣人的精神血液，不過這份「融入」卻是有目的性的，那便是透過愛情、共婚和混血，逐步將臺灣民族包容到日本民族之中。兩位擁有殖民地經驗的日本女性作家，也不同於灣生男性作家，或者擁有殖民地經驗的日本男性作家，相異於建築臺灣在地的文化與歷史情境，她們均透過日本女性的性別視角，在小說裡安排日本女性的行動，在融入臺灣民族的曲折路徑中，隱然服膺日本帝國企望的民族統合機制。

在日臺共婚的融合與混血之中，庄司總一的《陳夫人》，則是在長篇鉅作中，隱然寫下日台血液的共同體構成。第一個案例是安子與清文的描寫，當時清文正為身為台灣人，娶內地人安子為妻，日漸對臺灣事物產生混淆時所發生的，但安子這麼提到，本島人與內地人，這與我們真實的生命有什麼關係？神用一滴血創造所有人，這麼一來便消除了民族界線，以民族共榮的話語解消了清文的煩惱。第二個案例則是陳家瑞文的兒子陳明，與安子和清文的混血女兒清子，兩者之間所進行的對話，陳明當時極度戀慕清子，因此瘋瘋癲癲地自言

自語，說到鄭成功是日本人與支那人的混血，透過調動這段歷史敘述，指出清子正是日支成為協同體的鄭成功。庄司總一在此試圖勾勒日本人與臺灣人共婚，所生下的混血兒子女，將扮演著越過民族障礙，創造日本與台灣、日本與支那的血液共同體。在此庄司總一間接服膺了官方政策，也就是通過日本為中心，創造大東亞共榮圈的混融。陳明對清子含糊其辭的描述，正說明了以日本人的血液，進行民族血液的交換滲透，打造名符其實的日台血液共同體。

　　即便如此，庄司總一的描寫，卻也展現虛應日台共同體的暗流，在安子與清文的日台血液共同體，是利用形而上的神，創造「純血」去統合日台民族。因此純血論的思維其實流貫於《陳夫人》當中，安子擔心自身的日本人純血，逐漸在台灣環境中消逝，表現了台灣人與日本人之間，存在著一道難以跨越的血液境界線。實際上，吳濁流的《胡志明》，在主角愛上日本女同事久子時，發出了自我檢討的悲鳴，他認為自己身上流著台灣人汙濁的血液，所以無法跨越種族的障礙，去接近日本女性純潔無邪的血液，在這一段血液的優劣之差中，造就了主角胡志明的悲戀。相同的是，吳濁流與庄司總一都構築了血液的境界線，但吳濁流身為被殖民的臺灣人，其中存有民族的劣等感，因此日臺血液差距所導致的戀愛苦惱，在吳濁流的筆下被宣洩出來，但庄司總一作為居住過臺灣，又離開臺灣的日本男性作家，並沒有被殖民者的劣等感，所以並不會擁有吳濁流筆下的戀愛苦惱。不同於其他灣生男性作家，還有殖民地經驗的日本女性作家，庄司總一的特殊性，是他站在既接近臺灣又遠離臺灣的性別位置上，既能夠局部歷史化臺灣的日臺共婚情境，又能徹底在日臺共婚的題材上，恣意調動不同的人種血液論說，為同化的戀愛結婚敘述，加上重層的血液境界線。

　　因此，在第三節隨後點出的，是充滿變化、動態且重層的血液境界線問題。在庄司總一的《陳夫人》當中，針對瑞文這名角色進行剖析，他對日本人安子的精神血液產生戀慕，但又對台灣原住民的混血通婚感到厭惡，不過卻在試圖證明原住民的血液，曾混融西方人的血液之時，解放了自己愛上原住民的屈辱感。因此瑞文的態度，形成西方人的血液優於東方人，東方人的血液又區分了日本人與台灣人的優劣，在台灣人之中再構成漢民族對原住民的混血偏見，通過這一層層動態的演繹，劃分了繁複且重層的血液境界線。

　　同樣的案例，也在清文與安子的混血女兒清子身上有所展現，清子被以「南洋土人和台灣人的混血兒」用語嘲笑，這段用語，其實充滿台灣人血液為

優，南洋人種血液為劣的傲慢與偏見。清子身上雖然是日本與台灣的混血，但在庄司總一純血強勢論的思維下，清子的日本人之血卻已劣化，混血構成了清子身體形質的缺陷，所以勢必被排除於純血的台灣人之外，也無法被包容在日本帝國企求的優良人力資源中，形成日台血液的混合裡，動態變化的重層境界線。

最後，筆者通過日人作家小林井津志，在 1944 年發表的〈蓖麻長了〉，展現了血液境界線的超越。這篇小說描寫混血兒育夫，對自身的日台混血感到煩惱，在主角我帶著育夫來到南部，觀看孩子們勇敢為國奉獻的熱情，最終幡然醒悟，原來血液的境界線可以超越，但這份超越，卻是從日台混血變成純正的日人血液，成為出色的日本人，並為國家奉獻。事實上，育夫身上本來就帶有較為強勢的日本人血液，又加上志願兵與徵兵制的動員機制，在血液與政策的相輔相成下，育夫勢必只能跨越混血的苦惱成為純正的日本人，為日本帝國所收編。這也反映了日治末期，日本帝國對外戰爭的困境，連在殖民地臺灣，一直懸而未決的徵兵制度，也即將實施，處於殖民政府末端官僚的小林井津志，即便要書寫日臺共婚與混血兒的議題，但在他所處的立場上，也只能服膺於國家政策的期待。所以在這篇小說中，即便血液的境界線能夠超越，但哪一方的民族血液為優等，又怎樣才具有價值，仍存在於日本帝國統合殖民地人民的野心之中。

第五章　結　論

　　本文的出發點，來自於對日治時期戀愛主題論的前行研究，均反覆印證傳統父母之命走向自由戀愛與婚姻自主的說法，感到困惑與質疑。自由戀愛與婚姻自主的興起，反映了日本統治下，台灣人情感結構的光明面，透過這樣的研究，間接模塑了日治時期啟蒙的、現代化的歷史進程。但是在筆者爬梳了歷來的文獻後發現，幾乎至今為止的研究，都將時代範圍設定在 1910 至 1930 年代初期之間，尤其首重 1920 年代新知識份子吸收解放思潮後，疾呼自由戀愛與婚姻自主的研究，在這樣的研究視野底下，自然只能得到傳統父母之命，走向自由戀愛與婚姻自主的文明論述。另一方面，諸多研究在問題的設定上，也從自由戀愛於日治時期是否存在開始討論，最終當然也只能得到自由戀愛存在，自由戀愛不存在，又或是自由戀愛與傳統婚俗相互調和的答案。

　　因此，在時代設定與問題意識的框架下，幾乎無法超越 1930 年代中期以後，尤其是 1937 年左右至 1945 年日本戰敗為止。在戰爭時期有關戀愛結婚的思想研究，這是過往研究者幾乎未曾觸碰的領域，因此形成一道歷史空白。究竟戰爭期間戀愛結婚思想產生什麼樣的變化？又展現了什麼樣的論說？使筆者希望對此問題進行深入探究。

　　當今針對日治時期戀愛結婚的研究，均強力聚焦 1920 年代新知識份子的論述，不外乎希望證明日本統治底下台人情感結構的光明面。但經過本論重設時代範圍與問題框架後，恰恰相反的是，在延伸至 1937 年左右中日戰爭爆發後，反映的是戀愛結婚與國家論相互密合下，所表現的情感結構之黑暗面。當然筆者的研究不在於否定日治時期曾有過啟蒙革新論述，也不是對戰爭時期，

針對前輩作家呼應國策的婚戀小說，揭露其人的歷史傷痕，評斷其人的是非問題，而在於超越既定的殖民現代性框架，發掘戀愛結婚思想不為人知的一面，換言之，本論文的搏鬥，既是填補過去研究在時代設定與問題意識上未能觸及的歷史空白，也是對既定的啟蒙現代性論述，做一定程度的超越。

首先本文仍在第一章的部分，解除自由戀愛與婚姻自主的既定框架，重新探討 1910 年代至 1930 年代之間，戀愛結婚的思想樣態。在 1910 年代小說文本的分析下，實際上存在著男女主角對於自身情感的能動性，但壟罩在傳統婚姻的禮法與人倫裡，最終仍會回歸到父母之命的秩序之中，在情感現代化以前，自有一套超越禮法秩序，又回歸禮法秩序的循環情感結構。然而在 1920 年代，隨著新知識份子的養成，啟蒙思潮開始引入台灣，對於這些新知識份子而言，個人的情感不再遊走於超越禮法／回歸禮法的循環結構，而是將禮法的倫理內涵平板化，站在文明的位置，將個人自主的戀愛結婚，與傳統父母之命的婚姻內容加以矛盾化，換句話說，自由戀愛與婚姻自主，是從文明化的眼光，論述「文明」與「傳統」的對立，所產生的一套思想構造。其中不乏個體情感的進化論、啟蒙的婚姻結構進化論以及左翼的婚姻結構進化論，演繹出人類社會進化至文明時代的情感構圖。箇中的主要內涵，在於戀愛由個人自主，自由決定結婚對象，並且維持平等的一夫一妻婚姻關係。

然而到了 1920 年代末到 1930 年代，戀愛觀念開始分離出性慾的批判，在性慾的批判中可二分為兩種層次，其中之一是對性慾自身的批判，另一者則是伴隨都市化、資本主義化、傳播媒體的發達，進而產生摩登化現象中的性慾批判。在納入 1933 年賴慶於《臺灣新民報》連載的〈美人局〉，以及 1936 年徐坤泉出版的《可愛的仇人》為分析對象時，筆者也發現，此時的台人作者，已經將族裔的思考面向納入其中，也就是日本殖民者與臺灣被殖民者之間的互動，故事中往往出現高度摩登化的日本女性，主宰著被殖民者台人男性的情慾，並誘導台人男性陷入肉慾的罪惡，或者導入情色詐財的騙局，使得小說不僅反映出性慾批判與摩登批判，更進一步折射出反日本摩登的意向。

接下來針對整本論文的重心，戀愛結婚與國家論的接點，筆者分為兩個層次，一者為「報國的戀愛結婚敘述」，另一者為「同化的戀愛結婚敘述」。在報國層面，筆者分析了 1937 年以後戰時體制成立的背景，囊擴 1937 年開始，臺灣軍動員臺灣人成為軍夫的動向，1942 年實施陸軍特別志願兵招募，1943 年實施海軍特別志願兵制度，1945 年開始即將實施徵兵制，在一連串官方政策

及宣傳戰略底下，殖民地台灣開始壟罩在昂揚的報國情緒中。因此，通過王昶雄 1939 年於《台灣新民報》連載的〈淡水河的漣漪〉，龍瑛宗於 1941 年在《臺灣時報》發表的〈午前的懸崖〉，以及張文環 1942 年於《台灣文學》發表的〈頓悟〉，以這三篇文本進行分析後，發現小說共通的結構在於，主角歷經失戀、苦戀或鬱悶的感情糾葛後，總能在國家的號召下，突然獲得光明且正面的人生目標，並且朝向報效國家的道路邁進。

這三篇小說雖然都提到志願報國的意向，但所謂的報國內涵並不明確，所以通過《風月報》轉換為《南方》時的小說為例，事實上能獲得更為明確的內容。過去的研究者僅將《風月報》轉換為《南方》時的小說，放在臺灣自身的脈絡來閱讀，不過若考慮到日本帝國企圖透過漢文／華文／白話文／文言文的報刊發行，統合東亞的漢文化圈及文藝生產場域，那麼便能將《南方》上的國策化小說放在東亞文學場域中來閱讀。其中筆者將另一份刊物《華文大阪每日》納入討論範疇，分析此一刊物與《風月報》、《南方》和《南方詩集》等執筆作者的連帶關係，印證東亞漢文化圈在戰時體制的聯繫，箇中生產了日華同文同種論述，以及擊滅西方白種人勢力的東亞和平論述。雖然是在這樣的文藝場域下，吳漫沙連載了長篇的國策小說〈黎明了東亞〉，但是因為吳漫沙的華僑身分，使得〈黎明了東亞〉裡，愛人之前必先愛國的敘說邏輯，是從「中國式的愛國」，逐步走向日華親善與東亞和平的「日本式的愛國」。

然而在報國情緒甚囂塵上的氣氛下，筆者也指出作家並非完全服膺國策，而有各自超越國策的能動性，在戰時體制下，依然書寫了報國之外的戀愛結婚小說，首先我分別以張文環的〈藝妲之家〉和徐坤泉的〈新孟母〉為例，指出作家走出國策並走入文明啟蒙的姿態。第二，也通過 1941 年至 1942 年花蓮時期的龍瑛宗書寫，分析他的小說〈不為人知的幸福〉，指出除了〈午前的懸崖〉這種國策化的婚戀小說之外，龍瑛宗也書寫追求人生幸福的戀愛結婚小說。第三，則透過坂口䙥子的〈燈〉，反證戰爭時期日人女性作家，透過非常時的婚姻撕裂書寫，進而達到控訴戰爭的敘說，同時也透過台人女性作家楊千鶴的〈花開時節〉，指出女學生的少女共同體議題，其中少女幽微的心理，不僅遠離國策收編，脫離男性作家的視角，更走入女性視野之中，豎立女性為主體的戀愛結婚思考。

但以上有關戀愛結婚的報國敘述，基本上並未脫離單一民族的視角，換句話說，並沒有發生民族同化與血液混融的敘述，為加緊利用殖民地台灣的人力

資源，日本帝國也以同化的戀愛結婚敘說，對台灣人和日本人之間的情感構造，進行重塑與改造。在這方面，首先界定「同化」的效力，第一，同化具有包容和排除的兩項機能，無論是針對台灣人或是日本人；第二，同化可二分為兩種層次，一種是「同化於民族」，另一種為「同化於文明」。在這樣的架構下，該章首先探討作為同化的日臺共婚問題，指出因為台灣人與日本人的接觸增多，所以日臺共婚形成一股勢不可擋的趨勢，共婚法就在這股趨勢下誕生。在共婚座談會的研討上，卻指出日臺共婚並不一定使得台灣人如同官方預期，能夠順理成章地同化於日本民族，有時是日本人為融入台灣生活，反而更加同化於臺灣民族。最後，也指出共婚家庭生下的混血兒，為了避免不平等的教育制度，以及即將面臨的民族歧視，多數共婚家庭採取內地式教育，讓混血孩童習得內地式的文明同化，以及內地式的民族同化。

不過反映在 1936 年發表的小說，黃氏寶桃的〈感情〉與朱點人的〈脫穎〉，前者在身體形質、血緣建構與法律制度三個層面，間接批判共婚制度同化於日本民族的欺瞞，後者則必須放在「同化於日本文明」與「同化於日本民族」的雙重軌道，理解主角陳三貴，通過共婚機制，轉變成為日本人的身分建構過程，釐清其中對於日臺共婚導致身分轉換的批判因素。

在同化於文明的機制下，筆者檢討皇民化運動對於台人情感結構的看法，通過《臺灣保甲皇民化讀本》的閱讀，得知官方將台人傳統的父母之命、媒妁之言視為一種陋習，應該加以改革，邁向近代化主體意志為重的戀愛結婚，因此，自由戀愛和婚姻自主等同情感近代化，而情感近代化更是皇民化運動的一環，形成「自由戀愛與結婚＝情感結構的近代化＝皇民化」的構圖。藉由戰爭時期此一思考邏輯，筆者重讀呂赫若 1939 年在《臺灣新民報》，長達 30 回連載的〈季節圖鑑〉，主幹內容在於描摹兩個世代的內臺共婚問題，然而經過筆者的分析，呂赫若小說裡對於內臺共婚問題的解讀，將問題歸咎於台灣人情感結構的封建性，簡單來說，兩個世代內臺共婚的阻礙，全都來自臺人家庭或臺人親友的反對，也是臺人家庭封建傳統的觀念根深蒂固，使得台灣人與日本人無法順利自由戀愛，甚至順利結婚，因此造就內臺共婚的悲劇。這樣的書寫方式，其實間接導向「日臺共婚＝自由戀愛與結婚＝文明開化」vs「台灣傳統婚姻制度＝父母之命媒妁之言＝封建固陋」的構圖，若要達成日臺共婚並且達到真正的內台一如，首要改造的是台灣情感結構的封建性，這樣的想法，其實與皇民化運動視臺人情感模式為陋習，意欲改革並邁向情感自主的近代化如出

一轍，因此呂赫若的〈季節圖鑑〉，正是在同化於文明的軌道上，成為「皇民化之一翼」。同時，雖然灣生作家新垣宏一的〈城門〉，也有近似呂赫若的「同化於文明」的書寫，但礙於灣生與台人的身分位置與歷史環境，新垣宏一的「同化於文明」最多點到臺灣舊式情感結構，與皇民化標榜的近代化之間，產生錯位與乖離的現象；然而呂赫若卻能將皇民化內在的「同化於文明」，與逐漸膨脹的日臺共婚嫁接在一起，表露更進一步的內台融合思想。

接著，越到日治末期，日臺共婚之中「同化於文明」的成分越被稀釋，而「同化於民族」的成分漸趨濃厚，因此筆者舉出同化的戀愛結婚敘述中，有關融入日本人精神血液，或者融入台灣人精神血液的核心論題。在融入日本人精神血液方面，通過 1937 年龍瑛宗的〈植有木瓜樹的小鎮〉、1938 年蔡榮華發表於《風月報》的〈彈力〉，以及王昶雄 1943 年於《臺灣文學》發表的〈奔流〉，指出小說中的被殖民者男性，都對殖民宗主國的日本女性，產生戀慕並且意欲征服的慾望，但這份慾望不同於 1933 年賴慶的〈美人局〉和 1936 年徐坤泉的《可愛的仇人》，1930 年代的這兩篇文本，表現的是 1930 年代資本主義高度發達下，被殖民者男性對於日本摩登女孩的憧憬，但到了戰爭時期，小說卻是反過來塑造高度教養、純樸典雅、高尚心緒的日本女性。筆者通過日本浪漫派對性別的思考，也就是藉由日本古典女性的造像，間接達到身體與精神的古典化，透過回歸日本傳統精神並強化日本自身的文化認同，分析小說裡極具日本古典美的女性形象，包容了被殖民者男性的情慾投射，達到融入日本人精神血液的意圖。

但另一方面，筆者也通過真杉靜枝的〈南方的語言〉和坂口褸子收錄於單行本《鄭一家》的〈時計草〉為例，指出擁有殖民地經驗的日本女性作家，透過日本女性角色，積極融入臺灣人精神血液的舉動。然而，在細緻分析日本女性角色的行動與觀念後，其中積極融入臺灣人集團是有目的性的，不管是〈南方的語言〉裡的女主角木村花子，又或是〈時計草〉裡的山川玄太郎和錦子，其中企圖在融入臺灣人的社群之後，反向透過自身日本人的精神血液，以戀愛結婚為方法，吸納臺灣人進入日本人集團之中。因此便形成了一道曲折路徑，在融入臺灣人精神血液之後，再反向將臺灣人吸入日本人的精神血液。不同於男性作家的書寫，擁有殖民地經驗的日本女性作家，以日本女性的性別位置，透過嫁給臺灣男性的書寫，介入日本帝國的統合政策。

在台灣人與日本人相互融入的過程中，筆者也閱讀日治末期盛極一時的文本，也就是庄司總一的《陳夫人》，在小說中體現了安子以形而上的「純血」，化解日本人與台灣人共婚下，所引發的民族意識問題，代之以民族共榮形成日台血液共同體。另一方面，庄司總一也調動鄭成功日支混血的歷史敘說，闡釋混血兒清子的誕生，具有突破民族界線，打造日支、日台協同體的可能性，讓混血的共同體象徵，成為官方亟欲讚揚的日台融合說詞。

不過在虛應國策的暗流下，庄司總一基本上以純血強勢論的想法，流貫於《陳夫人》的小說之中，最為顯眼的，便是安子恐懼自身的日本人純血，將會在臺灣環境中變得淡薄，那是無法抗拒的血的命令，因此即便日臺共婚可能是幸福的，但純血論所劃分的那一道血液境界線，仍使得日臺融合的愛情，充滿了矛盾與破綻。如此難以跨越的血液境界線，不只反映在日人的作品當中，也在台人的作品中獲得發揮，筆者舉出的案例是吳濁流從 1943 年開始執筆，於 1945 年脫稿的長篇小說《胡志明》，在 1943 年 4 月完成的第一篇，男主角胡志明面對內地人久子的戀情，有一段深刻的描述，那便是檢討自身劣等的臺灣人血液，無法跨越血液的境界線，融入日本女性久子的精神血液，其中深刻地描繪出「血液」的問題，造就台灣人與日本人之間的位階差距，構成胡志明第一次的認同混淆。相同的是，吳濁流與庄司總一都在小說裡，刻劃了血液的境界線，但吳濁流身為被殖民的臺灣人，具有民族上的劣等感，因此透過血液的優劣吐露戀愛的敗北，正是揭露被殖民者的情感苦惱；不過從庄司總一的生平來看，身為殖民者日人，自然沒有吳濁流擁有的情感苦惱，而且他站在既接近臺灣，又遠離臺灣的位置上書寫，不同於其他書寫臺灣的日本作家，他既能局部歷史化臺灣面臨的共婚情境，又能在共婚情境中恣意調動各式人種的血液敘說，刻劃重層的血液境界線。

因此，我再閱讀庄司總一的《陳夫人》，針對瑞文這名角色進行分析，其行為、舉動與思考，為讀者構成了差異且重層的血液境界線，那便是荷蘭白種人的血液優於黃種人的血液，黃種人內部又區分了日本殖民宗主國和殖民地臺灣人的優劣位階，台灣人內部，又存在著漢人與原住民之間混血通婚的歧視性目光。另一方面，庄司總一也透過日台混血兒清子的案例，顯示出純血臺灣人對於混血兒的看法，其中嘲笑混血的語句含意，充斥著臺灣人自居優位，對於南洋人種的偏見與歧視，而這樣的歧視也順勢嫁接到清子身上，讓混血兒清子不僅無法融入純血的臺灣人社群，在身體形質上，清子也無法被編入日本帝

國設想的優良人力資源，既處在日本人集團之外，也被臺灣人集團所排除，形成混血劣等論與純血強勢論的思考邏輯。

最後，筆者分析血液的境界線究竟有沒有超越的可能性？文內以小林井津志的〈蓖麻長了〉作為分析對象，指出小說主角描述的日台混血兒，在母親那一方，本身就帶有較為強勢的日本人血液。在混血兒表弟育夫的認同苦惱下，主角帶著育夫前往南部，看著國家動員底下孩童的熱情，讓表弟育夫體悟到，日台混血的認同苦惱再也不是藉口，今後將超越血液的境界線，變成為日本帝國效力的純粹日本人。因此，日台的血液境界線是可以超越的，但在戰爭局勢越發緊縮的情況下，以殖民政府的官僚，小林井津志的立場而言，所能書寫的日臺共婚與混血兒題材，勢必也只能為日本帝國服務。所以，在小說中，育夫不是認同父系的臺灣人血統，而是被母系的強勢日本人血統所吸納，再搭配國家動員體制的參與，相輔相成之下，育夫超越了混血的障礙，成為純粹為國奉獻的日本人。在這裡，雖然那道血液境界線已經被抹除殆盡，但仍然展現了日本人血液優於臺灣人血液的階層序列，在戰爭緊縮的時局下，被日本帝國的統合機制回收，作為可資動員的人力資源。

通過筆者的研究，時間跨度從 1910 年代至 1940 年代，藉由戀愛結婚相關的小說和報刊論述為觀察中心，進行歷史脈絡的重新回顧，對此進行比對、分析與解讀。發現在 1937 年左右到 1945 年，實際存在著戀愛結婚與國家統合機制之間，既高度密合又試圖遠離，既企盼民族同化卻又製造差異的歷史軌跡，這是一道試圖自圓其說，卻又充滿矛盾鬥爭的接觸時刻。通過剖析這段歷史，補足過往研究未能闡明的戰時戀愛結婚領域，在「報國的戀愛結婚敘述」與「同化的戀愛結婚敘述」兩個層面上，為這段歷史空白給予辯證性的解釋，越過前行研究止步於文明啟蒙的結論，也試圖超越殖民現代性的歷史詮釋作為唯一解答。

參考書目

一、史料

1. 大藏省印刷局編,《官報》(出版地不詳:日本マイクロ写真,1936.09)。

2. 大知新太郎和魚谷基三編,《加除自在戶籍法實例大全》(東京市:自治館,1931)。

3. 大澤貞吉,《皇民奉公運動早わかり・皇民奉公叢書・第二輯》(臺北市:皇民奉公會宣傳部,1941.07)。

4. 大澤貞吉,《海軍志願兵の栞》(臺北市:皇民奉公會中央本部,1943.06)。

5. 大眾時報社編,《台灣大眾時報週刊　創刊號──第十號》(臺北:南天書局,1995.8)。

6. 山本英輔著,《愈々国家總力戰》(東京市:帝國軍事協會,1938.09)。

7. 《南進日本之第一線に起つ　新臺灣之人物》(台北市:拓務評論社臺灣支社勤勞、富源社,1937.10)。

8. 臺灣總督府情報部,《時局下臺灣の現在と其將來》(臺灣總督府情報部,1940.09)。

9. 大迫倫子,《娘時代》(東京市:偕成社,1940.11)。

10. 中桐確太郎,《予の戀愛觀・文藝哲學講座・第三輯》(東京京橋:小西書店,1923.3),頁48～78。

11. 中山馨,《臺灣善行美譚》(臺北市:東亞新報臺北支局,1935.09)。

12. 与謝野晶子著,《人及び女として》(東京:天弦堂書房,1916.04)。

13. 矢內原忠雄,《帝國主義下の臺灣》(東京市:岩波書店,1929.10)。

14. 企画院研究会主編，《国防国家の綱領》（東京：新紀元社，1941.11）。

15. 竹越與三郎，《台湾統治志》（台北市：南天書局，1997.12）。

16. 竹內清，《事變と臺灣人》（臺北市：台灣新民報社，1939.12）。

17. 田健治郎伝記編纂会編，《田健治郎伝》（東京市：田健治郎伝記編纂会，1932.06）。

18. 江間常吉，《臺灣駐在內地記者協會·皇民化運動》（出版地不詳：臺灣駐在內地記者協會，1939.06）。

19. 真杉靜枝，《ことづけ》（東京市：新潮社，1941）。

20. 河原功編，《台湾長編小説集·三》（東京：緑蔭書房，2002）。

21. 河原功編，《吳濁流作品集》（東京都：緑蔭書房，2007）。

22. 河原功監修、星名宏修解說，《日本植民地文学精選集 037〔台湾編〕12 坂口䙥子　鄭一家／曙光》（東京都：ゆまに書房，2001）。

23. 中島利郎和河原功編，《日本統治時期台湾文学·日本人作家作品集·第五卷》（東京都：緑蔭書房，1998.07）。

24. 阿Q之弟，《可愛的仇人》（台北市：臺灣新民報社，1936）。

25. 吳漫沙著，《韭菜花》（台北市：前衛出版社，1998.08）。

26. 報知新聞社政治部主編，《新体制とはどんなことか：翼賛運動下の国民生活，三国同盟と日本の前途》（東京：內外書房，1940.10）。

27. 東都書籍株式會社編輯部，《臺灣海軍特別志願兵準備讀本》（臺北市：東都書籍株式會社臺北支店，1943.07）。

28. 国民精神總動員中央聯盟編，《国民精神總動員中央聯盟声明書》（東京：國民精神總動員中央聯盟，1937.10）。

29. 国民精神總動員中央聯盟編，《国民精神總動員指導者必携》（東京：國民精神總動員中央聯盟，1938.10）。

30. 姊齒松平，〈台湾に於ける本島人間の婚姻の證明及效果〉，收錄於台北比較法學會編，《比較婚姻法第二部——婚姻の證明及效果》（東京市：岩波書店，1942.8），頁14～15。

31. 郭沫若，《中國古代社會研究》第三版（上海市：中亞，1930）。

32. 郭沫若著，藤枝丈夫譯，《支那古代社會史論》（東京：內外社，1931）。

33. 陳萬益編，《龍瑛宗全集〔日本語版〕·第一冊·小說集（1）》（臺南：國立臺灣文學館，2008）。

34. 陳萬益編，《龍瑛宗全集〔日本語版〕‧第四冊‧評論集》（台南市：國立臺灣文學館，2008）。

35. 陳崑樹，《臺灣統治問題》，（臺北：寶文堂書店，1931.1）。

36. 陳垂映，《暖流寒流》（臺中市：臺灣文藝聯盟中央書局，1936）。

37. 庄司總一，《陳夫人「第一部」》第 16 版（東京市：通文閣，1942）。

38. 庄司總一，《陳夫人「第二部」》初版（東京市：通文閣，1942）。

39. 厨川白村，《近代の戀愛觀》五版（東京：改造社，1922.11）。

40. 堺利彦，《男女爭闘史》（東京：榮川堂，1920.4）。

41. 楊雲萍，〈臺灣新文學運動的回顧〉，《台灣文化》第一卷第一期（1946.9）。

42. 鷲巢敦哉，《臺灣保甲皇民化讀本》（臺北市：臺灣警察協會，1941.06）。

43. 春山明哲編，《十五年戰爭極秘資料集‧第十九集‧台灣島內情報‧本島人の動向》（東京：不二出版，1990.02）。

44. 國民精神總動員新竹州支部，《時局美談集‧第二輯》（出版地不詳：國民精神總動員新竹州支部，1939.03）。

45. 《陸軍特別志願兵志願者募集二関スル與論指導要綱並二宣傳實施要綱二関スル件》（1942-01-19～1942-01-20）。

46. 《海軍特別志願兵制度實施等二伴フ增員二関スル件ヲ定ム》（1943.07）。

47. 臺灣總督官房統計課，《臺灣總督官房統計課‧臺灣人口動態統計記述報文》（臺灣總督官房統計課，1908 年）。

48. 臺灣總督官房調查課，《臺灣總督府第三十四統計書》（臺灣總督官房調查課，1932 年）。

49. 臺灣總督官房調查課，《昭和四年‧臺灣人口動態統計》（出版地不詳：臺灣總督官房調查課，1931）。

50. 臺灣總督官房企畫部，《臺灣人口動態統計》（臺灣總督官房企畫部，1940 年）。

51. 《臺灣總督府第九統計書》，（臺灣總督府總督官房文書課，1907 年）。

52. 《臺灣總督府第十五統計書》，（臺灣總督官房統計課，1913 年）。

53. 臺灣總督府警務局編，《臺灣總督府警察沿革誌第二編‧領臺以後の治安狀況（中卷）臺灣社會運動史》（臺灣總督府警務局，1939.7）。

54. 臺灣總督府國民精神總動員本部，《舉島一致國民精神總動員に向つて》（台北市：臺灣總督府國民精神總動員本部，1937.12）。

55. 臺灣總督府，《（昭和十二年）臺灣總督府事務成績提要‧第四十三編》
（出版地不詳：臺灣總督府，1942.01）。

56. 臺灣總督官房情報課，《〔臺灣總督府情報課〕‧時局資料‧第二種十一號》
（出版地不詳：臺灣總督官房情報課，1943.12）。

57. 臨時台湾旧慣調査会，《臨時台湾旧慣調査会第一部調査報告書‧第 1 回
下卷》（臨時台湾旧慣調査会，1903 年）。

58. 臨時台湾舊慣調査会，《臨時台湾舊慣調査会第一部第三回報告書‧臺灣
私法‧第二卷‧下》（臨時台湾舊慣調査会，1911 年）。

59. 臨時臺灣舊慣調查會，《臨時臺灣舊慣調查會第一部調查第三回報告書臺
灣私法第二卷（下）終》，（臨時臺灣舊慣調查會，1911.08）。

60. 《件名台湾ニ志願兵制ヲ施行ノ件ヲ定ム》（1941.06）。

61. 《臨時戶口調査ヲ全島ニ施行ス》（出版地不詳：臺灣總督府史料編纂會，
1905.10）。

62. 《內地人對本島人又ハ蕃人ノ緣事關係並ニ本島人對內地人ノ緣事關係調
查表》（1919-01-01），〈大正八年臺灣總督府公文類纂十五年保存第一卷
秘書文書及統計警察〉，《臺灣總督府檔案‧總督府公文類纂》，國史館臺
灣文獻館，典藏號：00006665013。

63. 〈本島人ノ戶籍ニ關スル件〉（1932-11-01），〈昭和七年臺灣總督府公文類
纂永久保存第十一卷司法殖產〉，《臺灣總督府檔案‧總督府公文類纂》，
國史館臺灣文獻館，典藏號：00004159002。

64. 〈本島人ノ戶籍ニ關スル件〉（1933-01-01），〈昭和八年臺灣總督府公文類
纂永久保存第十二卷司法財務〉，《臺灣總督府檔案‧總督府公文類纂》，
國史館臺灣文獻館，典藏號：00004173002。

65. 〈戶籍法令施行ニ付戶口事處理方ニ關スル件〉（1933-01-01），〈昭和八年
臺灣總督府公文類纂十五年保存第一卷文書及調查警察〉，《臺灣總督府
檔案‧總督府公文類纂》，國史館臺灣文獻館，典藏號：00007397006。

66. 《府報》

67. 《台灣日日新報》

68. 《漢文台灣日日新報》

69. 《臺灣青年》

70. 《臺灣》

71. 《臺灣民報》

72. 《臺灣新民報》

73. 《臺灣婦人界》

74. 《臺灣文藝》台灣文藝聯盟出版

75. 《臺灣文藝》臺灣文學奉公會出版

76. 《臺灣新文學》

77. 《臺灣警察時報》

78. 《臺灣時報》

79. 《台灣新文學》

80. 《臺灣文學》

81. 《臺法月報》

82. 《台灣公論》

83. 《文藝臺灣》

84. 《三六九小報》

85. 《風月報》

86. 《語苑》

87. 《新大眾》

88. 《南方》

89. 《華文大阪每日》

90. 《朝日新聞》

91. Engels, Friedrich. *The origin of the family, private property and the state*. UK: Penguin, 2010.

92. Key, Ellen. *Love and Marriage*. Translated by Arthur G. Chater, New York and London: G.P. Putnam's Sons, 1911, pp 20-30.

93. Morgan, Lewis Henry. *Ancient society: Or, researches in the lines of human progress from savagery, through barbarism to civilization*. NY: H. Holt and Company, 1877.

二、研究專書

1. 王泰升，《台灣日治時期的法律改革》修訂二版（台北市：聯經出版，2014.9）。

2. 王德威和黃錦樹編，《想像的本邦：現代文學 15 論》（台北市：麥田出版，
   2005.05）。

3. 王惠珍編，《戰鼓聲中的歌者——龍瑛宗及其同時代東亞作家論文集》（新
   竹市：國立清華大學台灣文學研究所，2011.6）。

4. 王惠珍，《戰鼓聲中的殖民地書寫——作家龍瑛宗的文學軌跡》（台北：
   國立臺灣大學出版中心，2014.06）。

5. 石婉舜、柳書琴和許佩賢編，《帝國裡的「地方文化」：皇民化時期的臺灣
   文化狀況》（台北市：播種者出版，2008.12）。

6. 許佩賢，《殖民地臺灣近代教育的鏡像——一九三〇年代臺灣的教育與社
   會》（新北：衛城出版，2015.12）。

7. 加藤秀一，《《恋愛結婚》は何をもたらしたか—性道德と優生思想の百
   年間》（東京：筑摩書房，2004.8）。

8. 向山寬夫，楊鴻儒、陳蒼杰、沈永嘉譯，《日本統治下的臺灣民族運動史》
   （台北市：福祿壽，1999）。

9. 呂紹理著，《展示臺灣：權力、空間與殖民統治的形象表述》二版（台北
   市：麥田出版，2011.9）。

10. 呂明純，《徘徊於私語與秩序之間：日據時期台灣新文學女性創作研究》
    （臺北市：臺灣學生，2007.10）。

11. 李文卿，《想像帝國：戰爭時期的臺灣新文學》（台南市：國立台灣文學
    館，2012）。

12. 李承機、李育霖主編，《「帝國」在臺灣：殖民地臺灣的時空、知識與情
    感》（台北市：國立臺灣大學出版中心，2015.12）。

13. 李育霖著，《翻譯闡境：主體、倫理、美學》（臺北市：書林出版，2009）。

14. 李志宏，《明末清初才子佳人小說敘事研究》（臺北市：大安出版社，2008）。

15. 近藤正己著，林詩庭譯，《總力戰與臺灣——日本殖民地的崩潰（上）》
    （臺北市：國立臺灣大學出版中心，2014.09）。

16. 柳書琴、邱貴芬主編，《後殖民的東亞在地化思考：臺灣文學場域》（台南
    市：國家臺灣文學館籌備處，2006.4）。

17. 柳書琴，《荊棘之道：旅日青年的文學活動與文化抗爭》（臺北市：聯經，
    2016.11）。

18. 吳漫沙，《追昔集》（新北：新北市政府文化局，2002.11）。

19. 吳聰敏主編《台灣史論叢‧經濟篇‧制度與經濟成長》（臺北市：國立臺灣大學出版中心，2020.5）。

20. 吳三連，蔡培火著，《臺灣民族運動史》（臺北市：自立晚報，1971）。

21. 朱惠足，《帝國下的權力與親密：殖民地台灣小說中的種族關係》（台北市：麥田，2017）。

22. 卓意雯，《清代台灣婦女的生活》（臺北市：自立晚報，1993.5）。

23. 吳佩珍，《真杉静枝與殖民地台灣》（台北：聯經出版，2013.09）。

24. 洪郁如著，吳佩珍、吳亦昕譯，《近代台灣女性史：日治時期新女性的誕生》（台北：臺大出版中心，2017.6）。

25. 吳文星，《日治時期臺灣的社會領導階層》（臺北市：五南，2008.05）。

26. 若林正丈著，何義麟、陳怡宏等譯，《臺灣抗日運動史研究》（新北市：大家出版，2020.3）。

27. 若林正丈、吳密察主編，《臺灣重層近代化論文集》（台北市：播種者文化，2000.8）。

28. 若林正丈、吳密察主編，《跨界的臺灣史研究——與東亞史的交錯》（台北市：播種者文化，2004.4）。

29. 洪淑苓編，《聚焦臺灣：作家、媒介與文學史的連結》（台北市：國立臺灣大學出版中心，2014.6）。

30. 翁鬧，黃毓婷譯，《破曉集——翁鬧作品全集》（台北市：如果出版）。

31. 黃美娥，《重層現代性鏡像：日治時代臺灣傳統文人的文化視域與文學想像》（臺北市：麥田，2004）。

32. 黃美娥主編，《臺灣現當代作家研究資料彙編 111 吳漫沙》（臺南市：臺灣文學館，2019.12）。

33. 黃美娥主編，《世界中的台灣文學》（臺北市：國立臺灣大學出版中心，2020）。

34. 黃昭堂著，黃英哲譯，《台灣總督府》（台北市：前衛出版社，2002.05）。

35. 黃英哲主編，《日治時期臺灣文藝評論集（雜誌篇）‧第三冊》（台南：國家臺灣文學館籌備處，2006.10）。

36. 黃英哲主編，《日治時期台灣文藝評論集‧雜誌篇‧第四冊》（台南：國家臺灣文學館籌備處，2006.10）。

37. 陳芳明，《殖民地台灣：左翼政治運動史論》三版（台北：麥田出版，2017.5）。

38. 陳芳明，《謝雪紅評傳》初版（台北：麥田出版，2009.2）。

39. 陳芳明，《殖民地摩登：現代性與台灣史觀》（台北：麥田，2017.6）。

40. 陳培豐著，王興安、鳳氣至純平編譯，《「同化」的同床異夢：日治時期臺灣的語言政策、近代化與認同》（臺北市：麥田出版，2006）。

41. 陳培豐，《想像和界限——臺灣語言文體的混生》（台北市：群學，2013.07）。

42. 陳培豐，《歌唱臺灣：連續殖民下臺語歌曲的變遷》（新北市：衛城出版，2020.12）。

43. 郭怡君、楊永彬編，《風月‧風月報‧南方‧南方詩集‧總目錄‧專論‧著者索引》（東京：內外書房，1940.10）。

44. 許俊雅主編，《王昶雄全集‧第一冊‧小說卷》（臺北縣：臺北縣政府文化局，2002）。

45. 許俊雅主編，《臺灣現當代作家研究資料彙編16，張我軍》（台南市：臺灣文學館，2012）。

46. 許俊雅主編，《臺灣現當代作家資料彙編59，王昶雄》（臺南市：國立臺灣文學館，2014）。

47. 游鑑明訪問，吳美慧、張茂霖等紀錄，《走過兩個時代的臺灣職業婦女訪問紀錄》初版三刷（台北：中央研究院近代史研究所，2001.03）。

48. 彭小妍主編，《翻譯與跨文化流動：知識建構、文本與文體的傳播》（台北市：中研院文哲所，2015.10）。

49. 彭小妍主編，《跨文化情境：差異與動態融合——臺灣現當代文學文化研究》（臺北市：中央研究院中國文哲研究所，2013）。

50. 蔡孝乾，《台灣人的長征紀錄——江西蘇區‧紅軍西竄回憶》（台北市：海峽學術，2002）。

51. 蔡慧玉編，吳玲青整理，《走過兩個時代的人——台籍日本兵》（台北市：中央研究院台灣史研究所籌備處，1997.11）。

52. 鄭政誠，《臺灣大調查：臨時臺灣舊慣調查會之研究》（臺北縣：博揚文化，2005年）。

53. 盧修一，《日據時代台灣共產黨史（1928～1932）》（臺北市：前衛，2006.4）。

54. 韓國臺灣比較文化研究會著，柳書琴編，《戰爭與分界：「總力戰」下臺灣‧韓國的主體重塑與文化政治》（臺北市：聯經出版，2011.03）。

55. 瞿海源、章英華主編，《台灣社會與文化變遷》（臺北：中央研究院民族學研究所，1986.6）。

56. 蘇碩斌，《看不見與看得見的臺北》（臺北市：群學，2010.9）。

57. 周婉窈，《海行兮的年代——日本殖民統治末期臺灣史論集》（臺北市：允晨文化出版，2003.02）。

58. 周婉窈主編，《台籍日本兵座談會記錄并相關資料》（台北市：中央研究院台灣史研究所籌備處，1997.01）。

59. 葉榮鐘著，葉芸芸總策畫，林莊生、葉光南、葉芸芸主編，《葉榮鐘日記（上）》初版（台中市：晨星出版，2002.3）。

60. 吳新榮著，張良澤編，〈吳新榮日記〉（中央研究院臺灣史研究所臺灣日記知識庫）。

61. 謝雪紅口述，楊克煌筆錄，楊翠華編，《我的半生記》（台北市：楊翠華，1997.12）。

62. 楊肇嘉著，《楊肇嘉回憶錄》四版一刷（臺北市：三民書局，2004.1）。

63. 楊千鶴著，《人生のプリズム》（臺北市：南天書局，1998.03）。

64. 楊千鶴著，《花開時節》（臺北市：南天書局，2001.01）。

65. 翁聖峰，《日據時期臺灣新舊文學論爭新探》（台北：五南圖書，2007.1）。

66. 葉榮鐘，《臺灣人物群像 1900～1978》（台中市：晨星出版，2000.8）。

67. 洪郁如主編，《台灣史論叢‧女性篇‧性別與權力》（臺北市：國立臺灣大學出版中心，2020.2）。

68. 女權會策劃，江文瑜編，《阿母的故事》（台北市：元尊文化，1998.5）。

69. 女權會策劃，江文瑜編，《阿媽的故事》（臺北市：玉山社，1995.9）。

70. 曹永和先生八十壽慶論文集編輯委員會編，《曹永和先生八十壽慶論文集》（臺北市：樂學，2001）。

71. 鄭麗玲，《阮 ê 青春夢：日治時期的摩登新女性》（台北市：玉山社，2018.06）。

72. 鄭麗玲採訪撰述，《臺灣人日本兵的戰爭經驗》（臺北縣：臺北縣立文化中心，1995.07）。

73. 邱旭伶，《台灣藝妲風華》（臺北市：玉山社，1999.04）。

74. 林姵吟，《台灣文學中的性別與族裔：從日治到當代》（台北市：國立臺灣大學出版中心，2021.08）。

75. 鳳氣至純平，《日治時期在臺日人的臺灣歷史像》（台北：南天書局，2020.09）。

76. 新垣宏一著，張良澤和戴嘉玲譯，《華麗島歲月》（台北：前衛出版，2002.08）。

77. 駒込武著，吳密察、許佩賢和林詩庭譯，《殖民地帝國日本的文化統合》（臺北市：臺大出版中心出本，2017.03）。

78. 小熊英二著，黃耀進和鄭天恩譯，《「日本人」的界限：沖繩・愛奴・台灣・朝鮮・從殖民地支配到復歸運動》（新北市：聯經出版，2020.11）。

79. 泰瑞・五月・米爾霍普著，黃可秀譯，《和服：一部形塑與認同的日本現代史》（新北市：遠足文化，2021.10）。

80. 鶴見俊輔著作，邱振瑞譯，《戰爭時期日本精神史 1931～1945 年》（台北市：馬可孛羅文化，2020）。

81. 小熊英二，《單一民族神話の起源—「日本人」の自画像の系譜》（東京都：新曜社，1995.07）。

82. 工藤貴正，《中国語圏における厨川白村現象—隆盛・衰退・回帰と継続》（京都市：思文閣出版，2010.3）。

83. 山本武利、西沢保編，《百貨店の文化史—日本消費革命》（京都市：世界思想社，1999.12）。

84. 坂野徹，《帝国日本と人類学者・一八八四～一九五二年》（東京都：勁草書房，2005），頁 38。

85. 越澤明，《後藤新平——大震災と帝都復興》（東京都：筑摩書房，2011.11），頁 200～289。

86. 河原功著，張文薰、林蔚儒、鄒易儒譯，《被攏布的臺灣文學：審查與抵抗的系譜》（台北市：聯經，2017.11）。

87. 荊子馨著，鄭力軒譯，《成為「日本人」：殖民地台灣與認同政治》（臺北市：麥田出版，2006）。

88. 垂水千惠著，涂翠花譯，《台灣的日本語文學》（台北市：前衛出版，1998.01）。

89. 垂水千惠著，劉娟譯，《奮鬥的心靈：呂赫若與他的時代》（台北市：國立

臺灣大學出版中心，2020.11）。

90. 由井正臣編，《資料・日本現代史6》（東京都：大月書店，1981.07）。

91. 由井正臣，《軍部と民衆統合——日清戦争から満州事変期まで》（東京都：岩波書店，2009.03）。

92. 吳密察、黃英哲、垂水千惠主編，《記憶する台湾　帝国との相剋》（東京都：東京大学出版会，2005.5）。

93. クロード・ケテル著，寺田光德譯，《梅毒の歴史》（東京都：藤原書店，1996.9）。

94. 坂元昌樹，《〈文學史〉の哲学　日本浪曼派の思想と方法》（東京都：翰林書房，2019）。

95. 福田真人、鈴木則子編，《日本梅毒史の研究》（京都市：思文閣出版，2005.6）。

96. 張競，《近代中国と「恋愛」の発見—西洋の衝撃と日中文学交流》（東京：岩波書店，1995.06）。

97. 藤井省三、黃英哲、垂水千惠編，《台湾の「大東亜戦争」・文学・メディア・文化》（東京：東京大學出版會，2002.12）。

98. 濱田麻矢，《少女中国—書かれた女学生と書く女学生の百年》（東京都：岩波書店，2021.11）。

99. Anderson, Benedict R. O'G. *Imagined communities: reflections on the origin and spread of nationalism*. New York: Verso, 2006, pp. 24~25.

100. Lee, Haiyan. *Revolution of the Heart: A Genealogy of Love in China, 1900~1950*. Redwood City: Stanford University Press, 2010, pp. 26~29.

101. Ping-Hui, Liao & Wang, David Der-Wei. *Taiwan Under Japanese Colonial Rule, 1895~1945 : History, Culture, Memory*. New York: Columbia University Press, 2006, pp. 91.

102. Pan, Lynn. *When true love came to China*. Hong Kong: Hong Kong University Press, 2015, pp. 157.

103. Tsurumi E., Patricia. *Japanese Colonial Education in Taiwan, 1895~1945*. Cambridge: Harvard University Press, 1977, pp. 29~30.

104. Modern Girl Around the World Research Group. "The Modern Girl Around the World Cosmetics Advertising and the Politics of Race and style." *The Modern*

Girl Around the World: Consumption, Modernity, and Globalization, edited by The Modern Girl around the World Research Group, Durham: Duke University Press Books, 2008.

105. McGough, Laura J. and Handsfield, H. Hunter. "History of Behavioral Interventions in STD Control." *Behavioral Interventions for Prevention and Control of Sexually Transmitted Diseases*, edited by Aral, Sevgi O. and Douglas, John M., Norwell: Springer Science+Business Media, LLC, 2007, pp. 7~9.

三、期刊論文

1. 毛文芳，〈情慾、瑣屑與詼諧——《三六九小報》的書寫視界〉，《近代史研究所集刊》第 46 期（2004.12），頁 171～180。

2. 李毓嵐，〈林獻堂生活中的女性〉，《興大歷史學報》第二十四期（2012.6），頁 67～69。

3. 張隆志，〈從「舊慣」到「民俗」：日本近代知識生產與殖民地臺灣的文化政治〉，《臺灣文學研究集刊》2 期（2006.11），頁 40～42。

4. 翁聖峰，〈日治時期臺灣「女車掌」文學與文化書寫〉，《文史台灣學報》創刊號（2009.11），頁 199～205。

5. 翁聖峰，〈日據時期臺灣的儒學與儒教——以《臺灣民報》為分析場域（1920～1932）〉，《臺灣文獻》第 51 卷第 4 期（2000.12），頁 285～308。

6. 中西美貴，〈大正後期臺灣新知識分子的世界：「新民會」雜誌中戀愛結婚議題為主要分析場域〉，《臺灣風物》第 54 卷第 1 期（2004.03），頁 25～46。

7. 山口守，〈北京時期的張我軍：被文化與政治夾擊的主體性〉，《臺灣文學研究彙刊》第二十期（2017.2），62～63。

8. 呂明純，〈大東亞體制下的女性文明想像〉，《臺灣文學學報》第 16 期（2010.06），頁 193～219。

9. 許俊雅，〈日據時期臺灣小說中的愛情與婚姻〉，《文學臺灣》7 期（1993.07），頁 98～114。

10. 陳佩甄，〈現代「性」與帝國「愛」：台韓殖民時期同性愛再現〉，《臺灣文學學報》第 23 期（2013.12），頁 101～126。

11. 張文薰，〈歷史小說與在地化認同──「國姓爺」故事系譜中的西川滿〈赤崁記〉〉，《臺灣文學研究學報》14 期（2012.04），頁 109。

12. 廖靜雯，〈日治時期臺灣文明結婚論述中的聘金問題〉，《近代中國婦女史研究》32 期（2018.12），頁 99～161。

13. 柳書琴，〈通俗作為一種位置：《三六九小報》與 1930 年代台灣的讀書市場〉，《中外文學》第 33 卷第 7 期（2004.12），頁 19～55。

14. 柳書琴，〈《臺灣新民報》向右轉：賴慶與新民報日刊初期摩登化的文藝欄〉，《臺灣文學研究集刊》第 12 期（2012.08），頁 1～39。

15. 柳書琴，〈文化遺產與知識鬥爭──戰爭期漢文現代文學雜誌《南國文藝》的創刊〉，《台灣文學研究學報》第 5 期（2007.10），頁 227。

16. 近藤正己撰，許佩賢譯，〈對異民族的軍事動員與皇民化政策──以臺灣軍夫為中心〉《臺灣文獻季刊》第 46 卷 2 期（1995.06），頁 189。

17. 工藤貴正，〈台湾新文学運動と厨川白村──北京からやって来た「大正生命主義」──〉，《愛知県立大学外国語学部紀要》第 48 号（言語・文学編）（2016.3），頁 219～221。

18. 大西仁，〈1920～30 年代台湾における結婚／恋愛小説について〉，《立命館言語文化研究》第 24 卷第 2 期（2013.02），頁 83～92。

19. 吳亦昕，〈吳天賞「蕾」からみる〈恋愛〉と〈植民地近代化〉〉，《日本語と日本文学》47 卷（2008.08），頁 62～79。

20. 広瀬玲子，〈平塚らいてうの思想形成──エレン・ケイ思想の受容をめぐる本間久雄との違い──〉，《ジェンダー史学》第 2 号（2006），頁碼 36～37。

21. 洪郁如，〈旗袍・洋裝・モンペ（燈籠褲）：戰爭時期台灣女性的服裝〉，《近代中國婦女史研究》第 17 期（2009.12），頁 31～66。

四、學位論文

1. 王俐茹，〈臺灣文人的記者初體驗及其創作實踐──以李逸濤為例的探討〉（台北：國立臺灣師範大學台灣文化及語言文學研究所碩士論文，2010）。

2. 林淑萍，〈台灣日治時期「同文同種」關鍵詞研究──以《臺灣日日新報》與「日治時期期刊影像系統」為中心〉（台北：國立臺北教育大學人文藝

術學院台灣文化研究所碩士論文，2018）。

3. 江育敏，〈日治初期臺灣婚姻觀念變革之議論〉，（台北：國立臺北教育大學台灣文化研究所碩士論文，2012）。

4. 李承機，〈台湾近代メディア史研究序説——植民地とメディア〉（東京：東京大学大学院総合文化研究科博士論文，2004）。

5. 陳怡君，〈日治時期女性自我主體的實踐——論楊千鶴及其作品〉（台南：國立成功大學台灣文學研究所碩士論文，2007）。

6. 曾靖芳，〈楊千鶴〈花開時節〉中的少女形象塑造與主角惠英之自我呈現〉（台中：東海大學日本語言文化學系碩士論文，2018）。

7. 高于雯，〈日治時期台灣歌仔冊中的「自由戀愛」敘事研究〉（嘉義：國立中正大學台灣文學研究所碩士論文，2012）。

8. 游鑑明，〈日據時期臺灣的女子教育〉（台北市：國立師範大學歷史研究所碩士論文，1988）。

9. 游鑑明，〈日據時期臺灣的職業婦女〉（台北：國立臺灣師範大學歷史研究所博士論文，1995）。

10. 楊雅慧，〈戰時體制下的台灣婦女（1937～1945）——日本殖民政府的教化與動員〉（新竹市：國立清華大學歷史研究所一般史組碩士論文，1994）。

11. 楊裴文，〈跨越邊界的流動與認同：日治時期「內台共婚」研究〉（台北：國立政治大學台灣史研究所碩士論文，2010）。

12. 溫若含，〈從意識啟蒙到創作轉折：日治時期新文學小說中的「戀愛」敘事研究（1920～1937）〉（台北：國立政治大學台灣文學研究所碩士論文，2010）。

13. 陳昭如，〈離婚的權利史——台灣女性離婚權的建立及其意義〉（台北：國立台灣大學法律學研究所碩士論文，1997）。

14. 陳莉雯，〈「島都」與「戀愛」：《風月報》相關書寫的再現與想像〉（新竹：國立清華大學中國文學系碩士論文，2008）。

15. 陳淑容，〈戰爭前期台灣文學場域的形成與發展——以報紙文藝欄為中心（1937～40）〉（台南：國立成功大學台灣文學研究所博士論文，2009）。

16. 徐孟芳，〈「談」情「說」愛的現代化進程：日治時期臺灣「自由戀愛」話語形成、轉折及其文化意義以報刊通俗小說為觀察場域〉（台北：國立臺灣大學臺灣文學研究所碩士論文，2010）。

17. 廖靜雯，〈「自由結婚」：日治時期臺灣的婚戀論述與實踐（1910～1930 年代）〉（新竹：國立清華大學歷史研究所碩士論文，2013）。

18. 徐意裁，〈現代文明的交混性格──徐坤泉及其小說研究〉（台南：國立成功大學臺灣文學研究所碩士論文，2005），頁 86～93。

19. 吳婉萍，〈殖民地臺灣的戀愛論傳入與接受──以《臺灣民報》和新文學為中心──（1920～1937）〉（台北：國立政治大學台灣文學研究所碩士論文，2012）。

20. 黃薇勳，〈1906～1930《台灣日日新報》漢文短篇小說中家庭女性婚姻與愛情的敘寫〉（台北：國立臺北教育大學台灣文化研究所碩士論文，2010）。

21. 蔡依伶，〈從解纏足到自由戀愛：日治時期傳統文人與知識分子的性別話語〉（台北：國立臺北教育大學台灣文學研究所碩士論文，2007）。

22. 荒井敬史，〈近代中日兩性觀與戀愛論述：譯介、接收、擴展〉（新北：私立天主教輔仁大學跨文化研究所翻譯學碩士論文，2011），頁 82～86。

23. 柳書琴，〈戰爭與文壇──日據末期臺灣的文學活動（1937.7～1945.8）〉（台北：國立臺灣大學歷史學研究所碩士論文，1994）。

24. 蔡佩均，〈想像大眾讀者：《風月報》、《南方》中的白話小說與大眾文化建構〉（台中：私立靜宜大學中國文學系碩士班碩士論文，2006）。

25. 柯喬文，〈《三六九小報》古典小說研究〉（嘉義：私立南華大學文學研究所碩士論文，2004），頁 140～144。

五、電子媒體

1. 莊司芳雄，〈郷土の先人・先覚 232 三田派作家の生き方を堅持　庄司総一〉（來源：http://www.shonai-nippo.co.jp/square/feature/exploit/exp232.html，檢索日期：2022.04.28）。

2. 洪郁如，〈大和民族的衣裳：近現代東亞場域中和服論述、資本與性別政治〉（來源：https://taiwanlit.org/articles/%e5%a4%a7%e5%92%8c%e6%b0%91%e6%97%8f%e7%9a%84%e8%a1%a3%e8%a3%b3-%e8%bf%91%e7%8f%be%e4%bb%a3%e6%9d%b1%e4%ba%9e%e5%a0%b4%e5%9f%9f%e4%b8%ad%e5%92%8c%e6%9c%8d%e8%ab%96%e8%bf%b0-%e8%b3%87%e6%9c%ac%e8%88%87%e6%80%a7%e5%88%a5%e6%94%bf%e6%b2%bb，檢索日期：2023.03.05）。